普通高等学校"十三五"省级规划教材

电子商务课改系列教材

新编电子商务教程

第4版

主　编　陈小芳　朱孝立
副主编　张　勤　倪莉莉　陈文婕
编写人员　（以姓氏笔画为序）
　　　　　王媛媛　司爱丽　朱孝立
　　　　　许明星　吴小调　吴晓萍
　　　　　陈小芳　陈文婕　张　勤
　　　　　张　翼　张德勇　凌　勇
　　　　　葛晓滨　韩晓梅　魏雅洁

中国科学技术大学出版社

内 容 简 介

本书紧密结合电子商务师国家职业技能等级考试内容,系统地介绍了电子商务理论和实务的基本知识和基础技能,内容涵盖电子商务概念、电子商务运营模式、网上支付、电子商务安全、电子商务物流、网络营销、移动电子商务、电子商务法律及税收、客户关系管理与数据挖掘、电子商务网站规划与建设。每章都设置了案例和课后实践:引导案例用于引入具体的学习内容,章后案例用于加深学生对本章知识的理解,课后实践用于提高学生的理论运用能力。此次再版,更新了相关数据、案例内容,补充了一些电子商务前沿内容,融入了电子商务师(四级)考题,以完善学习配套资源。

本书可作为高职高专院校电子商务相关专业教材。

图书在版编目(CIP)数据

新编电子商务教程/陈小芳,朱孝立主编.—4版.—合肥:中国科学技术大学出版社,2022.8 (2024.8重印)

ISBN 978-7-312-05484-6

Ⅰ.新… Ⅱ.①陈… ②朱… Ⅲ.电子商务—高等学校—教材 Ⅳ.F713.36

中国版本图书馆CIP数据核字(2022)第107890号

新编电子商务教程
XINBIAN DIANZI SHANGWU JIAOCHENG

出版	中国科学技术大学出版社
	安徽省合肥市金寨路96号,230026
	http://press.ustc.edu.cn
	https://zgkxjsdxcbs.tmall.com
印刷	安徽国文彩印有限公司
发行	中国科学技术大学出版社
开本	787 mm×1092 mm 1/16
印张	20
字数	403千
版次	2006年8月第1版 2022年8月第4版
印次	2024年8月第8次印刷
定价	49.00元

前 言

信息技术成为率先渗透到经济社会生活各领域的先导技术,将促进以物质生产、物质服务为主的经济发展模式向以信息生产、信息服务为主的经济发展模式转变,世界进入以信息产业为主导的新经济发展时期。"十三五"时期,我国电子商务保持快速增长,电子商务交易额从2016年的26.1万亿元增长到2020年的37.21万亿元,增长了11.11万亿元,增长率约为42.6%;网上零售额从5.16万亿元增长到11.76万亿元,增长了6.6万亿元,增长率约为127.9%。电商渗透率持续上升,2020年我国网上零售额占社会商品零售额的比重达到了24.9%,是全球所有国家中占比最高的;这也使我国网上零售额长期居于全球第一,占全球网上零售额的39%。为了让《新编电子商务教程》一书更好地反映电子商务的新特点、新变化、新趋势和新挑战,践行岗课赛证融合,实现课程思政融合,我们在第3版的基础上对图书内容做了修订:每章都新增了思政目标;每章章首都以思维导图的形式展示章节主要内容;每章都增加了小习题(习题主要来自电子商务师(四级)考试内容),便于教学和检验;对全书案例进行了全面优化和更新;丰富了在线课程资源形式。同时对具体章节内容也进行了调整:第1章里新增了电子商务职业岗位分析内容;对第4章、第5章、第7章做了较大的修改,增强了内容的新颖性和实用性;第6章增加了最新的网络营销手段和形式;第8章增加了电子商务法的相关内容。

  参加本书编写的老师有:安徽财贸职业学院朱孝立、倪莉莉(助理电子商务师考试(四级)内容);安徽财贸职业学院陈小芳(第1章、第2章);安徽国际商务职业学院陈文婕(第3章、第6章);安徽财贸职业学院张勤(第4章、第5章、第7章);中共安徽省委党校(安徽行政学院)魏雅洁(第8章);安徽财贸职业学院韩晓梅(第9章、第10章)。安徽财贸职业学院司爱丽、吴晓萍、葛晓滨、许明星、张翼、王媛媛、张德勇、凌勇、吴小调等老师对本书的出版给予了很大帮助。特别感谢司爱丽教授团队根据本书制作了课程视频,以及配套的课件、电子教案等,欢迎读者联系编者QQ号:34421387索取。

  本书虽然经全体编者多次研讨、多次修改,但是书中难免有疏漏之处,恳请各位专家、读者不吝赐教,以便我们再版时完善。在此,向对本书关注和支持的广大读者表示最诚挚的感谢。

编 者
2022年4月

目 录

i 前言

第1章
001 认识电子商务

- 004 1.1 电子商务的概念与分类
- 008 1.2 电子商务的组成要素
- 012 1.3 电子商务的发展
- 019 1.4 职业岗位

第2章
026 电子商务运营模式

- 028 2.1 B2C电子商务
- 036 2.2 B2B电子商务
- 045 2.3 C2C电子商务
- 048 2.4 其他电子商务模式

第3章
060 网上支付

- 062 3.1 电子货币
- 068 3.2 网上银行
- 075 3.3 第三方支付

第4章
084 电子商务安全

- 087 4.1 电子商务安全概述
- 093 4.2 电子商务安全举措

第5章
118 电子商务物流

121 ┊ 5.1 物流概述
127 ┊ 5.2 电子商务物流

第6章
149 网络营销

151 ┊ 6.1 网络营销概述
157 ┊ 6.2 网络营销形式

第7章
191 移动电子商务

195 ┊ 7.1 移动电子商务概述
201 ┊ 7.2 移动电子商务的发展现状与趋势
209 ┊ 7.3 移动电子商务的应用

第8章
221 电子商务法律及税收

223 ┊ 8.1 电子商务法律
240 ┊ 8.2 电子商务税收

第9章
247 客户关系管理与数据挖掘

249 ┊ 9.1 客户关系管理
257 ┊ 9.2 数据挖掘

第10章
274 电子商务网站规划与建设

276 ┊ 10.1 电子商务网站规划
295 ┊ 10.2 电子商务网站建设

第1章　认识电子商务

知识目标

🔊 掌握电子商务的基本概念及本质、电子商务的组成要素和分类。

能力目标

🔊 会对各电子商务平台进行分类、把握电子商务的发展脉络。

思政目标

🔊 通过案例导入、微思考、大讨论，同时融入课程思政内容，帮助学生树立服务社会的意识，认识到电子商务对振兴乡村、扶贫农村等的重要作用。

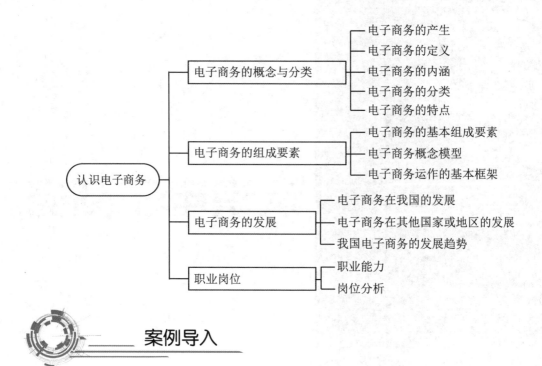

案例导入

中国直播电商迎拐点 "草根"主播为乡村振兴带来新机遇

香港《南华早报》2022年1月10日报道称,过去的2021年下半年,中国直播电商行业迎来合规监管,这或许是头部带货主播的"拐点之年",但是受益于中国完善的互联网基础设施、先进的物流体系和全球最大的互联网用户群,广大农村里成千上万的"草根"主播,迎来了新的发展机遇。

官方数据显示,截至2021年6月,中国有3.84亿人使用过直播带货业务,超过中国互联网用户的30%。但该行业的爆炸式增长已促使有关部门加强合规监管,一些知名的公司也因此受到了关注。

商务部国际贸易经济合作研究院研究员梅新育表示:"没有哪个行业可以永远疯狂增长。一个更好的监管体制迟早会出现……然而,我不认为更严格的监管意味着对该行业的打压。毕竟,活跃的电子商务产业有助于创造就业机会,许多地方政府,尤其是农村地区的政府,正寄希望于它能帮助发展地方经济。"

大数据提供商星图数据(Syntun)的数据显示,通过直播电商完成的商品交易总额达到了1319亿元,同比增长81%。

从武汉政府直播销售热干面、小龙虾、茶叶和橙子开始,地方政府纷纷参与到网络直播带货的大潮,地方官员和农民主播一起推广当地产品。

浙江衢州柯城区政府表示，将支持培育一批"乡土直播员"，以促进家庭旅馆和旅游业发展，推动当地农产品销售，目标是到2025年实现年收入20亿元。

吉林汪清县满河村农民开设了33家网店，销售蘑菇和其他当地特产，每月能赚3000~5000元。

32岁的李天宇（音）是吉林省抚松县一家网店店主，他说自己花了3年时间就获得了13万粉丝。2018年，他认为直播商业具有巨大潜力后，开始了首次直播。

"一开始，我完全没有方向。在试用期内，我每天至少有5个小时对着我的手机说话。"他说，"没有听众、没有客户，就像在黑暗中行走。"

几个月后，当前3名观众出现时，他兴奋异常，免费送出了松子和蜂蜜。

李天宇说，自2020年以来，县政府一直在支持他的生意，有政府官员担任他现场直播的嘉宾，帮助他扩大了供应商网络，促进了生意。

现在，他拥有一家公司，雇佣了18名员工，包括在新冠肺炎疫情期间从北京返乡的年轻人和一直留在村里生活的年长的农民。

"我们直播了在森林里挖人参和采蘑菇的过程。为了给顾客留下深刻的印象，我们尽可能在户外直播。为了方便在偏远地区进行直播，我们甚至在山区架设了光缆，以确保信号通畅。"他说，"过去，我只在乎卖东西。现在，我们通过社会公益捐赠来回报社会。"

李天宇表示："我们的销售额无法与网络直播红人相比。但是，我认为，随着竞争环境变得更加公平，像我这样的小店主将从监管措施中受益。"

（资料来源：中国日报网.中国直播电商迎拐点"草根"主播为乡村振兴带来新机遇[EB/OL].(2022-01-10). http://cn.chinadaily.com.cn/a/202201/10/WS61dbf891a3107be497a01893.html.）

提出任务

从上述案例可以看出，受益于中国较完善的互联网基础设施、先进的物流体系和全球最大的互联网用户群，直播产业已经成为品牌提升销量的可靠数字工具。"直播网红"的魅力以及电商直播模式对年轻消费者有着强大的吸引力，帮助中国电子商务创造了销售记录。从2021年10月下旬到11月11日的网购节期间，中国电子商务平台的商品交易总额（GMV）达到了创纪录的9650亿元，比前一年增长了12%。在逐渐活跃的农村市场，依靠智能手机的便捷操作和互联网的广泛覆盖，电子商务有效赋能乡村振兴，电子商务已经悄悄走入寻常百姓家。为了适应网络时代要求，探寻新的商业发展机会，迎接数字经济挑战，我们应该正确认识电子商务，熟悉并掌握电子商务的基本概念、基本方法和工具以及电子商务基本的运作流程和框架，为将来的就业和创业打下基础。

解决问题

任务1.1 电子商务的概念与分类

1.1.1 电子商务的产生

电子商务作为商务与网络的结合体,它的产生依赖于这两个要素的出现。商务活动古已有之,因而电子商务的产生主要取决于网络的出现,尤其是因特网(Internet)的产生。

20世纪50年代末,苏联发射了第一颗人造卫星,美国成立了高级研究计划署(Advanced Research Project Agency,ARPA)并开始建立一个命为ARPAnet的网络。60年代末,斯坦福大学等开始尝试利用网络进行信息交换。70年代,ARPAnet开发了一种网络协议和电子邮件。80年代,ARPAnet被广泛用于教育、科研领域。

1984年,ARPAnet被分成两个不同的网络:MILNET用于军事,ARPAnet用于民用通信并成为因特网中新的主干网络。当万维网(WWW)出现之后,网络得到了普及,当商务与网络结合之后,就出现了电子商务。

1999年5月18日,王峻涛创立了8848网站,8848被称为中国第一家真正意义上的电子商务企业;1999年8月,邵亦波和谭海音在上海创立了易趣网;1999年9月,马云在杭州创立了阿里巴巴。因此,1999年也被称为"中国电子商务元年"。

1.1.2 电子商务的定义

电子商务出现之后,被很多的企业及商家使用,运用的程度及涉及的领域各不相同,很多的专家及学者针对这种情况在赋予电子商务定义时也产生了细微的差异,但从根本上保持了其定义的一致性。我国《电子商务法》指出:电子商务是指通过互联网等信息网络销售商品或者提供服务的经营活动。本书采用最常用、最简单的解释,即电子商务指的是利用网络技术和计算机技术开展的商贸活动,简称EB或EC。

EB即Electronic Business。EB是广义的电子商务,也可以翻译为电子业务,有以下两层含义:

(1) 凡应用各类电子工具,如电话、电报等从事的商业活动都称为电子商务。

(2) 指企业利用因特网、外联网(Extranet)、内联网(Intranet)的互联互通环境和专用网络环境,遵循电子数据交换原则,在各种不同形式的计算机网络环境下,从事包括产品、广告、设计、研发、采购、生产、营销、推销、结算等各种经济事务活动的总称,这些活动几乎覆盖企业的所有经济活动。

EC 即 Electronic Commerce。EC 是狭义的电子商务,它主要是指利用信息技术,尤其是 Internet 技术提供的网络环境,从事以商品交换为中心的商务活动。因此,EC 强调的是"因特网"和"交易"。

由此可见,EB 所包含的内容范围比 EC 广泛,不仅有网上交易,而且包括供应链管理(SCM)、客户关系管理(CRM)、企业内部管理(OPS)等,它指各种行业中各种业务的电子化,其内容包括电子商务、电子军务、电子政务、电子医务、电子教务等。

1.1.3 电子商务的内涵

从电子商务的定义中,可以看出电子商务的如下内涵:

(1) 商务是电子商务的本质。电子商务的目标是通过互联网这一先进的信息技术来进行商务活动,所以它要服务于商务,满足商务活动的要求,商务活动是电子商务永恒的主题。

(2) 网络技术和计算机技术是电子商务的工具或手段。商务也是不断在发展的,网络和计算机技术的广泛应用给商务本身也带来了巨大的影响,它们从根本上改变了人类社会原有的商务方式,给商务活动注入了全新的理念。

1.1.4 电子商务的分类

为了对电子商务进行分析,可以根据一定的标准对纷繁复杂的电子商务展现形式进行归类分析,主要有以下四种分类标准。

1. 按交易的对象划分

(1) 企业与消费者之间的电子商务(Business to Customer,B2C)。这是消费者利用因特网直接参与经济活动的形式,类同于商业电子化的零售商务。随着万维网的出现,网上销售迅速地发展起来。目前,在因特网上有许许多多各种类型的虚拟企业和虚拟商店,提供各种与商品销售有关的服务,如天猫(www.tmall.com)、华为官网(www.huawei.com)等。通过网上商店买卖的商品可以是实体化的,如书籍、鲜花、服装、食品、汽车、电视等;也可以是数字化的,如新闻、音乐、电影、数据库、软件及各类基于知识的商品;还有提供各类服务的,如携程在线旅游服务(www.ctrip.com)、乌镇互联网医院在线医疗诊断(wu.guahao.com)和学而思在线教育(www.xueersi.com)等。

(2) 企业与企业之间的电子商务(Business to Business,B2B)。B2B方式是电子商务应用最多和最受企业重视的形式之一,企业可以使用因特网或其他网络对每笔交易寻找最佳的合作伙伴,完成从定购到结算的全部交易行为,包括向供应商订货、签约、接受发票和使用电子资金转移、信用证、银行托收等方式进行付款,以及在商贸过程中发生的其他问题,如索赔、商品发送管理和运输跟踪等,如海尔采购平台(www.haierb2b.com)、阿里巴巴(www.1688.com)等。

(3) 消费者与消费者之间的电子商务(Consumer to Customer,C2C)。C2C电子商务主要是指不同的交易个体之间借助于网络完成交易的模式,如淘宝网(www.taobao.com)。

(4) 企业与政府之间的电子商务(Business to Government,B2G)。这种商务活动覆盖企业与政府组织间的各项事务。例如,企业与政府之间进行的各种手续的报批,政府通过因特网发布采购清单、企业以电子化方式响应;政府在网上以电子交换方式来完成对企业和电子交易的征税等,这也成为政府机关政务公开的手段和方法。

2. 按商务活动的运作方式划分

(1) 直接电子商务。这一类型中,电子商务涉及的商品是无形的货物和服务,如计算机软件、知识、娱乐内容的联机订购、付款和交付,或者是全球规模的信息服务。直接电子商务能使双方越过地理界线直接在线上完成交易,充分挖掘全球市场的潜力。

(2) 间接电子商务。这一类型中,电子商务涉及的商品是有形货物的电子订货,如鲜花、书籍、食品、汽车等,交易的商品需要通过传统的渠道如邮政业的服务和商业快递服务来完成送货,因此,间接电子商务要依靠送货的运输系统等外部要素。

3. 按使用的网络类型划分

(1) 内联网电子商务(Intranet网络)。该类型电子商务是指在一个大型企业的内部或一个行业内开展的电子商务活动,形成一个商务活动链,可以大大提高工作效率和降低业务成本。

(2) 外联网商务(Extranet网络)。外联网商务主要表现为电子数据交换商务(Electronic Data Interchange,EDI)。EDI是按照一个公认的标准和协议,将商务活动中涉及的文件标准化和格式化,通过计算机网络,在贸易伙伴的计算机网络系统之间进行数据交换和自动处理。EDI主要应用于企业与企业、企业与批发商、批发商与零售商之间的批发业务。

（3）互联网商务(Internet 网络)。该类型电子商务是指利用连通全球的 Internet 网络开展的电子商务活动，在因特网上可以进行各种形式的电子商务业务，所涉及的领域广泛，全世界各个企业和个人都可以参与，是目前电子商务的主要形式。

4. 按电子商务活动的内容划分

（1）贸易型电子商务。该类型电子商务是指发生产品所有权变化的电子商务，包括有形货物的电子商务和无形信息产品的电子商务。

（2）服务型电子商务。服务型电子商务包括为开展电子商务提供服务的经营活动和通过网络开展各项有偿服务的经营活动。其特点是不发生财产权的变化，只提供某种功能、某种服务等。

1.1.5 电子商务的特点

电子商务为现代商业活动带来了巨大的活力，使得商业贸易更加高效、商业秩序更加规范、商业活动更加透明、商业手段更加丰富。电子商务的特点如下。

1. 技术性

电子商务本身就是利用互联网和计算机技术从事商务活动的过程。随着互联网和计算机技术高速、智能、海量、便携等趋势日益突显，电子商务也将向更加多样化、个性化的方向发展。显然，电子商务离不开技术，两者相互融合、相互促进，给未来的电子商务带来难以估量的绚烂前景。

2. 便捷性

电子商务能够突破贸易伙伴间的地域和时间限制，无论企业的客户是在同一座城市还是远在异国，无论是白天还是黑夜，无论是天晴还是雨雪，企业与客户都能在网络上进行交流沟通，大大拓展了商业活动的空间，增加了商业机会。企业可以随时将自己的产品和服务推介到网上，提供365天×24小时的服务；互联网用户更可以通过无处不在的计算机终端或者手机终端及时、准确、充分地掌握市场需求信息，及时提供客户所需要的商品或服务。同时，电子商务可以提供交互式的销售渠道，拓宽了企业与用户的交流渠道，使企业可以及时获得市场反馈从而改进营销手段，增加市场竞争力。

3. 智慧性

电子商务初期强调数据的安全，如今在保证数据安全的同时更加强调数据的融合和分析利用,即所谓的智能商务。从电子商务活动的前期数据中,人们可以对各种消费者行为和消费倾向进行更为详细的分析并做出精准的营销,可以对商务活动成本做更好的分析预测和规划,能够挖掘新的商机、创造新的商品和服务;能够让商务活动的各个功能和环节相互关联整合,数据的依存度和利用率更高,从产品信息到市场调研与分析、订货、生产组织、财务核算、货物的交递、付款和售后服务更加科学高效,与相关的部门如物流、港口、银行、税务、工商、海关等构建统一的信息业务处理平台,实现管理精细化。

4. 节约性

相对于传统实体商务活动,电子商务能够明显节约商务成本,减少商品分销环节,加快商品和资金的周转,节约人力开支。通过网络,企业可以提供更多的个性化服务的工作量,减少人员现场服务的成本。有资料显示,B2C网上经销的商品较之于传统实体店销售,价格通常能优惠10%~40%,这反映了电子商务销售模式的节约性特点。

5. 透明性

电子商务本质上是商业要素数字化过程,即对商业信息的输入、加工、存储和转移。这些商业信息全部存在计算机数据库中,这在一定程度上保证了商业活动的透明性以及电子商务过程可核查、可追溯。

尽管电子商务具有上述特点,但电子商务并不是脱离传统商业规律的特殊贸易活动,它并不排斥人性化的交流,同样需要遵守商业道德和商用信誉,它对商业策略和技巧的运用、对个性化和创新性的要求更高,对电子商务从业人员的素质要求更全面。

【微思考】 结合日常生活实例,谈一谈电子商务对个人和企业的影响以及电子商务对农村经济发展的作用。

任务1.2 电子商务的组成要素

1.2.1 电子商务的基本组成要素

电子商务的基本组成要素包括网络、商家、用户、认证中心、网上银行、物流配送等,其系统结构如图1.1所示。

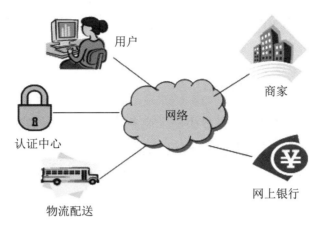

图1.1 电子商务系统结构示意图

1. 网络

网络主要指互联网,也可以是局域网或其他专用网络。网络的覆盖范围就是电子商务所能达到的边界。它是人们进行电子商务活动的纽带。

2. 用户

用户是指参与电子商务活动的个人或企业,包括相关的组织,重点是消费者个人用户和企业用户。个人用户一般使用互联网进行信息浏览、网上购物、网上娱乐、网上学习等活动。企业用户一般利用互联网发布企业和产品信息、接受订单等,同时也可以进行企业间的电子商务。

3. 认证中心

认证(Certificate Authority,CA)中心是一种具有权威性和公正性的第三方信任机构,专门为企业、机构和个人提供网络身份真实性认证服务,其出具的数字证书具有法律效力,用以保证电子商务活动过程中交易双方身份的真实性和交易数据的安全性。

4. 网上银行

网上银行包括传统商业银行的网上交易业务服务以及获得批准具备网络金融服务功能的机构,是指为电子商务用户提供网络支付和结算服务的服务机构,网络银行一般具有和传统银行对等的服务职能。

5. 物流配送

少数商品和服务可以直接通过网络传输的方式进行配送,如各种电子出版物、信息咨询服务、软件等;但大多数电子商务是间接型电子商务,涉及的商品一般是实体商品,它们必须通过物流系统进行空间的流转。物流配送就是指物流企业通过一系列机械化、自动化工具的应用以及配送人员的调度,准确、及时地将商品送到消费者手中。

1.2.2 电子商务概念模型

电子商务概念模型是对现实世界中电子商务活动的一般抽象描述,它由交易主体、交易事务、网络平台和信息流、资金流、物流等组成,如图1.2所示。

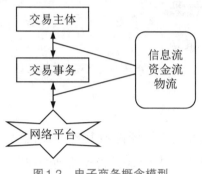

图1.2 电子商务概念模型

1. 交易主体

交易主体是指能够从事电子商务的客观对象,包括企业、银行、商店、政府机构和消费者等。

2. 交易事务

交易事务是指电子商务实体之间所从事的具体的商务活动,包括询价、报价、转账支付、广告宣传和商品运输等。

3. 网络平台

网络平台是指电子商务实体从事商品和服务交换的计算机网站或系统。

4. 信息流

信息流是电子商务最基本和最活跃的部分,在内容上包括通用信息、与商品和服务有关的商业信息,包括商品信息的提供和发布、查询单价、报价单、付款通知单等商业贸易凭证的网上传递以及交易方支付能力和支付信誉的认证等。在形式上除了由互联网提供各种信息服务外,电话、电视等传统媒体仍然是信息传播的重要途径。

5. 资金流

资金流是指电子商务交易中资金的转移过程。电子商务的安全很大程度上表现在资金支付的安全性上,在资金支付环节中,交易双方和包括银行在内的三方或多方共同参与,以实现快速、安全支付。资金流既涉及支付方式和安全管理,也涉及网络安全技术。

6. 物流

物流是指物质实体的流动过程,包括运输、储存、配送、装卸和保管等各种活动。物流是电子商务的最终表现形式,"物"不仅表现为商品的实体,而且包括可以在网络上直接传递的数据格式"文件"以及商业服务。电子商务物流更强调时效性、准确性和过程的可追踪性。

1.2.3 电子商务运作的基本框架

实际上电子商务不仅仅涉及"三流"的问题,它还牵涉很多其他宏观要素,如网络基础设施、标准、工具、服务以及各种平台的兼容性、可靠性、安全性等,这些要素会直接影响电子商务的生存和发展,它们共同构成了电子商务运作的基本框架,具体如图1.3所示。

图1.3 电子商务运作的基本框架

1. 网络基础设施和硬件环境

网络基础设施和硬件环境是指互联网的带宽和普及程度以及计算机和用户终端特性。目前以高速光纤为代表的数字通信网络成为网络传输的主流,下行带宽已经达到百兆或千兆,移动4G通信网络已经全面普及;在计算机和用户终端方面,计算机全面推广,智能手机终端迅猛发展,已经成为主流,大型服务器和存储设备广泛应用。网络硬件环境建设成为世界各国实力的体现,而我国大有后来居上的超越势头,这为我国电子商务领跑世界打下了坚实的基础。

2. 软件及开发环境

软件及开发环境主要指互联网应用系统开发和运营的软件系统,包括操作系统、通信协议标准、开发工具、数据库以及各种应用。目前在主要的开发工具和操作系统方面国外仍然领先,但是随着软件开源潮流的出现,我国在软件的开发上也亮点纷呈,电子商务应用深度和广度处于世界领先行列。

3. 商务服务基础环境

商务服务基础环境主要指安全环境、支付环境、认证环境等涉及电子商务运行可靠性和安全性的技术。这些技术与电子商务基础研究水平密切相关,也与底层的计算机软硬件相关,若处理不当会带来严重的后果,因此政府和电子商务企业应予以重视。目前,我国企业计算机网络和电子商务平台服务基础环境正日趋完善,但网络的安全性和可靠性仍存在不少隐患,特别是随着我国电子商务的交易规模日益扩大,局域性和系统性安全风险不容忽视。

4. 电子商务服务

电子商务服务是指与电子商务用户接口的环境,包括各种网站、搜索引擎、网络购物平台性能、支付的便捷性、即时通信工具等,其环境的好坏决定用户的体验。例如,淘宝网、京东商城、阿里旺旺、微信支付、支付宝等都是这个环境下的具体应用。总体而言,我国的购物环境便捷顺畅,但是一些假冒商品、诈骗网站鱼目混珠,未来电子商务在服务环境的改善上还有很长的路要走。

【微思考】 有人说,电子商务就是"虚拟贸易",请谈谈你的认识。

任务1.3　电子商务的发展

电子商务最早产生于20世纪60年代,从20世纪90年代开始,随着互联网技术的发展而迅猛发展和壮大。

电子商务产生和发展的重要条件主要有以下四个方面：

(1) 商业变革的内生动力

传统商业模式的弊端是商品从生产者到消费者很多中间环节，因而造成商业效率低、企业和消费者成本高。从20世纪50年代开始，商业的变革需求催生和促进了一大批新技术的产生和应用，如POS系统、条码技术、智能卡等，为电子商务的发展带来巨大的机遇。这种商业变革的内生动力，在今天以至将来仍然是促进电子商务发展的主要动力。

(2) 互联网技术发展

从20世纪90年代开始，互联网基础设施建设高速投入，网络技术和网络环境获得了巨大提高和改善，网络用户的数量呈爆炸式增长，这些为电子商务的发展提供了良好的基础。

(3) 计算机和移动终端普及

计算机的广泛应用加上手机、平板等移动终端的迅速普及，促进了电子商务的快速发展。分析机构Strategy Analytics的最新研究表明，截至2021年6月，全球一半的人口都拥有智能手机，约40亿人，这是智能手机里程碑式的占有率，达到这一占比用了27年的时间。

(4) 政府的支持与推动

自1997年欧盟发布了欧洲电子商务协议，美国随后发布了《全球电子商务纲要》，我国政府早在2001年就将电子商务纳入国家"十五"规划中。各国政府在基础设施建设、法律环境、税收政策、金融开放等环节上不遗余力，推出了许多促进电子商务发展的举措。

电子商务自产生以来，受到了各国的重视并得到了不同程度的发展，虽然不同的国家之间发展速度及程度不同，但均呈现出上升趋势。

1.3.1 电子商务在我国的发展

近年来，我国电子商务迅速发展，已影响到各行业、各领域，网络零售、跨境电子商务、在线生活服务、互联网金融等已成为消费新亮点、经济转型升级的新引擎。只有学会分析电子商务的发展现状，才能发现我国的电子商务存在的问题，探讨我国电子商务未来发展的趋势和前景。

自1995年萌芽至今，在20多年的时间里，我国电子商务经历了"工具"(点)、"渠道"(线)、"基础设施"(面)、"经济体"这四个不断扩展和深化的发展过程。电子商务催生出新的商业生态和新的商业景观,逐渐影响和加速传统产业的"电子商务化",进一步扩展其经济和社会影响,"电子商务经济体"开始兴起。电子商务在我国的发展历程如图1.4所示。

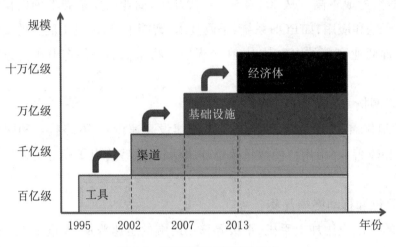

图1.4 我国电子商务发展历程

注:时间为大致范围,无严格界限。

1. 工具阶段(1995~2002年)

这个阶段是互联网进入我国的探索期、启蒙期,我国电子商务以企业间电子商务模式探索和发展为主。早期,应用电子商务的企业和个人主要把电子商务作为优化业务活动或商业流程的工具,如信息发布、信息搜寻和邮件沟通等,其应用仅局限于某个业务"点"。1995年5月9日,马云创办中国黄页,成为最早为企业提供网页创建服务的互联网公司;1997年,垂直网站中国化工网成立;1999年,8848、携程网、易趣网、阿里巴巴、当当等一批电子商务网站先后创立。1999年底,国内诞生了370多家从事B2C的网络公司,到2000年,这一数字变成了700家。但随着2000年互联网泡沫的破灭,纳斯达克指数急剧下挫,8848等一批电子商务企业倒闭,从2001年开始电子商务经历了一个比较漫长的"冰河时期"。

2. 渠道阶段(2003~2007年)

在这个阶段,电子商务应用由企业向个人延伸。2003年,电子商务界发生了一系列的重大事件。2003年5月,阿里巴巴集团成立淘宝网,进军C2C市场。2003年12月,慧聪网在香港创业板上市,成为国内B2B电子商务首家上市公司。2004年1月,京东涉足电子商务领域。2007年11月,阿里巴巴网络有限公司成功在香港主板上市。我国也出台了一系列重要文件,对电子商务发展产生了深远影响。2004年3月,国务院常务会议审议通过《中华人民共和国电子签名法(草案)》；2005年1月,国务院办公厅下发《关于加快电子商务发展的若干意见》(国办发〔2005〕2号)；2007年6月,国家发改委、国务院信息化工作办公室联合发布我国首部电子商务发展规划——《电子商务发展"十一五"规划》,首次提出发展电子商务服务业的战略任务。2007年,商务部先后发布了《关于网上交易的指导意见(暂行)》《商务部关于促进电子商务规范发展的意见》,构筑了电子商务发展的政策生态。

同时,随着网民和电子商务交易的迅速增长,电子商务成为众多企业和个人的新的交易渠道,如传统商店的网上商店、传统企业的电子商务部门以及传统银行的网络银行等,越来越多的企业在线下渠道之外开辟了线上渠道。2007年,我国网络零售交易规模达561亿元。电子商务延伸至供应链环节,促进了物流快递和网上支付等电子商务支撑服务的兴起。

3. 基础设施阶段(2008~2012年)

电子商务引发的经济变革使信息这一核心生产要素被日益广泛地应用到经济活动中,引爆了社会创新,提高了社会资源的配置效率,成为信息经济重要的基础设施或新的商业基础设施,极大地推动了电子商务的迅猛发展。

2008年7月,我国成为全球"互联网人口"第一大国。据中国互联网络信息中心(CNNIC)统计,截至2008年6月底,我国网民数量达到了2.53亿,互联网用户首次超过美国,跃居世界第一位。2012年,淘宝商城更名"天猫"独立运营,2012年度淘宝和天猫的交易额突破10000亿元,"双十一"当天交易额达362亿元。

4. 经济体阶段(2012年以后)

2013年我国超越美国,成为全球第一大网络零售市场。2013年,我国电子商务交易规模突破10万亿元大关,网络零售交易规模达1.85万亿元,相当于社会消费品零售总额的7.8%。由中国商务部电子商务和信息化司组织编写的《中国电子商务报告2020》显示,2020年,全国电子商务交易额达37.21万亿元,同比增长4.5%。其中,商品类电商交易额为27.95万亿元,服务业电商交易额为8.08万亿元,合约类电商交易额为1.18万亿元。内容与社交逐渐成为主导,向农业、工业渗透。2021年含短视频在内的中国网络视频用户规模达92677亿人,用户使用率为93.7%。电子商务生态体系建设日益完善,2020年银行共处理电子支付业务金额2711.81万亿元,2021年全国快递业务量达到1083亿件。

网络零售的蓬勃发展促进了宽带、云计算、IT外包、网络第三方支付、网络营销、网店运营、物流快递、咨询服务等生产性服务业的发展,形成了庞大的电子商务生态系统。

电子商务基础设施日益完善,电子商务对经济和社会的影响日益强劲,电子商务在基础设施之上进一步催生出新的商业生态和新的商业景观,进一步影响和加速传统产业的电子商务化,促进和带动经济整体转型升级,电子商务经济体开始兴起。

1.3.2 电子商务在其他国家或地区的发展

在全球经济保持平稳增长和互联网宽带技术迅速普及的背景下,世界主要国家和地区的电子商务市场保持了高速增长态势。以美国为首的发达国家仍然是世界电子商务的主力军。

1. 美国:受疫情影响增速放缓

美国作为电子商务的起源地,基础设施较为完善,美国电子商务保持着增长的态势。根据美国商务部统计数据,2019年美国网络零售交易额为6020亿美元,同比增长14.9%,约占零售总额的11%,比2018年高出1.1%。

2. 欧洲:努力促进跨境电子商务的发展

欧洲是全球电子商务体系发展最为完备的地区之一,自2017年以来一直保持着高速增长的态势。欧洲电子商务发展的重点在西欧,其网络零售额约占欧洲的65%。根据欧洲电子商务基金会发布的最新报告,2019年欧洲电子商务营业额达6210欧元,同比增长13.6%。其中,意大利和罗马尼亚增速最快,达到24%。西班牙仍保持两位数增长,达到14%,而法国、德国、瑞典等国的增速有所放缓。

3. 俄罗斯:跨境电商增速迅猛

俄罗斯电子商务正进入一个持续增长的时期。根据eMarketer公布的数据,2019年俄罗斯网络零售交易额为269.2亿美元,同比增长18.7%,是实体经济与传统零售行业增速的10倍。2019年,俄罗斯电子商务市场中占比最大的品类为时尚类产品,市场成交额约达58.65亿美元。

4. 韩国:移动电商成为韩国电子商务增长的重要驱动力

韩国是东亚第三大电子商务市场,仅次于中国和日本。电子商务是韩国整体消费市场的重要组成部分,作为固定宽带和智能手机互联网覆盖率接近90%的国家,韩国电子商务近年来一直快速增长。根据韩国国家统计局数据,2019年韩国网络零售总额达1034.8亿美元,同比增长18.1%。

5. 印度：市场规模逐年上升

近年来，得益于印度市场的巨大潜力，印度电商发展迅猛，市场规模呈现逐年上升的趋势。根据Statista公布的数据，到2027年印度市场规模将达到2000亿美元。在印度遭受新冠肺炎病毒侵袭后，2020年5月的一项调查显示，民众广泛支持允许电子商务平台在病毒封锁后投递货物。

6. 中东：电子商务市场增长空间广阔

自2014年起，中东电子商务每年增长25%，电商渗透率还比较低。2017年，电商占零售总额的比例是1.9%，海湾阿拉伯国家合作委员会（GCC）国家为3%。阿联酋电商发达程度最高，渗透率为4.2%；沙特以3.8%紧随其后；埃及是2.5%。

1.3.3 我国电子商务的发展趋势

展望未来，随着"互联网＋"和数字经济的深入推进，我国电子商务将步入规模持续增长、结构不断优化、活力持续增强的新发展阶段。总体来看，我国电子商务将呈现全球化、个性化、数据化、移动化等发展趋势。

1. 全球化：跨境电子商务实现买全球、卖全球

跨境电子商务是外贸发展的新模式，也是扩大海外营销渠道、实现外贸转型升级的有效途径。跨境电子商务不仅冲破了国家间的障碍，使国际贸易走向无国界贸易，同时它也正在引发全球经济贸易的巨大变革。跨境电子商务构建的开放、高效、便利的贸易环境，极大地拓宽了进入国际市场的路径，优化了外贸产业链，为产品创新和品牌创立提供了便利的平台和宝贵的机遇。随着互联网和跨境电子商务的发展，成千上万的中小微企业涌入外贸市场，并将诞生更多国际品牌，这将彻底改变中国的外贸格局，帮助"中国制造"实现利润回归，还能让中国的消费者足不出户尽享全球优质商品。

2. 个性化：C2B让消费者成为中心

在未来，生产与消费更加融合，这将促进C2B方式的兴起。信息时代的商业模式将会是以客户和消费者为中心、按需驱动、先消后产的大规模定制，乃至个性化定制。大规模定制的基石"柔性化生产"已经较为成熟；社会化的物流服务网络，在发达国家也已经成为普遍化的现实；互联网实现低成本、高效率的个性化营销，使得个性化定制模式在经济上成为了可能，实现个性化定制所需的更高成本和群体采购所要求的低价格之间的平衡。

3. 数据化:数据将成为核心生产要素

伴随云计算能力的增强,无论是处理视频、图片、日志、网页等非结构化的数据,还是高达上百TB的离线数据,抑或是实时处理数千万乃至数亿条记录都将成为现实。与此相关的是,数据挖掘、数据融合技术将会让商业过程具备更多的智能化特征。数据将与资金、技术、土地、人力等一样成为零售企业的生产要素。

4. 移动化:指尖上的商务

我国移动电子商务呈现爆发性增长。艾媒咨询发布的数据显示,2020年中国移动电商市场交易额为79830亿元。目前中国移动支付的普及情况在世界处于领前水平,随着各大平台对日常生活场景和下沉市场覆盖加强,未来将普及更大规模人群。随着移动搜索、基于地理位置的服务(Location Base Services,LBS)以及移动支付等业务的融合,使本地服务市场更加丰富。用户通过LBS自动识别地理位置后,可以及时发现周围的商店、酒店、影院等,更加便捷地获取有价值的信息,而且从预订到支付的各个环节都可以直接通过移动终端进行,移动电子商务让碎片化的需求、时间得到最大化利用。

5. 服务化:线上线下深度融合

电子商务转变为新型服务资源。未来围绕消费升级和民生服务,电子商务的服务属性将更加明显。电商数据、电商信用、电商物流、电商金融、电商人才等电子商务领域的资源将在服务传统产业发展中发挥越来越重要的作用,成为新经济的生产要素和基础设施。以信息技术为支撑、以数据资源为驱动、以精准化服务为特征的新农业、新工业、新服务业将加快形成。

6. 规范化:治理环境不断优化

电子商务加快规范化发展。2019年1月1日起,我国正式施行《中华人民共和国电子商务法》。电子商务相关政策法律陆续出台,通过创新监管方式规范发展,加快建立开放公平诚信的电子商务市场秩序,达成共识,形成政策合力。国家发改委、中央网信办、商务部等32个部门建立了电子商务发展部际综合协调工作组,为加强电子商务治理提供了组织保障。电子商务企业成立"反炒信联盟"等自律组织,不断强化内部管理,促进电商生态规范可持续发展。

经过20多年的发展,电子商务逐步向实体经济渗透,实体产业被网络化且被纳入互联网的经济范畴,从而构成了一个全新的经济形态——互联网经济体。展望未来,随着电子商务应用广度、深度的不断拓展,更多消费者、商品、交易和供应链将不断数据化、在线化,电子商务对经济增长的贡献将更加明显。

任务1.4 职业岗位

1.4.1 职业能力

职业是指个人所从事的服务于社会并作为主要生活来源的工作。职业具备社会性、规范性、功利性、技术性和时代性等特征。社会性是指人们在职业劳动过程中的分工而结成的劳动者之间的关系是社会性的;规范性包含两层含义:一是指职业内部的规范操作要求性,二是指职业道德的规范性;功利性是指职业作为人们赖以谋生的劳动过程中所具有的逐利性的一面;技术性是指不同的职业具有不同的技术要求,每一种职业往往都表现出一定相应的技术要求;时代性是指职业由于科学技术的变化,人们生活方式、习惯等因素的变化导致职业打上那个时代的"烙印"。

职业分类是以工作性质相似性为主,以技能水平相似性为辅,对社会职业进行系统划分与归类。所谓工作性质,即一种职业区别于另一种职业的根本属性,一般通过职业活动的对象、从业方式等不同予以体现。职业分类的目的是要将社会上纷繁复杂、数以万计的现行工作类型划分成类系有别、规范统一、井然有序的层次或类别。职业分类体系通过职业代码、职业名称、职业定义、职业所包含的主要工作内容等描述每一个职业类别的内涵与外延。

《中华人民共和国职业分类大典》先后有1999年版及2015年修订版,2015修订版中将我国职业归为8个大类,75个中类,434个小类,1481个职业。其中8个大类分别是:第一大类,党的机关、国家机关、群众团体和社会组织、企事业单位负责人;第二大类,专业技术人员;第三大类,办事人员和有关人员;第四大类,社会生产服务和生活服务人员;第五大类,农、林、牧、渔业生产及辅助人员;第六大类,生产制造及有关人员;第七大类,军人;第八大类,不便分类的其他从业人员。

电子商务师是人社部公布的职业,具有国家职业标准。2017年国家取消了电子商务师职业资格证书,但没有取消对电子商务师技能人才的评价,并将技能人员水平评价由政府认定改为实行社会化等级认定。2019年12月10日,人社部发布了首批职业技能等级认定第三方评价机构,首批试点的职业中就包含"电子商务师"。2021年3月9日,编号0001的"电子商务师"职业技能等级证书已经正式发放到考生手中,第一本证书由北京市信息管理学校的一名教师获得。

能力是完成一项目标或者任务所体现出来的综合素质。人们在完成活动中表现出来的能力有所不同,能力是直接影响活动效率,并使活动顺利完成的个性心理特征。职业能力是个体将所学的知识、技能和态度在特定的职业活动或情境中进行类化迁移与整合所形成的能完成一定职业任务的能力。职业能力包括核心能力和专业能力。核心能力是在人们工作和生活中除专业岗位能力之外取得成功所必需的基本能力,适用于各种职业,它可分为三个部分:一是基础核心能力:职业沟通、团队合作和自我管理;二是拓展核心能力:解决问题、信息处理和创新创业;三是延伸核心能力:领导力、执行力、个人与团队管理、礼仪训练、五常管理和心理平衡。电子商务的专业能力主要包括网络营销能力、网络客户服务能力、商务网页设计制作能力和网络信息处理能力。

1.4.2　岗位分析

电子商务专业就业分为三类岗位,分别是技术类、商务类和综合管理类岗位。

技术类岗位的典型职位有网页设计师、网站维护工程师等。网页设计师的典型工作任务是进行PC端、移动端等产品页面视觉、版式设计,负责色彩整体布局;要求会色彩搭配、熟悉设计流程、掌握图形制作与处理软件;具备独立进行页面创意策划和设计的能力。网站维护工程师的典型工作任务是网站前后台的开发、制作、修改和升级,网站专题、功能模块制作及测试,网站软硬件设施安全和稳定性巡检;要求会程序研发语言、Web常见页面技术、数据库、网站设计制作、网站软硬件基础设施运行、浏览器兼容技术;具备独立完成程序研发的能力,Web常见页面技术、数据库、设计制作软件的应用能力,浏览器页面调优能力。

商务类岗位的典型职位有平台运营专员、平台推广专员、网络营销专员等。平台运营专员的典型工作任务是平台测试、维护、更新与优化,平台运营、用户行为数据收集、分析和挖掘,主题活动策划、制定、执行、追踪与优化,总结行业动向、及时调整销售策略,产品服务优化;要求掌握电子商务模式与流程,客户关系管理,市场调研与数据统计分析,市场营销,网络推广,新媒体运营,策划书撰写,Office、Visio办公软件;具备数据分析能力,电商平台统计软件应用能力,文案撰写及判断其内容优劣能力,策划撰写、推广和项目执行能力。平台推广专员的典型工作任务是平台(官网和第三方)产品及服务的维护管理,用户沟通及维护,对社会及行业热点的捕捉和应用,发掘、研究新兴社会化网络营销平台及推广手段,维护、整合各新媒体推广渠道,策划相关主题内容,策划、撰写原创话题文案;要求会SEO、SEM结合运用,新媒体、社会化媒体、自媒体等应用,活动策划、推广,各平台的原创文章撰写,互联网常用统计指标、工具运用,客户关系维护,专业英语相关术语;具备捕捉社会及行业热点能力,数据分析能力,互联网统计指标、工具运用能力,互联网推广渠道建设、拓展和追踪能力。网络营销专员的典型工作任务是市场潜在客户开发、跟进及维护,执行网络营销方案,任务分解,实施跟踪,结果把控,有效提升网站流量和意向用户数量,公司外部渠道拓展和推广,达成合作,熟悉网络推广手段,能在各类网站宣传推广产品或服务;要求会网络营销,新媒体、社会化媒体、自媒体等互联网资源的应用,文案撰写,数据分析整理与挖掘,互联网常用统计指标、工具的运用,客户关系谈判技巧与维护,专业英语相关术语;具备网络推广能力,客户沟通能力,数据分析能力,捕捉热点能力,跟进追踪项目能力。

综合管理类岗位的典型职位有产品经理。产品经理的典型工作任务是定义(调研、需求分析)、设计(原型设计、视觉设计)、研发(技术实现、测试)、发布(销售培训、推广方案、运用策略、商品定价)、迭代(用户反馈、完善功能、数据分析、迭代商品);要求会使用Axure、Visio、Mindmanager、Project、Xmind等项目管理必备工具,数据分析整理和挖掘,消费者心理和客户关系管理,产品开发流程,电子商务各类商业运营模式,项目管理,文案撰写;具备项目管理以及项目必备工具应用能力,客户需求挖掘和分析能力,完成原型设计、定义业务流程图能力,平台运营能力,辅导能力,捕捉行业新动态能力。

电子商务是发展迅速的行业,人才需求不断扩大和更新,电子商务专业是各种交叉学科的集合。因此,学校教育不能与行业发展割裂开来,要以社会发展需要为基础,以学生能力发展为中心,细化电子商务行业的典型岗位类别,明确典型岗位的共性与特性,基于岗位工作任务,进行有针对性、可辨别性的课程设置,不仅有利于学生获取知识和提高综合能力,还有利于匹配行业人才需求。

【微思考】 畅想一下未来的电子商务将如何创新发展。

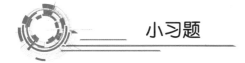

小习题

一、判断题

1. 广义的电子商务是指在因特网上进行的交易及与交易直接相关的活动。( )

2. 狭义的电子商务是指对整个贸易活动实现电子化。( )

3. 按照商务活动的运作方式来分类,电子商务可分为间接电子商务和直接电子商务。( )

4. 相对于传统实体商务活动,电子商务能够明显节约商务成本,增加商品分销环节,加快商品和资金的周转,节约人力开支。( )

二、单选题

1. （　　）的电子商务通常是指是在全球各地广泛的商业贸易活动中，在因特网开放的网络环境下，基于浏览器/服务器应用方式，买卖双方不谋面地进行各种商贸活动，实现消费者的网上购物、商户之间的网上交易和在线电子支付。

   A. 狭义　　　　　B. 广义　　　　　C. 固有　　　　　D. 私有

2. （　　）在整个系统的顶层，面向电子商务系统的最终用户。

   A. 电子商务基础平台　　　　　B. 电子商务应用表达平台
   C. 电子商务应用系统　　　　　D. 安全保障环境

3. 电子商务平台常用的交易模式有B2B、B2C、B2G、C2G、C2C，其中B2C是指（　　）。

   A. 企业对企业　　　　　B. 企业对消费者
   C. 企业对政府　　　　　D. 消费者对消费者

4. （　　）是指无形货物或者服务的订货或者付款等活动。

   A. 直接电子商务　　　　　B. 间接电子商务
   C. 全局电子商务　　　　　D. 交易后的电子商务

5. （　　）指有形货物的电子订货与付款等活动，它依然需要利用传统渠道（如邮政服务和商业快递车送货等）送货。

   A. 直接电子商务　　　　　B. 间接电子商务
   C. 全局电子商务　　　　　D. 交易后的电子商务

6. （　　）利用企业内部网络进行电子交易。

   A. 基于Extranet（企业外部网）网络的电子商务
   B. 基于Internet网络的电子商务
   C. 基于Intranet（企业内部网）网络的电子商务
   D. 基于局域网的电子商务

7. 当当网属于（　　）型的网站。

   A. B2B　　　　　B. B2C　　　　　C. C2C　　　　　D. B2G

8. 在整个电子商务的交易过程中（　　）实际上是以商流的后续者和服务者的姿态出现的，没有现代化的物流作保证，电子商务给供方和购方带来的便捷就无法实现。

   A. 资金流　　　　　B. 信息流　　　　　C. 物流　　　　　D. 网络平台

疫情期间电子商务的作用

肆虐全球的新冠肺炎疫情让很多家庭出现了很多问题,人们的生活节奏、身体健康、工作岗位和工作方式都面临很多的挑战,我们国家在积极应对疫情方面为世界作出了表率,采取的措施也是有效的,非常迅速地控制住了疫情,相比西方国家和印度的疫情而言,我们为身在中国而感到无比自豪。为了减少人员的流动和接触,人们自发居家防疫,而购买粮食蔬菜、油盐酱醋等生活用品就会变得有些困难,而且很多企业生产的产品也无法销售出去,产品不能存放过长时间的生鲜行业更是受到了一定的影响,给一些地区和家庭造成了一定的经济损失。

在对传统行业造成影响的同时,疫情也给电子商务产业的发展起到了一定的积极作用,一些大型的电子商务平台利用自身的虚拟性、低成本、人员接触少、效率高、节奏快、网点多等特点,积极地推动产业的集团性、系统性的发展,而且利用自己的配套设施完善和自动化高效运行的优势在疫情期间发挥了非常巨大的作用,减少了人员之间的接触,在疫情期间,为各地运输急需的生活用品、药品,为促进社会稳定和生命安全作出了自己的贡献。

电子商务平台及时补充生活用品,送货上门,将服务的触角直接伸到小区、学校、医院,居家的老百姓更是在疫情期间享受到了电子商务平台带来的便捷性,不管是生活用品、衣食住行,还是休闲娱乐,都没有受到影响,这都要感谢电子商务平台,很多人、很多单位都通过在线沟通工具、电子商务平台进行工作交流、开展商务活动,更是让很多人在家就可以工作,也得到了一定的经济补充,使得家庭的稳定度有所提高。

在疫情期间,电子商务的发展也是非常迅速的,在疫情出现之前,大家对网络直播还是比较陌生的,在家自我隔离让很多人开始了解直播,熟悉直播,甚至参与直播。自疫情之后,很多的直播网络平台如井喷式出现,而且很多人开始进行网络直播带货,不得不说全民已经根据自己的爱好开始在电子商务领域进行突破,把爱好变成了职业,也许这就是电子商务与疫情的相互作用。

(资料来源:扬幡财经.电子商务在疫情期间的作用[EB/OL].(2021-06-10).https://baijiahao.baidu.com/s?id=1702177720813178798&wfr=spider&for=pc.)

问题:

1. 电子商务在疫情中发挥了哪些作用?
2. 疫情对电子商务的促进作用有哪些?

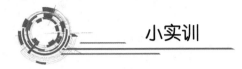

小实训

熟悉电子商务相关平台。

一、实训目的

了解各电子商务平台的内容和作用。

二、实训内容

仔细浏览百度、阿里巴巴、淘宝、京东商城、招商银行网站(一网通)、申通快递官网、安徽省国税局官网。根据浏览的情况回答:各网站的主要内容有哪些?服务对象是哪些群体?在电子商务系统中有何作用?

三、实训要求

请把相关内容制作成PPT并进行汇报。

任务总结

本章首先提出电子商务的概念,通过对电子商务的解释,让学生了解到电子商务随着技术进步始终处于发展进程中,同时树立"电子商务是现代商业的基本形态"的观念,避免将电子商务看成与"传统商务"对立的商务形式,避免过多地把两者做逐项一对一的比较。对于电子商务的内涵,要求学生理解并掌握"信息流、资金流和物流"的具体内容,掌握电子商务的主要类型,即B2B、B2C和C2C模式,还要掌握电子商务的基本组成要素、电子商务的概念模型以及电子商务运作的基本框架。通过了解我国电子商务的发展历程和全球电子商务的发展现状,能够正确认识电子商务的发展趋势和前景。对于电子商务专业学生或电子商务从业人员,还需要了解电子商务职业能力和就业岗位。电子商务经济是我国电子商务发展到一个相对成熟阶段的表现,也是新一代信息技术在我国经济信息化建设中得到深入应用的结果。电子商务经济将基于其需求、供给两个层面,通过电子商务应用与电子商务服务业促进中国经济的转型升级,在云计算、物联网、移动通信等新一轮信息技术革命的驱动下,电子商务将不断创新应用模式,充分发挥其对经济社会的巨大推动作用。

参考文献

[1] 宋文官. 电子商务概论[M]. 3版. 北京:高等教育出版社,2013.
[2] 司爱丽. 新编电子商务实用教程[M]. 西安:西安电子科技大学出版社,2010.
[3] 朱孝立,罗荷香. 新编电子商务教程[M]. 2版. 合肥:中国科学技术大学出版社,2012.
[4] 杨荣明,吴自爱. 电子商务实用教程[M]. 2版. 合肥:安徽大学出版社,2014.
[5] 孙若莹,王兴芬. 电子商务概论[M]. 北京:清华大学出版社,2012.
[6] 李源彬. 电子商务概论[M]. 北京:人民邮电出版社,2012.
[7] 王悦. 电子商务概论[M]. 成都:西南财经大学出版社,2012.
[8] 段敏,李立威. 基于电子商务职业岗位分析的电子商务专业课程体系设计研究[J]. 电子商务,2019(2):77-78.

资源链接

[1] 艾瑞咨询网　http://www.iresearch.com.cn.
[2] 亿邦动力网　http://www.ebrun.com.
[3] 百度百科　http://www.baike.baidu.com.
[4] 中国互联网络信息中心　http://www.cnnic.net.cn.
[5] 中国软件资讯网　http://www.cnsoftnews.com.

第 2 章

电子商务运营模式

知识目标

🔊 掌握 B2B、B2C、C2C 三类电子商务运营模式。

能力目标

🔊 深入了解各代表性电子商务网站,能运用电子商务运营模式分析各电子商务平台。

思政目标

🔊 通过案例导入,将我国电子商务发展数据融入课程思政内容,增强学生对国家的自豪感,激发爱国情怀,提高职业道德。

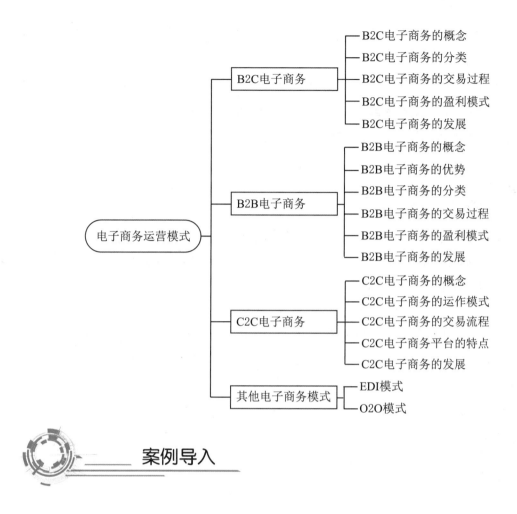

案例导入

阿里模式

阿里巴巴被誉为全球最大的网上贸易市场,因此,可以把阿里巴巴作为电子商务的代表(以下简称"阿里")。阿里将向买卖双方提供开放的在线交易平台作为利基市场,将交易平台规模化收益管理作为核心战略。在早期,阿里重点解决有效供给不足的问题,淘宝通过免费策略吸引了大量卖家进入开放平台。在成为行业领导者之后,阿里更进一步提升有效需求,从而提升了开放平台的交易质量。为此,阿里分拆了淘宝和天猫,将重要资源投注于构建开放平台的互联网经济模式,致力于打造一个无所不有、无所不能和无所不及的开放平台。阿里还联合卖家加大了对广告、促销、品牌推广等方面的投入,持续刺激开放平台的整体参与率、活跃度和购买力,使网站流量和会员数量都得到了显著增加,阿里逐渐形成了"软硬结合"的创新商业模式和开放平台利润模式。阿里在开放平台管理方面的积极探索与创新成就了独特的"阿里模式"。

在现金流上,阿里借助天猫建立优质卖家遴选机制以后,经营性现金流入能力显著提升。除卖家进场相关费用之外，在线广告和产品搜索服务、支付宝衍生金融服务均是阿里的收入来源。

在产品流管理方面，阿里平台本身并不参与产品的买卖交易，产品供给资源由所有的第三方卖家提供。虽然阿里平台本身具有规模优势，但难以转化为单一卖家的范围经济优势，如开放平台下快递速度的不可控就令单一卖家难以获得更大范围的网络效应优势。

提出任务

运营模式是指做生意的方法，是一个公司赖以生存的模式，一种能够为企业带来收益的模式。运营模式规定了公司在价值链中的位置，并指导其如何盈利。在分析运营模式的过程中，应主要关注企业在市场中与用户、供应商、其他合作方的关系，尤其是彼此间的物流、信息流和资金流。电子运营模式，就是指在网络环境中基于一定技术基础的商务运作方式和盈利模式。研究电子商务运营模式的理论模型有很多，但获得业内一致认同的是以企业和消费者为划分依据，主要划分为企业对消费者（B2C）、企业对企业（B2B）、消费者对消费者（C2C）的电子商务运营模式。那么这三种运营模式具体是如何运作和盈利的呢？

解决问题

任务2.1　B2C电子商务

2.1.1　B2C电子商务的概念

B2C即Business to Consumer，是企业对消费者的电子商务，具体是指通过网络实现企业或商家机构与消费者之间的各种商务活动、交易活动、金融活动和综合服务活动，是消费者利用互联网直接参与经济活动的形式。B2C是企业对消费者直接开展商业活动的一种电子商务模式，一般以直接面向客户开展零售业务的形式为主，故又称为网络零售。

2.1.2 B2C电子商务分类

B2C电子商务的分类方式有很多,较常见的分类是依据交易的客体将B2C电子商务分为有形商品的电子商务模式和无形商品与服务的电子商务模式两种。前者是间接电子商务,不能完全在网上实现,要借助传统手段的配合才能完成;后者是直接电子商务,可以完全通过网络进行。

1. 有形商品的电子商务模式

有形商品是指传统的实物商品。采用电子商务模式时,有形商品和服务的查询、订购、付款等活动在网上进行,但最终的交付活动还需借助传统的方式完成。这种电子商务模式也叫"在线销售"。有形商品的电子商务模式又可进行如下细分:

(1) 按B2C网站涉及的商品种类分类

① 综合型B2C。综合型B2C模式最大的特点是商品种类齐全、数量庞大、覆盖范围广,并且拥有广泛的、基数很大的用户群体,但普遍存在供应链物流管理方面的问题,如流程复杂、成本较高等。综合型B2C电子商务需要整合整个供应链,需要与成百上千的生产商、供应商进行合作和沟通,需要对数以万计的商品进行展示、宣传促销、物流配送、售后服务,需要为每一个消费者提供一对一的服务,这些都无法在短时间内通过技术创新获得,而必须经过一定时间进行积累。国内知名的综合型B2C购物网站有京东、当当等。

② 垂直型B2C。垂直型B2C一般专注于某一行业或某一类产品,有特定的消费者群体,能产生专业优势和品牌效应。垂直电商聚焦于细分市场,对行业和产品的理解更为深刻,因而也更容易做出特色,满足某一类用户群体的个性化需求。从商品分类来看,垂直型B2C网站类似于"专卖店",商品单一,有助于产品细分,方便消费者选择;从营业额来看,垂直型B2C只卖一类产品,人力物力都比较集中,有助于销售额持续增长;而且网站的物流管理相对于综合类网站更为高效、快捷。国内知名垂直电商网站有母婴类的红孩子、生鲜类的天天果园、跨境类的网易考拉海购、时尚类的聚美优品等。

(2) 按B2C网站性质分类

① 平台型B2C。平台型B2C模式是指B2C网络交易在第三方交易平台型的网站上进行,这个平台仅充当一个提供交易服务的中介的角色,平台本身不参加采购、库存、物流等工作。中小企业在人力、物力、财力有限的情况下,往往青睐这种第三方B2C交易平台,将其作为拓宽销售渠道的途径。国内知名购物平台天猫商城就属于这种模式,其本身并不参与商品的销售和服务,商品的销售、配送和售后服务均由入驻平台的卖家自己负责,而卖家入驻天猫商城平台则需要支付入驻费用和保证金。

② 自营型B2C。自营型B2C也称自主销售式B2C,指电商企业自己生产或进货、销售、发货、核算等。这种模式下的产品质量相对更有保障,盈利的主要来源是生产过程的价值增值或进货与销货的差价。例如,京东是目前国内最大的自营式电商企业,不过近年来,京东也在逐渐开放自己的平台,让其他供应商入驻京东平台。

(3) 根据B2C企业类型分类

① 传统生产企业网络直销型B2C。它指传统生产企业通过互联网直接向消费者销售商品,而不是通过中间商来销售。在电子商务大潮的影响下,传统企业纷纷进军电子商务,建立官网在网上直接销售产品。互联网应用的成熟和网民品牌意识的提高,也为传统企业提供了机遇。例如,海尔、华为等生产企业都建立了自己的官网销售产品。

② 传统零售商网络销售型B2C。传统零售商网络销售型B2C是指传统零售商自建网站销售,将丰富的零售经验与电子商务有机地结合起来,有效地整合传统零售业务的供应链及物流体系,通过业务外包解决经营电子商务网站所需的技术问题,典型代表有苏宁易购、国美在线、大润发优鲜等。

③ 纯网商。纯网商指只通过网上销售产品的商家,它们没有实体店。纯网商主要有自产自销和经销两种。例如,凡客属于自产自销的纯网商;而京东、当当属于经销的纯网商。

2. 无形商品与服务的电子商务模式

网络本身既有信息传递的功能,又有信息处理的功能。因此,无形商品与服务,如信息、计算机软件、视听娱乐产品、信息服务等一般可以通过网络直接向消费者提供。无形商品与服务的电子商务模式主要有以下三种:

(1) 网上订阅模式

消费者通过网络订阅企业提供的无形商品与服务,并在网上直接浏览或消费。采取这种模式的主要是一些在线企业,它们用来销售电子刊物、视频节目、网络游戏等。

(2) 广告支持模式

在线服务商免费向消费者提供在线信息服务,其营业收入主要靠网站上的广告来获得。这种模式虽然不直接向消费者收费,但却是目前最成功的电子商务模式之一。

(3) 网上赠予模式

这种模式经常被软件公司用来赠送软件产品,以提高其知名度并扩大其市场份额。一些软件公司将测试版软件通过因特网向用户免费提供,用户可自行下载、试用,也可以将意见和建议反馈给软件公司。用户对测试软件试用一段时间后,如果满意,则有可能购买正式版本的软件。

2.1.3　B2C电子商务的交易过程

目前大多B2C购物网站交易的流程主要可归纳为如下七个步骤,如图2.1所示。

① 注册新用户。根据页面提示,填写用户名、密码、邮箱等个人信息,完成注册。

② 挑选商品。通过搜索框、分类导航或页面促销活动找到想要购买的商品。

③ 放入购物车。挑选好商品后,在商品详细页面点击"放入购物车"按钮,将商品放入购物车,并可以通过点击"＋"或者"－"按钮来修改商品的购买数量,也可以点击"删除"将该商品从购物车中删除。

④ 订单确认。确认购物车中的商品后,点击"去结算",进入订单确认页面,依次输入收货信息、支付方式、配送方式、发票信息等,确认后提交。

⑤ 订单支付。订单提交成功后,点击"立即支付"在线完成付款。

⑥ 卖家受理订单并发货。

⑦ 买家确认收货并评价。

图2.1　B2C网站购物流程图

2.1.4　B2C电子商务盈利模式

我国B2C电子商务网站的营业收入大多与企业的B2C电子商务运营模式直接相关,B2C电子商务网站盈利模式主要有以下三种。

1. 产品销售

企业B2C网站的商品与服务交易的收入是大多数企业的B2C电子商务网站的主要盈利来源,是现阶段最主要的B2C电子商务盈利模式之一。平台型B2C电子商务网站和自主销售型B2C电子商务网站的盈利模式不同。

(1) 平台型B2C电子商务网站的盈利模式

平台型B2C电子商务网站没有自己的产品,只为各企业商家提供B2C平台服务,通过收取平台入驻费用、交易手续费、加盟费等来实现盈利。平台型B2C电子商务网站不仅收取加入网站平台的店铺费用,还根据企业店铺的需求提供不同的服务,收取不同的服务费和保证金。其典型代表是天猫商城。

(2) 自主销售型B2C电子商务网站的盈利模式

自主销售型B2C电子商务网站是企业销售类B2C商城或B2C网站,企业在平台出售产品,以在平台上销售产品为主要盈利方式,需要自行开拓采购供应商渠道,并构建完整的仓储和物流配送体系或者发展第三方物流加盟商,还要满足消费者购买产品后的物流配送服务。这种模式下,打折优惠是吸引消费者的最佳方式,低廉的价格能够吸引客户、提高点击率,使访问量持续攀升、交易额增加。其典型代表是京东商城,近年来,京东也逐渐对外开放平台,但仍然以自主销售为主。

2. 广告费用

网络广告盈利是互联网经济的常见收益模式,B2C电子商务网站提供弹窗广告、旗帜广告、对联广告、漂浮广告、文字广告等表现形式。相对于传统媒体来说,在B2C电子商务网站上投放广告的独特优势在于:一方面投放效率较高,投放成本与实际点击效果直接关联;另一方面B2C电子商务网站可以充分利用网站自身提供的产品或服务来吸引消费群体,对广告主的吸引力也很大。这种盈利模式能否成功的关键是企业自身的B2C电子商务网站能否吸引大量的广告,能否吸引广大消费者的注意。

3. 网站的间接收益

除了靠将自身创造的价值变为现实价值获取利润外,企业还可以通过价值链的其他环节实现盈利,具体如下:

(1) 网上支付收益

当B2C网上支付拥有足够的用户时,就可以通过其他途径来获取收入,如可以利用用户付款和支付时间差产生的巨额资金进行投资。

(2) 网站物流收益

我国B2C电子商务的交易规模已经很大,由此产生的物流市场规模也很大。例如,B2C电子商务网络将物流纳为自身的服务、网站的服务,网站不仅能够获得物流的利润,还能为用户创造更多的价值。不过B2C电子商务网站将物流纳为自身服务的成本非常高,需要建立实体配送系统,而这需要有强大的资金作为后盾。

2.1.5 B2C电子商务的发展

2021年5月,联合国贸易和发展会议发布题为《2019年全球电子商务评估和2020年新冠肺炎疫情对在线零售影响的初步评估》的报告。报告指出,新冠肺炎疫情导致的封锁限制措施推动全球电子商务急剧增长,网上零售额大幅上升。中国的B2C在线零售规模2020年达到14143亿美元,是全球唯一一个线上零售规模超过万亿美元的国家,也是全球最大的"企业对消费者电子商务"市场。美国为7917亿美元,排名全球第二。2020年B2C电子商务公司商品交易总额全球排名前五名中,有三家中国电商,分别是阿里巴巴、京东和拼多多。

在B2C模式中,天猫和京东占据80%以上的市场份额。纵观近年来B2C电商发展的动态和演进路径,可以看出B2C电子商务的未来发展趋势如下。

1. *由垂直走向综合,由自营走向开放,成为众多B2C平台的一致选择*

一方面,对规模效应和范围经济的追逐,促进各大垂直平台纷纷向综合平台演进。例如,家电领域的苏宁易购收购红孩子、缤购,进军图书、美妆和服装市场,上线旅游频道、酒类频道、彩票频道;美妆领域的聚美优品拓展服饰内衣、鞋包配饰、居家母婴等市场。另一方面,各大领先的B2C平台通过平台开放,实现角色转型和商业价值延展。例如,京东近几年借助开放平台,业绩迅猛增长,苏宁易购推出苏宁云台等。平台开放拓展了多元化的盈利模式,从传统的进销差价转变为获取平台入驻费、店铺销售提成、网站展示位置的广告收益、关键词竞价收益以及店铺增值服务费用(如仓储租赁费、物流费、数据分析工具使用费等)。同时,通过平台开放降低了自营业务在资金投入和团队运营方面的压力,可以迅速延展品类,更好地向综合型平台发展,以获取范围经济,并提升用户的活跃度和黏性。

2. *新型B2C平台模式引爆蓝海市场*

我国电子商务经过20多年的发展,在图书、3C及服装、洗护、家居等百货领域日益成熟,无论是平台竞争还是用户网购渗透率都已接近饱和;而以农产品、生鲜、医药、本地生活服务为典型代表的民生领域仍存在较大的发展空间,成为当前各大电商平台拓展的重点市场。同时,跨境电商将是未来电商平台追逐的新风口。跨境B2C平台包括进口跨境B2C平台和出口跨境B2C平台。进口跨境B2C平台,既包括传统综合型电商平台上线跨境业务,如天猫国际、京东海外购、走秀网、聚美极速、唯品会、顺丰海淘、苏宁海外购、1号海购等,也包括新型主体自建进口跨境B2C平台,如海豚村、西游列国、蜜芽宝贝等。出口跨境B2C平台,分为传统电商平台,如eBay、Amazon等;自建独立出口跨境B2C平台,如兰亭集势、环球易购、米兰网、全麦网等。

3. *从标品到非标品,从低价到高价,从商品到服务,成为B2C平台的品类演进路线*

从标品到非标品体现的是用户从追求功能价值到追求情感价值的转变。在电商1.0时代,是用户习惯的培养阶段,图书和3C等标品更利于降低用户的信任成本。同时,用户对标品的消费更多追求的是商品的功能价值,随着用户网购习惯的培养和消费文化的升级,用户对情感价值和文化价值的追求逐渐引爆了非标品市场,如食品、美妆、生鲜、本地生活服务等。从低价到高价体现的是用户追求价格向追求价值消费的升级。用户消费能力的升级、品牌电商的崛起、线下服务的完善,共同推动了诸如奢侈品、珠宝、艺术品等电商领域的兴起。从商品到服务体现的是用户从追求商品消费体验到线下服务体验的转变。本地生活服务类电商涵盖衣食住行(如餐饮、零售、票务、旅游、出行、奢侈品等)、居家理财(如房产、家居、装修、社区、汽车后市场、金融等)、结婚育子(如婚庆、教育、母婴等)、健康美业(如医疗、体检、美甲、美容等)等诸多领域。

4. 精细化运营和价值深耕成为各大B2C平台未来的核心战略

经过数年野蛮式的增长,国内电商发展的流量红利将逐渐消失,各类电商平台在进一步延伸品类规模的同时,将不断提升精细化运营能力,如仓储物流、会员管理、产品规划、精准营销、大数据分析等,以打造自身的核心竞争优势。大数据将成为各类电商平台提升精细化运营能力的利器。

5. B2C平台纷纷布局线下渠道,O2O成行业大势

B2C平台纷纷构建O2O发展体系,进行流量入口和场景入口的整合。例如,天猫投资高德,与银泰网在"双十一"期间联合试水O2O;万达影城入驻支付宝。天猫已实现了"四通八达"的O2O场景,实现了会员CRM和导购CRM的系统支撑。2014年8月,腾讯、百度、万达开启抱团式O2O战略合作,打通账号体系、会员体系、积分体系,实现数据融合、WiFi共享、产品整合、流量引入等。

6. 移动电商成为各大B2C平台布局的重点

在移动互联网时代,智能手机、3G/4G网络、LBS服务的完善以及诸如移动游戏、移动打车、手机银行等的逐渐成熟对用户移动支付习惯的培养,催生了国内移动电商业务的井喷式发展。各大主流电商平台纷纷布局移动端渠道:一方面纷纷推出独立APP;另一方面发展移动社交和社会化营销,以获取更大的流量和更高的用户黏性。

7. 预售和定制化电商方兴未艾,C2B模式日渐兴起

电商发展已从价格导向进入价值导向阶段,且消费者从关注功能价值向关注情感价值转变,个性化需求日渐凸显,预售模式和定制化成为未来C2B模式的核心趋势。

8. 领先B2C平台纷纷推出金融服务产品

从经营产品向经营用户转型,是各大平台的战略重心。掌控了用户流量入口的各类互联网平台,包括门户、社交、搜索、电商等,均通过对用户行为数据的沉淀和挖掘,来大力发展金融类业务,互联网金融和供应链金融已逐渐成为各类互联网平台的标配。

9. 电商平台的马太效应日益凸显,差异化竞争是唯一出路

B2C电商平台已形成马太效应格局,赢家通吃的丛林法则尽显无疑。在互联网标榜去中心化和流量碎片化的外衣下,实则是"帝国的本色"。若B2C平台要打破天猫、京东的寡头垄断,那么必须在商业模式上构建差异化策略。

10. 跨平台合作整合流量资源,成为平台竞合的典型特征

一方面,当前国内B2C平台呈现出典型的马太效应和二元格局,垂直类B2C平台流量获取的难度和成本加大,主动寻求与寡头型B2C平台开展合作,提升平台知名度、获取新流量、开展全渠道运营,成为必然之选。例如,当当、1号店、唯品会、银泰网、走秀网、麦包包等纷纷入驻天猫;酒仙网、乐蜂网、手礼网、我买网、顺丰优选、优购网等纷纷"拥抱"京东。而对于天猫、京东等寡头型B2C平台而言,积极与品牌商、供货商、零售商及物流在内的各类第三方服务商共建生态体系,快速补全品类资源,覆盖更广阔的目标客群和细分市场,也是未来平台发展的核心战略。

另一方面,电商平台的投资并购也日益成为行业竞合的新常态。尤其对于在电商领域相对弱势的百度(信息入口)和腾讯(社交入口)而言,纷纷通过收购来布局电商,获取交易入口。

【微思考】

京东与天猫的商业模式对比

现在的天猫(原淘宝商城)与京东是最知名的网络购物网站。无论是在产品档次还是价格等重要因素上,一般的消费者对两者的感觉是差不多的。其实不然,两者在属性上有很大不同。

天猫像一个商场的地产服务商,把商场内的店铺出租给各个商家,然后让商家各自经营自己的店铺,天猫则是商场的管理者,负责制定商场规则与物业管理方面的工作,是一个第三方开放平台。对于企业而言,当进驻天猫后,需要自己成立专门的部门进行网络营销,如推广、客服、物流、售后等。而对于消费者而言,如果在购买了多个企业的多种产品时出现了问题,则需要面对与众多商家打交道的状况。天猫的盈利模式包括:技术服务年费和实时划扣技术服务费;广告收入和关键词竞价收费;软件和服务收费。天猫商城本身并不参与商品的销售和服务,商品的销售、配送和售后服务均由卖家自己负责,从而大大降低了天猫商城的配送和售后服务成本。

京东则像是传统的沃尔玛超级市场。供货商把货物供给京东,然后货物的管理、销售、售后服务都由京东包干。在本质上,京东是一个大型批发商。对于企业而言,在进

驻京东后，只需要负责供货和相关工作就可以了，不用自己进行直接网络营销。而对于消费者而言，如果在购买了多个企业的多种产品时出现了问题，则只需要与京东打交道就可以了。京东的盈利模式包括：以低价甚至牺牲毛利润的方式来获得大规模销量，从而获得利润；虚拟店铺出租费，如店铺租金、产品登录费、交易手续费；资金沉淀收入，利用收到的顾客货款和支付供应商的时间差产生的资金沉淀进行再投资从而盈利；广告费；靠厂商返点和其他补贴获利。

思考：天猫和京东一个是平台，一个是自营，你更看好哪家呢？

任务2.2　B2B电子商务

2.2.1　B2B电子商务的概念

B2B即Business to Business，是指企业与企业之间通过互联网进行产品、服务及信息交换的电子商务活动，也称批发电子商务（见图2.2）。它将企业通过B2B网站与客户紧密结合起来，通过网络的快速反应，为客户提供更好的服务，从而促进企业的业务发展。通俗地说，B2B是指进行电子商务交易的供需双方都是商家（或企业、公司），它们使用各种商务网络平台完成商务交易。

图2.2　B2B

2.2.2　B2B电子商务的优势

通过B2B的交易方式，买卖双方能够在网上完成整个业务流程，从建立最初印象到货比三家，再到讨价还价、签单和交货，最后到客户服务。B2B电子商务帮助企业减少

许多事务性的工作和管理费用,降低了企业经营成本。其优势具体表现在如下方面:

① 降低了信息成本。距离越远,通过网络进行信息传递的成本相对于信件、电话、传真的成本而言就越低。此外,网络还缩短了时间并减少了数据的重复录入。

② 买卖双方通过网络进行商务活动,减少了交易的中间环节。

③ 卖方可通过网络进行产品介绍、宣传,避免了传统广告、印发宣传品等产生的大量费用。

④ 电子商务实行"无纸贸易",这样可以大大减少文件处理费用。

⑤ 互联网使得买卖双方可以即时沟通供需信息,使无库存生产和无库存销售成为可能,从而使库存成本显著降低。

⑥ B2B交易减少了交易环节,缩短了从发出订单到货物装运的时间,提高了交易效率。

2.2.3 B2B电子商务的分类

目前市场上运营的B2B电子交易大体分为三类:综合平台交易模式、行业性平台交易模式和企业专用平台交易模式。埃森哲研究表明:企业大多以模式组合的方式参与电子化交易,而对不同交易模式的选择要看企业的不同业务需要。目前并不存在一种万能的交易模式。

1. 综合平台交易模式

综合平台交易模式主要是提供一个综合贸易平台,参与者可享受产品信息发布、厂家信息发布与认证、交易促成等服务,同时该平台也可以为企业提供一般性问题解决方案。该模式也被称为"水平B2B",其价值主张为:帮助客户在全球范围内寻找贸易伙伴,提供一站式的业务服务平台,对业务关系实施虚拟化管理以及获取全球各地的价格信息,其实质是第三方电子商务平台。阿里巴巴、慧聪网等都是这种类型的B2B电子商务平台。

2. 行业性平台交易模式

行业性平台交易模式是传统企业充分利用互联网新技术手段以及行业资源和购买力而实施的一种电子商务战略。这种电子商务平台一方面利用网上交易为企业创造价值,提升行业供应链的竞争力;另一方面通过制定行业标准、组织中间采购对B2B服务进行有效管控,同时为业内企业集中提供丰富的信息内容,包括行业新闻、行业教育、职位招聘以及提供面向行业的专门化服务。我的钢铁网、中国化工网等都是这种类型的

B2B电子商务平台。

3. 企业专用平台交易模式

每种B2B交易模式都在不同程度上延伸着企业价值链,与上下游企业实现不同程度的信息共享和流程电子化协同。而企业专用平台交易模式能使企业与其贸易伙伴间实现最深程度的整合。它能充分发挥企业间的供应链协作机制,提高透明度和规范性。因此大多创建企业专用交易平台的企业一般都是供应链管理的领先者,它们在企业内部通过实施ERP等方法首先实现了企业内部供应链的有效整合与集成,通过提高预测、库存等数据的准确性和业务规的范性为企业间协同作业奠定了坚实基础,并希望通过供应链拓展与合作伙伴建立端对端的供应链交付服务协同作业,以提高在供应链水平层面而非产品层面的竞争力。海尔、联想采用的就是这种自建网站运作B2B模式。

2.2.4　B2B电子商务的交易过程

以综合B2B平台为例,各交易主体关系如图2.3所示,B2B电子商务的交易具体过程如下:

① 买卖双方将各自的供应和需求信息通过网络提交给网络商品交易中心,网络商品交易中心通过信息发布服务向参与者提供大量的、详细的、准确的交易数据和市场信息。

② 买卖双方根据网络商品交易中心提供的信息,选择自己的贸易伙伴,同时网络商品交易中心从中撮合,促使买卖双方签订合同。

③ 买方在网络商品交易中心指定的银行办理转账付款手续。

④ 指定银行通知网络交易中心买方货款到账。

⑤ 网络商品交易中心通知卖方将货物发送到交易中心,并选择距离买方最近的配送部门。

⑥ 配送部门送货给买方。

⑦ 买方验证货物后通知网络商品交易中心货物收到。

⑧ 网络商品交易中心通知银行买方收到货物。

⑨ 银行将买方货款转交卖方。

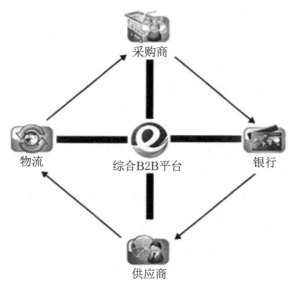

图2.3　综合B2B平台各交易主体关系

2.2.5　B2B电子商务的盈利模式

目前B2B电子商务盈利模式主要有：会员费、广告费、竞价排名、增值服务、线下服务、商务合作、按询盘付费、交易佣金等。

1. 会员费

企业通过第三方电子商务平台参与电子商务交易，必须注册为B2B网站的会员，每年要交纳一定的会员费才能享受网站提供的各种服务，目前会员费已成为我国B2B网站最主要的收入来源，如阿里巴巴网站国际站(www.alibaba.com)的中国供应商会员费和国内站(www.1688.com)的诚信通会员费等。

2. 广告费

网络广告是门户网站的主要盈利来源，同时也是B2B电子商务网站的主要收入来源。如阿里巴巴网站的广告根据其在首页的位置及广告类型来收费。广告一般有弹出广告、漂浮广告、旗帜广告、文字广告等供用户选择。

3. 竞价排名

企业为了促进产品的销售，都希望在B2B网站的信息搜索中将自己的排名提前，而网站在确保信息准确的基础上，根据会员交费的不同对排名顺序做相应的调整。阿里巴巴的竞价排名是诚信通会员专享的搜索排名服务，当买家在阿里巴巴搜索供应信息时,竞价企业的信息将排在搜索结果的前三位,从而被买家第一时间找到;中国化工网的化工搜索是建立在全球最大的化工网站基础上的化工专业搜索平台,可对全球近20万个化工及化工相关网站进行搜索,搜录的网页总数达5000万,其也采用搜索竞价排名方式来确定搜索结果中企业的排名顺序。

4. 增值服务

B2B网站通常除了为企业提供贸易供求信息以外,还会提供一些独特的增值服务,包括企业认证、独立域名、提供行业数据分析报告、搜索引擎优化等。例如,现货认证是针对电子行业提供的一种特殊增值服务,因为通常电子采购商比较重视库存。伊西威威(ECVV)B2B平台针对电子型号做的谷歌排名推广服务,就是搜索引擎优化的一种。根据行业的特殊性去深挖客户的需求,可以提供具有针对性的增值服务。

5. 线下服务

线下服务主要包括展会、期刊、研讨会等。通过展会,供应商和采购商面对面交流,一般的中小企业比较青睐这种方式。期刊主要包含行业资讯等信息,期刊里也可以植入广告。环球资源网的展会收入现已成为其重要的盈利模式,占其收入的1/3左右;ECVV国际贸易网所组织的线下展会和采购会也取得了不错的效果。

6. 商务合作

商务合作包括广告联盟、政府、行业协会合作、传统媒体的合作等。广告联盟通常是指网络广告联盟,亚马逊通过这个方式已经取得了不错的成效;但在我国,联盟营销还处于萌芽阶段,大部分网站对于联盟营销还比较陌生。国内做得比较成熟的几家广告联盟有百度联盟、谷歌联盟、淘宝联盟等。

7. 按询盘付费

区别于传统的会员包年付费模式,按询盘付费模式是指从事国际贸易的企业不按照时间来付费,而是按照海外推广带来的实际效果,即海外买家实际的有效询盘来付费。尽管B2B市场发展势头良好,但B2B市场还是存在发展不成熟的一面。这种不成熟表现在B2B交易的许多先天性交易优势,比如在线价格协商和在线协作等还没有充分发挥出来。因此传统的按年收费模式越来越受到以ECVV为代表的按询盘付费平台的冲击。

按询盘付费主要有四大特点:零首付、零风险;主动权、消费权;免费推、针对广;及时付、便利大。企业零投入就可享受免费全球推广,成功获得有效询盘后,在辨认询盘的真实性和有效性后,只需在线支付单条询盘价格,就可以获得与海外买家直接谈判成单的机会,主动权完全掌握在供应商手里。

8. 交易佣金

企业通过第三方电子商务平台参与电子商务交易,必须注册为B2B网站的会员,每年不需交纳会员费,就可以享受网站提供的服务,只在买卖双方交易成功后收取佣金费用。如敦煌网采取佣金制,免注册费,佣金比例为2%~7%。

2.2.6 B2B电子商务的发展

《2019年全球电子商务评估和2020年新冠肺炎疫情对在线零售影响的初步评估》报告显示,B2B销售仍主导着电子商务。2019年全球B2B电子商务的价值为21.8万亿美元,占所有电子商务的82%,包括在线市场平台上的销售和电子数据交换交易。美国的B2B电子商务销售规模高达8.3万亿美元,稳居全球各国之首,且约为全球B2B市场规模的38%。日本的B2B电子商务销售规模超过3.2万亿美元,稳居全球第二名。韩国超过1.1万亿美元,排全球第三名。中国2020年B2B电子商务销售规模为10650亿美元,排全球第四名。

国内B2B电子商务的发展主要经历了两个阶段:第一个阶段是信息阶段,主要是解决信息不对称性的问题,通过建立网络B2B平台,让买卖双方发布供求信息,彼此沟通交流商业信息,在这个过程中产生了新的商业机会;第二个阶段是服务阶段,也就是目前国内各行业B2B正在经历的阶段,由于第一个阶段大数据的积累沉淀,如今B2B不只是解决信息不对称问题,而是从销售管理到客户服务,再到供给侧生产供应链的改革,这是行业企业提升效率、重配资源、降低成本的一整套解决方案,也不再是一个商业模式,其更像一个生态系统,实现更好地服务于各个行业的各个细分产业的合作伙伴,实现合作共赢,共建B2B生态圈。

供给侧改革成为B2B电商发展的新机遇,通过行业上下游资源的整合与合作,从对B端的交易服务,到深度服务甚至是定制化服务阶段,B2B行业面临六大重要发展趋势,具体如下。

1. 行业巨头"变身"平台方

供给侧改革关系到我国经济转型的平稳落地,尤其是我国传统企业的转型升级,未来以重点行业、特色产业为基础的B2B电商,将为我国高端制造业和现代服务业的发展赋予新动能。海尔集团为了将资源整合的效率最大化,拆掉企业的墙,"把海尔的墙打开,和全球连在一起",通过整合全球资源,海尔实现了企业效益和社会效益的双赢。海尔创业平台不仅能够提供小企业不具备的战略协同能力,将平台上的制造、物流、分销等能力整合成生态系统,为创业企业提供服务;同时,海尔还搭建起共享平台,将财务、人力等基础服务变成信息化服务,让小企业降低成本、少走弯路。目前海尔平台上已有超过100个小微企业年营收过亿元,22个小微企业引入风投,12个小微企业估值过亿元。

2. 行业垂直细分越加服务化

垂直类B2B平台通过聚焦优势品类,在产品和服务上专注各自行业特点,形成专业壁垒。例如,基于集散地分销模型的细分钢铁行业里,找钢网通过之前数据和交易的积累,开始与京东合作,尝试金融服务,另外开始做仓库、加工、物流,甚至自己设计管理软件,模仿易道用车、滴滴打车等,开发了钢铁行业的"滴滴打车",服务范围越来越广,壁垒越积越强;在化工、塑料、石油、农产品等行业中,垂直领域B2B电商也从单纯的信息撮合,发展到行业的广度和深度的服务中来,如由盟大集团自主开发的塑料化工线上大宗交易平台"大易有塑",通过优化开发制造流程,降低行业供应链成本,到提升产品和服务质量,再到确保交易安全,对于传统塑化行业资源和效率的提升有很大的价值和意义。

3. B2B平台合作共享趋势

2016年全国两会中,李克强总理在政府工作报告中强调,要大力推动包括共享经济等在内的"新经济"领域的快速发展,"促进分享经济发展""支持分享经济发展,提高资源利用效率,让更多人参与进来、富裕起来"。分享经济已经处在时代的风口。在B2B市场中,尽管有些B2B平台目前没有成为生态中最有话语权的一方,但B2B平台的资源优势为合作带来了空间,甚至这种合作可以在不同功能的B2B平台间发生。例如,一个跨境B2B平台与具有跨境通关、货代、海外仓库等资源的B2B平台就存在合作的基础;本地服务型B2B平台与本地化物流B2B平台的合作。国内专业农食品快销服务平台"俺有田"与专业冷链物流配送信息平台"码上配"的合作,双方一个是专注于KA卖场和便利店供应链服务的公司,另一个是专注于中小客户冷链物流配送的信息平台,双方合作后彼此发挥其在商品流和物流方面的独特优势。

4. 地方特色产业链集群

国内很多地区都有自己的产业集群,如虎门的女装、南通的家纺、温州的鞋帽等,这种依托于地方特色产业发展的产业带,面临着转型升级的迫切需求,随着"供给侧改革"和"中国制造2025"的提出,以重点行业、特色产业为基础的B2B电商,通过打通上下游产业链,促进产业优化重组,聚合当地产业带的好商家、好货源,在B2B电商平台上构建专属卖场,同时整合线上线下服务型资源,调动整个产业链由简单的空间集聚向专业化、系统化集聚,形成上下游的良性互动。这种组团式的B2B发展模式能显著提升传统产业带的辐射范围和竞争优势,同时还能随时根据市场反馈的需求,激励产业带内制造商的优化调整,带动传统产业带成功转型升级。

5. 产业深度服务趋势

国内目前有一部分B2B平台,已经从B2B第一阶段的交易平台阶段向深度服务发展,一般针对特定B类客户需求,通过细分市场深耕产业,聚焦各自品类优势,专注于各行各业的销售,提供专业化精细化的产品和服务,其专业性是综合类平台所不能及的。例如,俺有田以"非标的农产品更加需要标准化的销售服务"为理念,打造"三专(专人、专柜、保量)九管理"重要客户服务部门(KA Store Service)服务标准,解决重点供应商卖不掉和卖不好的最大痛点。同时以"集采邦"(拼单+集采+垂直,SaaS)比现有运营便利店的电商模式更务实、更高效地为一线快销品牌和中小超市、便利店服务。

6. B2B企业服务SaaS模式

在我国,SaaS模式的B2B企业服务是云计算范畴中的一个重要组成部分,随着移动互联网的发展,在我国特殊国情下的企业也面临着海量的信息需求,云计算、移动互联网以及社交等技术,不断为B2B企业级服务平台创造良好条件,引领着我国企业步入黄金时代。近两年BAT等互联网巨头相继布局云计算产业,八百客、纷享销客、今目标、北森等本土SaaS模式B2B服务商悄然崛起,显示了资本市场对国内SaaS产业的投资热潮。未来10年中,互联网汽车、智能家居、智能硬件等基于大数据和云计算技术的产业的快速发展将会带来规模效应,我国SaaS-B2B市场会进入高速发展阶段。

未来占据我国电子商务近80%的市场份额的B2B行业电商,其用户在不同产业环节间形成黏性,以平台为中心整合上下游产业链,形成生态大圈,会为新供给、新业态提供更广阔的发展空间。

【微思考】

按效果付费是B2B电子商务的趋势

众所周知,目前B2B电商平台基本采用的是会员费、年费或者两者结合的收费形式。会员通过在B2B平台交纳一定的会员费和年费,就能优先获得相应B2B平台建站、发布资讯和产品信息等服务。

确实,这种模式可以解决中小企业建站难的问题,然而昂贵的会员费、年费和不可预知的效果让企业领导们望而却步。他们普遍认为,B2B网站不能对中小企业做针对性推广,企业投入的会员费和年费没有花到刀刃上,造成网络营销费用的浪费。此外,效果的不可预知让很多企业不知道自己投入会员费会有什么样的效果。

广告业有句名言:"我的广告投入有一半是无效的,但我不知是哪一半。"(见图2.4)这句话同样适用于中小企业电商应用中。众多中小企业选择B2B电商平台开展电商业务,投入年费和会员费,但能收到怎样的效果却是不可预知的,投入和收益之间的矛盾困扰着中小企业。B2B平台传统收费模式面临着不小的挑战。

图2.4　广告费的效果

为了解决中小企业投入和收益矛盾,一种新型模式——按效果付费正在悄然产生,并受到众多中小企业的青睐。

所谓按效果付费(Pay for Performance,P4P),就是服务需求方不是按照接受服务时间来付费,而是按照接受服务后带来的实际效果,也就是通过服务产生的实际的用户数量或是量化的潜在客户来付费。通过按效果付费,企业用少量投入就可以得到大量潜在客户,真正实现高效和无风险的网络营销投入,同时能快速有效提高企业销售额和品牌知名度,非常适合中小企业做网络推广,因而备受中小企业欢迎。

有业内人士曾表示,按效果付费是网络营销的一次历史性革命。传统网络营销主要靠宣传、曝光来收取年费和广告费,而能否收到预期效果则很难说。按效果付费,宣传、曝光、建站等都是免费的,只有潜在客户与企业达成交易后,才会收取一定的费用,突破了B2B平台的传统收费模式,使得企业投入和收益达到一种平衡。

按效果付费能使商家用最低的成本获得最高的收入,是互联网发展的又一创新,未来也可能会成为电子商务的主流营销模式。

(资料来源:站长之家.你投的哪一半广告费是无效的,你知道吗?[EB/OL].(2014-03-19).http://www.chinaz.com/news/2014/0319/344041.shtml.)

> 思考:中小企业为何青睐按效果付费模式?你知道哪些按效果付费的B2B电子商务平台?课后试着去了解这些平台。

任务2.3　C2C电子商务

2.3.1　C2C电子商务的概念

C2C即Consumer to Consumer，是指个人与个人之间的电子商务，一般需要通过C2C电子商务平台来进行。C2C电子商务通过电子商务网站为买卖双方提供一个在线交易平台，使卖方可以在上面发布待出售的物品信息，而买方可以从中选择购买，同时，为便于买卖双方交易，提供交易所需的一系列配套服务，如协调市场信息汇集、建立信用评价制度、提供多种付款方式等。国外知名的C2C网站有eBay等，国内知名的C2C网站有淘宝、闲鱼、易趣等。

2.3.2　C2C电子商务的运作模式

C2C电子商务运作模式主要有拍卖平台和店铺平台两种。

1. 拍卖平台运作模式

C2C电子商务企业为买卖双方搭建拍卖平台，按比例收取交易费用，可以保证卖方的价格不会太低，且不受地域限制卖给出价最高的人；买方也可以确保自己不会支付很高的价格。

2. 店铺平台运作模式

店铺平台运作模式是目前较为普遍的C2C运作模式。店铺平台运作模式是电子商务企业为个人开店铺提供平台，收取会员费或通过广告或其他服务收取费用。国内第一家C2C平台易趣采取的是会员收费和交易佣金；目前国内最大的C2C平台淘宝，虽然免会员费，但是由于平台上卖家数量巨大，为了获得店铺流量，卖家不得不投入巨大的广告资金，所以其广告收入非常可观。

2.3.3　C2C电子商务的交易流程

为了保障买方利益，C2C电子商务大多采用以第三方支付平台为中介的交易形式。

下面以淘宝网为例,其通过支付宝这个第三方支付平台来完成交易。

① 买方在卖方的店铺浏览、选择商品,并可以通过"旺旺"与卖方沟通。

② 买方确认订单后付款至支付宝,支付宝通知卖家发货。

③ 买家确认收货,支付宝将款项划到卖家账户(若买方不确定收货,一段时间后,支付宝将自动将货款汇至卖方账户)。

④ 交易成功后,买卖双方相互进行评价,具体流程如图2.5所示。

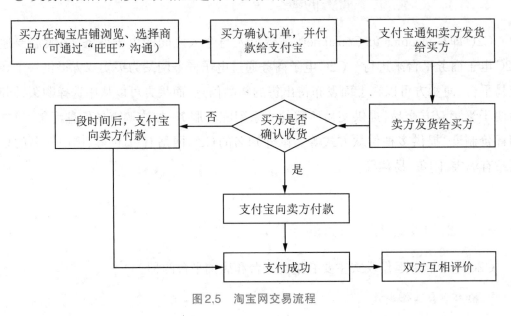

图2.5 淘宝网交易流程

2.3.4 C2C电子商务平台的特点

C2C电子商务平台在应用及实现的社会交易服务上具有如下特点。

1. C2C电子商务平台为个人消费者提供信息交流与商品交易的场所

C2C电子商务平台为有在线物品买卖需求的消费者提供了一个发布产品和获取信息的交流、交易场所。C2C电子商务平台改变了信息交流方式,扩大了信息交流范围。

2. C2C电子商务平台为买卖双方进行网上交易提供一系列的配套服务

信息流、资金流和物流是电子商务最基本、最核心的三个要素。C2C电子商务平台不仅向买卖双方提供信息交流的渠道,还要满足买卖双方资金和货品的交换需求,因此C2C电子商务平台为买卖双方提供相应的支付平台和物流系统、相应的工具、相应的客户服务等,还为交易双方做信用记录。

3. C2C电子商务平台上用户庞杂

C2C电子商务平台具有开放性等特征(而且大多是免费的),所以C2C电子商务平台的用户注册量庞大、用户身份复杂、很多卖家同时又是买家。另外,在C2C电子商务网站上开店的用户有些并不以赚钱为目的,而只是为了出售一些自己不需要了的物品,甚至有些只是将其作为一种消遣娱乐。

4. C2C电子商务平台上商品多,质量参差不齐

由于C2C平台上卖家众多,所以出售物品的信息也十分庞杂。C2C电子商务平台相当于把特色小店、地摊和跳蚤市场等统统融合在了一起。C2C电子商务平台上不仅有衣服、鞋帽、化妆品、家电、书籍等常用物品,也有各种各样的特殊产品,如游戏点卡、个人收藏、顶级奢侈品等。此外,商品的质量参差不齐:既有全新的,也有二手的;既有正品,也有仿冒品;既有大工厂统一生产的,也有小作坊个人制作的。

5. C2C电子商务平台交易次数多,但单次的成交额较小

C2C电子商务平台中参与交易的双方往往都是个人,尤其是买家,他们购买的物品通常都是单件的,数量很少;和B2B模式相反,C2C模式交易的特点是数量小、批次多。

2.3.5　C2C电子商务的发展

2015年网络零售市场首次出现拐点,B2C市场交易规模占51.6%,C2C市场交易规模占48.4%,B2C份额首次超过C2C份额,成为市场主体。2018年C2C市场交易规模则降至37.2%。但是在中国电商的发展历史中,C2C模式是作了很大贡献的。C2C市场中淘宝占绝对主导地位。淘宝当年振臂一呼,培育了个人的网购行为习惯和意识,孕育了新的商业模式。然而C2C衰落、B2C崛起在这几年一直是明显趋势。一方面,C2C模式滋生了大量不规范的交易,导致销售假冒伪劣商品、侵权、刷单等现象的集中爆发,引发了国际知识产权的纠纷和非议。另一方面,整个中国电商行业也正从功能性主导进化到服务经济的阶段,以个人需求为中心的电商会是未来的发展趋势。假冒伪劣、侵权、售后服务差等C2C市场弊端显然与用户对品质日趋增高的要求背道而驰。

目前C2C模式存在的弊病具体表现在:第一,影响市场的公平竞争。众所周知,目前国家对C2C的监管政策目前尚不完善,不强制要求进行工商登记,相当于网店店主面对监管是隐身的,很容易逃脱执法和监管。导致现在个人网店严重售假、严重的知识产权侵权等问题和宽松的监管不无关系。此外,不纳税、逃避纳税和借助非正规渠道获取利润成为C2C模式中一些商户得以生存的"红利"。第二,泛滥的假货问题不仅给实体

经济带来伤害,而且损害了中国电商和中国制造的品牌声誉。

任务2.4 其他电子商务模式

2.4.1 EDI模式

EDI,全称为Electronic Data Interchange,即电子数据交换技术。它是由国际标准化组织(ISO)推出使用的。它是一种为处理商业或行政事务,按照一个公认的标准,形成结构化的事务处理或消息报文格式,从计算机到计算机的电子传输方法,如国际贸易中的采购订单、装箱单、提货单等数据的交换。简单地说,EDI就是按照商定的协议,将商业文件标准化和格式化,并通过计算机网络,在贸易伙伴的计算机网络系统之间进行数据交换和自动处理,俗称"无纸化贸易"。EDI工作流程如图2.6所示,其交易过程如下:

① 发送方将要发送的数据从信息系统数据库提出,转换成平面文件(亦称中间文件)。

② 将平面文件翻译为标准EDI报文,并组成EDI信件,接收方从EDI信箱收取信件。

③ 将EDI信件拆开并翻译成为平面文件。

④ 将平面文件转换并送到接收方信息系统中进行处理。

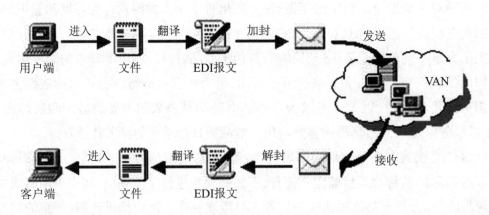

图2.6　EDI工作流程

EDI一般具有以下特点:

① EDI 的使用对象是不同的组织,EDI 传输的报文,是企业间信息交流的一种方式。

② EDI 所传送的资料是一般业务资料,如发票、订单等,而不是一般性的通知。

③ EDI 传输的报文是格式化的,是符合国际标准的,这是计算机能够自动处理报文的基本前提。

④ EDI 使用的数据通信网络一般是增值网、专用网。

⑤ 数据传输由收送双方的计算机系统直接传送、交换,不需要人工介入操作。

2.4.2　O2O 模式

O2O,即 Online to Offline 模式,是一种将线上电子商务模式与线下实体经济相融合,通过互联网将线上商务模式延伸到线下实体经济,或者将线下资源推送给线上用户,使互联网成为线下交易的前台的商业模式。

目前,我国的 O2O 模式主要有团购网站模式、二维码模式、线上线下同步模式等。

1. 团购网站模式

"你如果不知道 O2O,至少知道团购。但团购只是冰山一角,只是第一步。"著名企业家李开复如是评论。团购网站模式是指消费者通过线上的团购网站获取线下商家的商品或服务的优惠信息,消费者通过网络挑选商品或服务并进行支付,并在线下实体店获取商品或享受服务的形式。

2. 二维码模式

二维码模式是指消费者在线下使用手机等移动终端扫描商家的二维码信息,实现在线购买或者关注线上商家的产品或服务的商业模式。二维码模式作为 O2O 的另一种形式,它是把线下引入到线上,与团购网站模式正好相反。消费者可以通过扫描商家的二维码,直接登录商家的网站,在线购买商品或服务,或者通过移动终端添加商家的微博、微信,获取商家的最新促销信息。

3. 线上线下同步模式

线上线下同步模式是指互联网电子商务模式的企业和商家,将商品或服务形式扩展到实体经济中,通过开设实体店等形式实现线上线下同步发展。消费者可以到实体店中通过扫描店内二维码在线上下单,也可以在线上商城直接下单,到实体店提货或享受服务,将线上和线下全面打通。

【微思考】　请列举你身边的 O2O 模式例子。

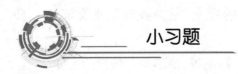

小习题

一、判断题

1. 单证是网上商店的商家与用户之间交易的凭证。（ ）
2. EDI可以用来传输通知文件。（ ）
3. 网上商店对卖家的审核往往有很大的局限性,也会导致假冒伪劣产品泛滥。（ ）
4. 目前国内网络零售市场规模C2C占主导地位。（ ）

二、单选题

1. 目前,电子商务总交易量中近80%是由（ ）实现的。
　　A. B2C　　　　　B. B2B　　　　　C. C2C　　　　　D. C2B
2. 以下是常用的购物流程：（ ）。
　　A. 查找商品→放入购物车→提交订单→查看订单状态→收货确认
　　B. 查看订单状态→放入购物车→提交订单→查找商品→收货确认
　　C. 查找商品→提交订单→放入购物车→收货确认→查看订单状态
　　D. 查找商品→放入购物车→提交订单→查看订单状态→收货确认
3. 网上商店的（ ）是商家与用户之间交易的凭证。
　　A. 购物单　　　　　　　　　　B. 单证
　　C. 订单网页　　　　　　　　　D. 服务器中的保留数据
4. 订单传递的方式有三种,不包括（ ）。
　　A. 人工传输　　　　　　　　　B. 电话或传真传输
　　C. 网络传输　　　　　　　　　D. 文档传输
5. 专注于特定行业或领域的电子商务网站一般被称为（ ）型网站。
　　A. 综合　　　　B. 水平　　　　C. 垂直　　　　D. 专业
6. 国内B2B电子商务网站盈利来源占比最大的是（ ）。
　　A. 增值服务费　　B. 会员费　　C. 交易佣金　　D. 按询盘付费

综合性电商势头正劲 垂直电商该如何突围?

垂直电商聚焦于细分市场,对行业和产品的理解更为深刻,因而也更容易形成特色,满足某一类用户群体的个性化需求,有其存在的市场价值。不过在电子商务飞速发展的十年多时间里,垂直电商的发展却一直难以令人满意,虽然有唯品会、聚美优品等少数几个典型代表,但不如意的企业占绝大多数。我们已经看到红孩子被苏宁低价收购、麦考林逐渐枯萎、凡客正在经历转型之困,更有一大批曾经的明星企业如维棉网、品聚网、初刻等淡出了人们的视野。

最近两年综合性电商平台的发展势头越来越猛,抢走了几乎所有的风头,占据了绝大部分的市场份额。在它们的挤压下,垂直电商更是一片沉寂,几乎没有还手之力,逝者已逝,生者也在遭遇着流量和交易额的持续下滑。这其中的原因是什么?垂直电商又该如何破题呢?

1. 垂直电商的商业逻辑困境

垂直电商企业今日的困境是由多重因素造成的,其中有商业模式固有的缺陷,也有自身经营的问题,具体如下:

(1) 垂直电商的模式之殇

垂直电商是相较于综合性电商而言的,相比后者的全品类覆盖,大多数的垂直电商聚焦在某一个细分品类上,这样使得垂直电商在商业模式上有一些天然的缺陷需要克服,以至于很多人在讨论垂直电商是不是一个"伪命题"。

首先,消费者对一站式购物有着天然的需求,因为这样最方便,再加上综合性电商平台上各种有效的会员激励措施,更能刺激消费者在一个平台上完成所有商品的采买。在选择商品时,消费者也更倾向于面对丰富多样的商品,而不是有限的几个选择,这点在线下也是一样的。对于垂直电商而言,时常面临着品类管理的困惑,因为一般来说20%的畅销品类占据了80%的销售额,如果去掉了剩下80%的品类,那么品类的丰富度会大幅降低,影响用户体验;如果补充剩下80%的品类,则会造成库存成本的大幅上升。总之由于上述这些原因,综合性电商平台具有越来越强的规模效应,用户的黏性也越来越高。

其次,对于零售来说,如果要完成交易就需要有足够多的流量,这点不管是在线上还是线下都是相同的,不过线上和线下的流量结构是完全不一样的。线下最重要的是

"地段"，本质上是人流，选好了位置就注定会有很多自然流量。但是线上则完全不一样，它的流量更加集中，除了依靠品牌效应逐渐提升自然流量的占比以外，还需要去搜索引擎、门户网站或者通过联盟的方式购买大量的流量。目前互联网的整体流量价格都很贵，获取新用户的成本也就非常高，如果花钱买过来的流量形成不了较高的转化，或者是用户转化一次就流失掉了，那么企业就始终要花很多的钱去做营销，一旦营销费用减少，随之而来的就是流量和销售收入的锐减，这是很多垂直电商面临的问题。在这种情况下，对于很多企业来说，一旦资本市场停止输血，遭遇困境就是注定的。而对于综合性电商来说，由于品类更加丰富，用户基数也更大，相对摊薄了昂贵的流量购买成本。因此，我们看到京东的营销费用营收占比基本维持在2%，而绝大多数的垂直电商则在10%以上，更为疯狂的时候甚至可以达到50%，这样的商业模式是很难持续的。

(2) 垂直电商的经营问题

在前文我们谈到了垂直电商在商业模式上的缺陷，但其实模式很大程度上无所谓好坏，也并不会十全十美，只是针对不同的商业模式需要有完全不同思维和逻辑，可惜的是很多企业一上来就踏错了节奏，所以失败在所难免。

垂直电商讲究的是更专业化的运营，通过差异化的商品或者服务与消费者产生更多情感上的交互，从而产生综合电商所无法复制的用户忠诚度和黏性。不过我们看到的却是，大多数垂直电商与综合电商相比经营的商品毫无差别，甚至由于物流体系的缺陷，提供的服务反倒不如京东等综合电商平台，而所谓的垂直只是做到了表面货品的垂直，运营并不专业，反而落入了价格竞争的怪圈，毛利率持续走低。

这背后的原因与几年前整个电子商务行业浮躁的氛围有很大的关系，大家所有的焦点都集中在企业的规模上，或者是为了拼命地拉开与竞争对手的距离，也或者是为了下一轮融资的数额，又或者是为了为数不多的那几个上市的名额。这其实都无可厚非，因为零售本身就是一个非常讲究规模效应的生意，没有规模就难以形成对供应商的议价能力，也无法有效地摊薄各项运营费用，没有一定规模的企业注定很难获得太大成功。但需要明确的是电子商务并不仅仅是一个规模的游戏，更是一种成本上的竞争，对管理的精细化有着非常高的要求。对于垂直电商来说，还需要在商品或服务的差异化上下大功夫。很多企业没有意识到这一点，迷失在了对规模的一味追逐上，最后变成难以为继的局面。

(3) 综合电商平台的挤出效应

由于模式上的固有缺陷和经营上的失误，大多数垂直电商并没有抓住较短的时间窗口期展现自己的专业化运营能力，做出特色并形成品牌。当京东等电商平台涵盖的品类逐渐渗透到人们日常生活的方方面面，当传统品牌开始拥抱京东、天猫等综合电商,综合性电商平台对垂直电商的挤出效应开始显现,而且越来越强,因为两者提供的商品一样,服务也很难体现出差异,反倒是以自建物流为特色的京东为消费者提供更好的服务。

在综合性电商平台进行某一个品类的扩充时,也往往会选择该领域内经营最好的垂直电商作为靶子,展开最直接的竞争。对于它们来说可以牺牲某一个品类的毛利,因为可以通过关联品类的盈利来将公司的整体盈利水平维持在一定的标准之上,而这对于垂直电商来说却是灭顶之灾。京东当年就是靠这样的策略将以图书为核心品类的当当由盈利直接打成了亏损,使其股价连连下挫,这基本上也是当当发展历史上的转折点。红孩子也是由于综合性电商平台对母婴品类的涉足而使销售大幅下滑,最后不得不贱卖给了苏宁。

最后,投资者逐渐搞懂了电子商务的内在商业逻辑和玩法,资本市场的"寒冬"开始来临,垂直电商无法继续依靠外部输血,而自身造血能力又不足,使得很多企业难以为继,遭遇"关停并转"的厄运。

2. 垂直电商的模式突围

经过了十年多的发展,阿里巴巴、京东等综合性的电商平台越来越大,马太效应也已经十分明显,打造综合性电商平台的机会窗口期已经基本关闭。不过,综合性电商只能满足人们的一般购物需求,随着社会的进步和人们消费层次的提升,对个性化商品和服务的追逐将成为越来越多人的消费理念,这是属于垂直电商的机会。国外电子商务的发展也基本上呈现这样的趋势,综合性电商平台越来越大,但与此同时一些个性化、有特色的垂直电商不断出现。对于市场上的玩家来说,面对已经逐渐成熟的电子商务市场和强大的竞争对手,以陈旧的思维和逻辑已经很难在竞争中脱颖而出了,因此一定要采用差异化的策略,寻求模式上的突围。这是垂直电商的第二个发展阶段,也是一开始就应该采取的经营逻辑。

垂直有两层含义:第一是商品品类的垂直,如聚焦在鞋类的Zappos、化妆品的聚美优品等,这类垂直电商非常注重产业链上下游资源的整合,从而可以为消费者提供具有更多附加值的产品和服务,将标准品做出特色,将非标品做出品牌;第二是目标人群的垂直,如聚焦在母婴群体的Zulily、军事爱好者的铁血君品行,这类垂直电商通过挖掘特定人群的核心需求,进行品类的扩张,满足这类人群的综合购物需求。一些创新型的垂直电商企业,在垂直品类或者垂直人群的基础上又进行了多种维度的创新,在市场上站稳了脚跟,取得了很大的发展。结合它们的情况,垂直电商可以重点关注以下四个方向:

(1) 销售模式的创新

电子商务将交易行为从线下搬到了线上，买卖关系的形式发生了很大的变化，但是在本质流程上却是一样的，不过通过对互联网的充分利用，可以改善或者改变购物流程中的某个环节带来购物效率的提升或者购物体验的创新，从而满足人们个性化的购物需求，提升消费者的忠诚度和活跃度，这是综合性电商平台很难做到的。

目前比较典型的销售模式创新是限时特卖，这类模式的电商通常聚焦在一个品类或者特定人群上，在限定的时间内提供具有较高性价比的商品，刺激消费者购买。而且由于产品定时上新，消费者每次登录都可能有新的发现，好奇心驱使刺激他们不断回头，因此这类电商一般具有很高的用户黏性和重复购买率。这一模式在我国的代表企业是唯品会，唯品会上市后的强势表现引发各大电商的竞相模仿，但是往往只得其表。在美国，上市的电商公司有很多，除了Amazon和eBay等综合性电商平台，市值表现最好的企业采取的基本上都是限时特卖的模式，而且这类企业往往具有更高的市销率P/S估值倍数，也具有更好的盈利能力。

除此之外，近年来兴起的周期购、社会化电商等都属于销售模式创新的范畴，有不少此领域的创业企业拿到了不菲的投资。

(2) 服务垂直人群的个性化需求

找到目标消费群体无疑是任何商业模式成功的最重要前提，上一波的垂直电商大都没有做到这一点，所以无可避免地面临倒闭或者被收购的命运。它们大都专注在某一个细分品类上，虽然做到了货品的垂直，但这只是商业模式成立的表面。垂直电商更重要的是做到目标消费群体的垂直，也就是说找到与综合性电商平台差异化的消费群体，这种区隔越明显，也就越可能通过有特色的商品和服务满足他们的需求，商业模式也就越有效，当然前提是这个市场有足够大的空间。

目前成功的垂直电商大都在目标消费群体定位上有着自己鲜明的特色，如唯品会专注三、四线城市，Zulily聚焦母婴群体，铁血君品行则面向军事爱好者等。社群电商更是一种以垂直人群为核心的电商运营模式。找到了垂直化的消费人群，垂直电商也就不局限在单一的品类上了，而是围绕这类人群的特殊需求进行多品类的扩充，这样往往能收到很好的效果。例如，唯品会最初以服装鞋帽为主，但是目前正在加大化妆品、母婴等品类的比例；Zulily则同时提供婴幼儿用品、女性时装以及家装家居等品类；铁血君品行更是几乎从一开始就覆盖了包括服装鞋帽、手表、眼镜以及皮包等在内的军品。

(3) 非标准品类的品牌化

对于非标准品类的商品，消费者经常会有选择的障碍，因为有时候他们面对的是数以千万计的商品，质量又参差不齐，这是综合性电商平台在提供丰富商品的同时所带来的令人头痛的问题。而这恰恰给了垂直电商机会,聚焦在某一种非标准品类上,将产品和产业链同时做深,利用自身的专业化服务水平帮助消费者来简化选择的流程,从而带来购物效率和体验的提升,并基于此树立品牌。垂直电商由此积累的对消费者需求的精准把握能力和对产业链的深度把控是综合性电商平台难以企及的。

唯品会的成功一方面是限时特卖的胜利,另一方面也是精选导购模式的胜利,因为唯品会通过专业化的买手团队和自营的机制为消费者筛选出了符合他们需求的高质量商品,简化了购物的流程,并实现了与阿里巴巴、京东等电商平台的区隔;Zulily 的商业模式也具有异曲同工之妙,通过专业化的买手团队从大量的中小供应商中为消费者筛选出性价比最高的商品,由此满足了他们的需求,并形成了鲜明的品牌形象。

(4) 个性化的垂直品牌电商

对于很多垂直电商来说,拥有的仅仅是渠道价值,而这恰恰是最容易受到大型电商平台挤压的。但是无论在何种情况下,商品的品牌都是非常有价值的,平台依赖的也是大量的品牌商家。互联网是一个非常好的打造品牌的工具,不受地域和货架的限制,具有非常强的辐射范围和聚客能力。相比线下传统品牌几十年甚至数百年的积累,利用互联网可以在更短的时间内建立起强大的品牌效应。我们已经见证了很多淘品牌成长的奇迹,虽然它们现在面临着一些经营上的问题,但这基本上是一个品牌成长过程中所必须经历的阵痛,是由一个淘品牌成长为一个真正经久不衰的互联网品牌的必经之路。提起垂直品牌电商,凡客本来极有可能成为这一领域的标杆,不过凡客今天遇到的困难与商业模式无关,主要是在战略执行中出现了迷失和偏差。

总之,垂直电商一定要非常清楚自身的商业逻辑和生存方式,在差异化上做足文章,建立起综合电商和其他竞争对手难以复制的核心竞争力。

3. 垂直电商尤其要关注的问题

现在,垂直电商需要在大型电商平台强大的聚集效应和辐射范围下找到自己的位置,此时除了需要通过独特的定位来实现商业模式上的突围外,也更需要专业化的运营能力来建立稳固的差异化竞争优势。这一过程更像是马拉松而不是百米赛,需要企业能够沉下心来,告别单纯追逐规模拿融资的浮躁心态,回归到商业的本质上来,关注经营中的一些核心问题。

(1) 放弃对规模的一味追逐

零售一定是与规模相伴的,规模太小就无法支撑起一个企业的独立运行,也很难获得资本的青睐。但是规模的意义对于垂直电商和综合性电商是完全不同的,综合性电商是一定要有规模支撑的,做大了规模才能有足够多的流量和消费者,也才能服务好平台上的商家和消费者。因此在奔向综合性电商的道路上一定要百米冲刺,比拼的是谁能最先做大规模,具有了强大的平台效应后,后来者就很难再达到这样的量级与其对话。

对于垂直电商来说,不管是针对垂直人群,还是垂直品类,归根结底面向的都是一个细分市场,满足的是用户的细分需求,因此需要将细分领域做得足够专业和独特,要放弃对规模的一味追逐,更加关注增长的质量和效益。垂直电商首先要确保自己所从事的行业具有足够的市场容量和空间,能够支撑企业未来的发展,而对于发展的速度则更要讲究适度。

(2) 深耕供应链

综合电商能够覆盖人们对商品的一般需求,垂直电商要做出特色就要把供应链做得更深、更专业。首先要从供应链的高度去设计自己的产品和服务,加强对企业上下游资源的影响和把控,从源头上控制产品和服务的质量;其次要不断地优化供应链上的每一个节点,提升运作的效率,实现成本与效益的最佳配比。总之,通过对供应链的重塑和完善,垂直电商要么能够提供独特的产品和服务,要么具有更高的供应链效率,只有这样才能实现与综合性电商的差异化。

(3) 注重精细化运营能力的提升

精细化的运营能力是今后摆在所有电商面前一道永恒的难题,一个企业的成与败,很大程度上取决于运营、管理等方方面面的细节。这是一个缓慢的过程,效果的显现来自于经年累月的积累。互联网也好,互联网思维也罢,都只能加快企业成长和品牌塑造的速度,但无法从根本上改变这一过程。电子商务归根结底是一个有着浓厚传统色彩的实体经济,供应链很长,涉及采购、销售、仓储、配送以及客户服务等诸多环节,每一个环节以及环节与环节之间都涉及很多细节性的东西需要不断地优化。所谓精细化管理就是要不断地精益求精,把任何事情都做到最细,在相同投入的情况下产生最大的效益,带来最好的用户体验。

(4) 密切关注用户转化率、留存率和黏性三个指标

上文提到用户对一站式购物有着天然的诉求,因此流量越来越向综合性电商平台集中。而且在流量价格如此之贵的情况下,综合性电商平台可以通过品类间的关联销售来实现流量成本效益的最大化,而垂直电商则不具备这样的优势。因此,垂直电商一定不能与综合电商拼流量和资源,而应该拼专业化和差异化,以及在此基础上的用户转化率、留存率和黏性,这些才是垂直电商的核心。

对于垂直电商而言,一定要非常关注用户的转化率、留存率和黏性,而且在这三个指标上一定要体现出相对于综合性电商的优势,如此才能说明发挥了垂直电商针对性强和专业化的特点,也才意味着企业会有越来越多的自然流量,最大化了营销费用的价

值,从而避免落入高营销成本的怪圈。事实上,目前比较成功的垂直电商都在这些指标上具有良好的参数。

(5) 谨慎看待垂直电商的扩张

垂直是与专业化相伴而生的,且不说这种能力的打造需要很长时间的积累,即便是已经做出了特色,也往往是为某一类人群量身定制的,一旦要踏出这个用户圈,势必会遇到很大的困难。我们看到有不少的垂直电商在一个领域做得很成功,但在开始扩张后不久,就不得不又重新退回到原来的领地。

当然也不是说垂直电商一定不能考虑扩张,只是要非常的慎重,比较稳妥的做法是慢慢寻求在关联性强的品类或者人群上的扩张机会。

(6) 全网分销

垂直电商除了独立建站外,也可以结合品类和目标消费群体的特点考虑进行全网分销。一方面,综合性电商平台的规模化效应愈发明显,不仅自身的平台上已经汇集了大量的消费者,而且流量购买的回报率(ROI)也比较高,这就形成了价值的洼地。相比独立的站点,垂直电商在阿里巴巴、京东等电商平台上的销售费用更低;另一方面,阿里巴巴、京东等电商平台经过多年的发展,已经围绕电子商务交易建立起了一套比较完善的生态体系,可以很好地为入驻的商家提供包含物流、支付、数据服务以及资金支持等在内的各项配套服务,便于商家将主要的精力集中在商品的交易和服务上,从而提升企业整体的运作效率。因此,垂直电商与综合性电商平台的合作预计将会越来越多。在这方面,最典型的企业当属当当,这家老牌电商本身有自己的交易平台,但同时也入驻了天猫。

问题:

1. 垂直电商为何面临困境?
2. 垂直电商该如何突围?
3. 垂直电商突围时需要注意些什么?

提示:

垂直电商企业今日的困境是由多重因素造成的,其中有商业模式固有的缺陷,也有自身经营的问题。垂直电商是相较于综合性电商而言的,相比后者的全品类覆盖,大多数的垂直电商聚焦在某一个细分品类上。而消费者对一站式购物有着天然的需求,在选择商品时,消费者也更倾向于面对丰富多样的商品。目前互联网的整体流量价格都很贵,获取新用户的成本也非常高,若转化率和回头率低的话,企业需要花很多的钱去做营销,一旦营销费用减少随之而来的就是流量和销售收入的锐减。大多数垂直电商只是做到了表面货品的垂直,运营并不专业。综合性电商平台在进行某一个品类扩充时,往往会选择该领域内经营最好的垂直电商作为靶子,展开最直接的竞争。对于它们来说可以牺牲某一个品类的毛利,因为可以通过关联品类的盈利来将公司的整体盈利水平维持在一定的标准之上,而对于垂直电商来说却是灭顶之灾。

垂直电商可以从电子商务模式创新、服务垂直个性化需求、非标准品类的标准化、塑造个性化的垂直品牌电商等方面进行突围。在突围的过程中要注意放弃一味追求规模扩张;要深耕供应链;注意精细化运营能力的提升;密切关注用户转化率、留存率、黏性三个指标;要进行全网营销。

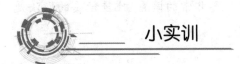

分析代表性互联网企业的盈利模式。

一、实训目的

掌握典型电子商务平台盈利模式。

二、实训内容

BAT互联网三巨头指哪三家互联网企业?调研三家企业的主要业务并分析它们的盈利模式。

三、实训要求

请把相关内容制作成PPT并进行汇报。

随着电子商务应用领域的不断扩大和信息服务方式的不断创新,电子商务模式层出不穷,主要可以分为以下三种类型:企业与企业之间的电子商务B2B;企业与消费者之间的电子商务B2C;消费者与消费者之间的电子商务C2C。面向企业的B2B模式使企业间的沟通方式产生了巨大变革。面向消费者的B2C和C2C改变了人们的工作、生活方式。电子商务跨时空、方便、高效、低成本、互动等特点使它成为时代发展的趋势。研究和分析电子商务模式,有助于挖掘新的电子商务模式,为电子商务模式创新提供途径,也有助于企业制定特定的电子商务策略和实施步骤。

参 考 文 献

[1] 宋文官. 电子商务概论[M]. 3版. 北京:高等教育出版社,2013.
[2] 司爱丽. 新编电子商务实用教程[M]. 西安:西安电子科技大学出版社,2010.
[3] 朱孝立,罗荷香. 新编电子商务教程[M]. 2版. 合肥:中国科学技术大学出版社,2012.
[4] 陈小芳. 电子商务概论[M]. 北京:北京交通大学出版社,2016.
[4] 杨荣明,吴自爱. 电子商务实用教程[M]. 2版. 合肥:安徽大学出版社,2014.
[5] 孙若莹,王兴芬. 电子商务概论[M]. 北京:清华大学出版社,2012.
[6] 李源彬. 电子商务概论[M]. 北京:人民邮电出版社,2012.
[7] 王悦. 电子商务概论[M]. 成都:西南财经大学出版社,2012.
[8] 杨海泉. 疫情大幅提振全球电子商务[EB/OL]. (2021-05-11). http://www.develp.financeun.com/newsDetail/42197.shtml.
[9] 南生今世说. 我国B2C市场规模稳居全球第一,但B2B却低于美日韩,仅排第四名?[EB/OL]. (2021-05-11). https://baijiahao.baidu.com/s? id=1699003174428298262&wfr=spider &for=pc.

资 源 链 接

[1] 艾瑞咨询网　http://www.iresearch.com.cn.
[2] 亿邦动力网　http://www.ebrun.com.
[3] 百度百科　http://www.baike.baidu.com.
[4] 中国互联网络信息中心　http://www.cnnic.net.cn.

第3章 网上支付

知识目标

了解电子货币的概念,掌握电子货币的种类;了解网上银行的概念及业务类型;了解电子支付的概念。

能力目标

会正确使用网上银行和第三方支付平台。

思政目标

了解我国移动支付领跑全球的现状,增强民族自豪感,培养历史使命感。

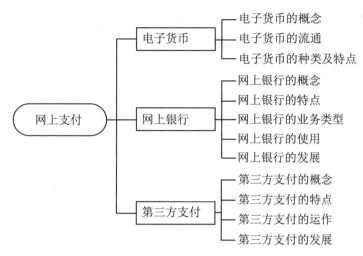

2020年中国网络支付用户规模达8.54亿人,其中手机用户占99.84%

随着经济的强劲发展,以电子商务为代表的网络经济也发展迅速,从而促进了网络支付规模的扩张。近年来中国网络支付用户规模快速增长,至2020年12月末,中国网络支付用户规模达8.54亿人,较2020年3月底增加了0.86亿人,同比增长11.2%(见图3.1)。

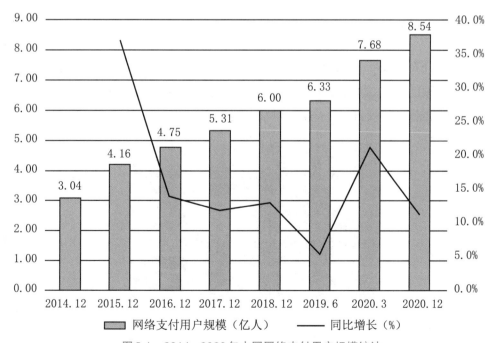

图3.1　2014～2020年中国网络支付用户规模统计

智研咨询发布的《2021~2027年中国网络支付产业发展态势及投资决策建议报告》数据显示：中国网络支付使用率快速增长，2020年12月末中国网络支付使用率达86.4%，较2020年3月底增长了1.40%。

（资料来源：智研咨询.2020年中国网络支付用户规模达8.54亿人[EB/OL].（2021-02-28）.https://www.chyxx.com/industry/2021-02/934019.html.）

提出任务

受到电子商务发展的有力拉动，我国个人网上支付的市场规模发展迅速。网上支付以金融电子化网络为基础，以各种电子货币为媒介，通过计算机网络特别是因特网以电子信息传递的形式实现货币的流通和支付功能。现在网上支付方式有很多，如微信支付、支付宝支付、个人网银支付等。那么什么是电子货币？网上银行如何支付？第三方支付发展概况如何呢？

解决问题

任务3.1 电子货币

3.1.1 电子货币的概念

电子货币（Electronic Money），是指用一定金额的现金或存款从发行者处兑换并获得代表相同金额的数据，通过使用某些电子化方法将该数据直接转移给支付对象，从而清偿债务，如招商银行发行的一卡通等（见图3.2）。

图3.2 招商银行发行的一卡通

1993年我国启动了"金卡工程",经过十多年的发展,电子货币在我国得到了普遍使用。目前我国已经进入了电子货币时代,电子货币成为国家金融体系的重要组成部分。电子货币以电子计算机技术为依托进行储存、支付和流通,具有使用简便、安全、迅速、可靠等特征,广泛应用于生产、交换、分配和消费等领域。

3.1.2 电子货币的流通

电子货币在使用中主要经过以下三个过程:发行、流通和回收,如图3.3所示。

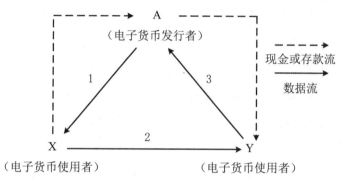

图3.3 电子货币的使用流程

1. 发行

电子货币使用者X用一定量的现金或存款,向电子货币发行者A(如银行、信用卡公司等)申请电子货币,A接受X的申请,并将与现金或存款等额的电子货币数据授信于X。

2. 流通

电子货币使用者X接收了来自A的电子货币之后,为了清偿对电子货币的另一使用者Y的债务,将电子货币的数据授信于Y。

3. 回收

A根据Y的支付请求,将电子货币兑换成现金支付给Y,或者存入Y的存款账户。

在电子货币的实际使用过程中,使用者往往并不是直接从电子货币的发行者总行或总公司等申请或兑换电子货币,而是就近从电子货币的发行者的分行或分公司申请或兑换,因而电子货币的使用过程要比图3.3所示的流程稍显复杂,如图3.4所示。

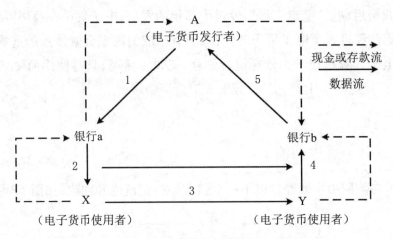

图3.4 有分行或分公司介入的电子货币体系

① A根据银行a的请求,用现金或存款交换,将电子货币发行给银行a。
② X向银行a提供资金或存款,请求得到电子货币,银行a向X授信电子货币。
③ X将由银行a获得的电子货币用于清偿债务,授信给Y。
④ 银行b根据Y的请求,将电子货币兑换成现金支付给Y(或存入Y的存款账户)。
⑤ A根据银行b的请求,将电子货币兑换成现金支付给b(或存入b的存款账户)。

需要注意的是,电子货币的发行不同于纸质货币的发行,电子货币的发行主体除了央行以外,一般的金融机构或企事业单位也可以发行电子货币并可在小范围内使用。电子货币发行主体的多样性使国家的货币管理政策受到了挑战,加强对电子货币发行主体的监管,可以降低金融风险。根据电子货币的发行主体、使用范围、流通过程等方面的不同,可以把电子货币主要划分为储值卡型电子货币、银行卡型电子货币、非流通电子货币等种类。

3.1.3 电子货币的种类及特点

1. 储值卡型电子货币

储值卡型电子货币是电子货币中发行量相对较大、使用面较广的一大类电子货币。储值卡一般是指由非金融机构发行的在指定的系统或范围内使用的电子货币。生活中储值卡种类繁多,如各种购物卡、电话充值卡、公交卡、加油卡、校园一卡通,甚至美容卡、健身卡等,如图3.5所示。在所有的电子货币中,储值卡发行量最大。储值卡的特点一般表现为面值较小,很多都是匿名的,使用起来也较方便和快捷;从材质及制作技术上来看,早期的储值卡就是一张普通的塑料卡片,不能存储信息,多为一次性消费;后来发展到用磁介质存储有限信息(磁卡),可部分消费,但卡片不能重复利用;最新的储值卡大多采用电脑芯片来存储更多信息(如IC卡),IC卡可以重复使用且可修改卡片中的信息。

图3.5 海尔社区店益家会员卡

2. 银行卡型电子货币

银行卡包括借记卡和贷记卡(信用卡),借记卡即一般的银联卡,贷记卡就是信用卡,可用于网上支付,这里重点介绍信用卡。

信用卡指的是由银行或信用卡公司(如MasterCard和VISA等)依照用户的信用度与财力发给持卡人,具有信贷和支付两种功能的银行卡,也称"贷记卡",如招商银行发行的信用卡,如图3.6所示。持卡人持信用卡消费时无须支付现金,也不会从用户的账户直接扣除资金,而是由银行先期垫付,待到还款日时再行还款,银行和持卡人之间便发生了信贷关系。另外,信用卡都有一定的信用额度,持卡人可在信用额度内进行先期消费,在还款期限内偿还透支的部分,银行不收取任何利息或费用。如一张信用卡的透支额度是2万元,消费者可消费的额度则是先期的存款加上透支额度的2万元。

图3.6 招商银行发行的信用卡

3. 非流通电子货币

随着网络的发展,很多网站都发行了专门的货币,仅限在本网站上使用,由此出现了非流通电子货币。

(1) 非流通电子货币的概念

非流通电子货币是一些门户网站、网络游戏运营商等为了提供更好的服务,为用户提供的在网站内专用、代替现金使用的非真实货币,也称虚拟货币。据不完全统计,目前市面流通的非流通电子货币不下几十种,如腾讯Q币、百度币、魔兽币、天堂币、盛大(游戏区)点券、网易泡币、新浪U币、开心币等。

(2) 非流通电子货币的种类及使用

根据发行主体的不同可把非流通电子货币主要分为三类:

一是由门户网站发行的非流通电子货币,如百度文库的文库币。使用者可通过充值获取文库币,如图3.7所示。拥有文库币以后方可用于购买文物、文集、音频、视频、文库会员月卡等。

图3.7 百度文库文库币充值

二是由即时通信软件提供商发行的非流通电子货币,要通过银行卡、第三方支付账户、储值卡、手机账号等方式充值,用人民币1:1兑换,有的网站也提供打折优惠,如Q币、开心币等,如图3.8所示,充值之后即可在该网站进行消费。

图3.8　Q币充值途径

三是游戏币,它是由游戏运营商发行的,可通过多种方式获取,如用人民币直接购买充值卡充值、采用网银充值、完成游戏任务方式获得等,如图3.9所示。

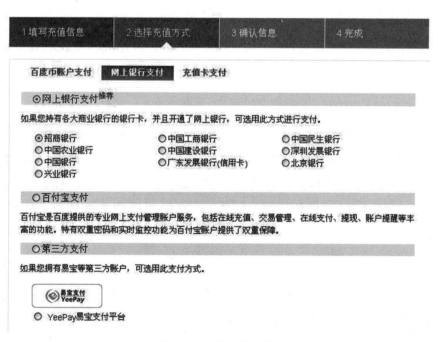

图3.9　游戏充值途径

【微思考】 结合日常生活实例,谈一谈电子货币的表现形式有哪些？各有什么特点？

任务3.2 网上银行

3.2.1 网上银行的概念

网上银行也称网络银行、电子银行或在线银行,是指利用互联网技术,处理传统银行的业务,支持电子商务在线支付的新型银行。它实现了银行和客户之间安全、方便、友好、实时的连接,可向客户提供传统银行柜台的所有业务,还可以支持网上证券、投资理财、在线支付等全方位银行业务,它是互联网上的虚拟银行。

3.2.2 网上银行的特点

网上银行相对于传统的银行有着如下明显的优势和特点。

1. 无分支机构

网上银行通过建立的银行网站,提供所有的服务,因此可以突破地域限制,将银行业务拓展到任何可上网的地方,无需传统银行的分行或支行等分支机构。

2. 智能化

网上银行充分发挥计算机网络和通信技术的优势,为客户提供更快、更好、更多的服务,用户靠一个鼠标就可方便、快捷地完成账户管理、网上支付、贷款申请、投资理财等,具有很强的交互功能。网上银行可以满足用户在任何时间(Anywhen)、任何地点(Anywhere)、通过任何方式(Anyhow)获得优质服务的需求,因此也称之为"3A银行"。

3. 创新化

网上银行本身就是创新的结果,在个性化消费需求日趋凸显、技术不断变革、竞争不断升级的信息时代,网上银行只有不断创新服务方式、推出新产品,为客户提供优质服务,才能使自己在竞争中立于不败之地。

4. 运营成本低

和其他银行服务手段相比,网上银行的运营成本最低。首先网上银行节约了分支机构产生的大量成本;其次网上银行只需要极少的员工来维护系统的正常运行,节约了人力资本。美国 US Web 网络服务与咨询公司开展的一次调查发现,传统银行网点每一笔交易所需的费用是1.07美元,电话银行为0.54美元,ATM自助银行为0.27美元,而网上银行仅为0.1美元。

5. 以现有的业务处理系统为基础

网上银行系统不是一个独立的业务处理系统,它本身不能独立处理某项银行业务,必须以已经存在的业务处理系统为基础,所有的业务处理最终都由现有的业务处理系统来实现。

6. 整合现有的业务系统

国内银行现有的业务系统总的来说都是分散的,而网上银行通过Web站点为客户提供服务,Web站点就是一个面向客户的综合服务系统,这就要求网上银行必须将现有的、分散的业务系统进行整合。

3.2.3 网上银行的业务类型

目前网上银行提供业务种类已非常丰富,功能也日益完善。网上银行的功能按客户对象可分为如下三类。

1. 个人网上银行

个人网上银行是向个人提供的银行业务。个人业务是为个人用户推出的服务,也称对私业务,包括账户开户、账户查询、交易记录查询、账户挂失、转账缴费、投资理财、网上支付、信用卡还款、个人贷款查询及还款等。

2. 企业网上银行

企业网上银行是向企业提供的银行业务。企业业务是为企业或团体提供综合账户服务的业务,也称对公业务,包括查询本企业或下属企业账户余额和历史业务记录;划转企业内部各单位之间的资金;账户管理;代发职工工资;了解支票利益情况,支票挂失;为企业提供金融报告和报表;网上支付和转账;企业资金托管等。

3. 其他

网上银行除针对个人、企业专门开设个人版与企业版之外,还会提供信用卡服务、网上商城、信息发布等服务。

3.2.4 网上银行的使用

1. 个人网上银行

个人网上银行的使用步骤基本是：申请、注册、使用。对于不同的安全措施，在具体步骤上会有稍许差异。这里以中国工商银行的个人网上银行为例来说明个人网上银行的使用，如图3.10和图3.11所示。

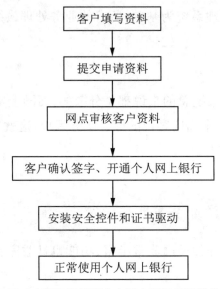

图3.10 中国工商银行个人网上银行开通操作指南

（1）申请

用户携带个人身份证到银行网点申请个人网上银行，并填写、提交相关资料。银行网点审核通过后，经用户确认则申请成功。这里要注意的是，用户应向银行工作人员讲明自己要采取的安全措施。

（2）注册

用户在机器上登录该银行的网上界面进行注册。对于不同的安全措施，在步骤上会有一定的差异，但整体来讲首先要在机器上安装银行的安全控件，其次进行注册的相关操作，系统会有相关提示。

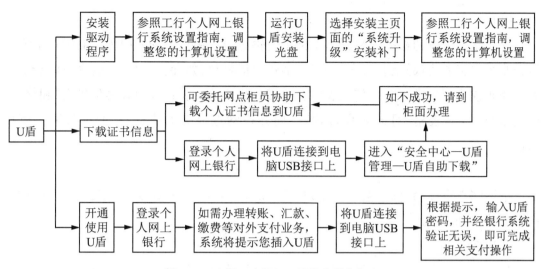

图3.11 中国工商银行U盾用户操作指南

（3）使用

注册完成之后，用户即可登录使用网上银行，如查询余额、缴费等。

2. 企业网上银行

企业网上银行是网上银行通过互联网或专线网络为企业客户提供账户查询、转账结算、在线支付等金融服务的渠道。网上银行往往会根据企业客户享受的服务做进一步的划分，如普及版、标准版等。下面以中国工商银行为例说明具体操作步骤，如图3.12所示。

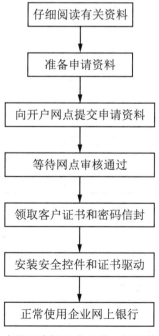

图3.12 中国工商银行企业网上银行的操作指南

（1）申请

仔细阅读银行的相关材料，如《中国工商银行电子银行章程》《中国工商银行电子银行企业客户服务协议》及有关介绍材料；准备申请材料，如《网上银行企业客户注册申请表》《企业或集团外常用账户信息表》《企业贷款账户信息表》《客户证书信息表》和《分支机构信息表》等表格，可向开户行索取；向开户网点提交申请资料，并等待网点审核通过。

（2）注册

银行网点审核通过后，会给予用户证书和密码信封；用户在机器上安装安全控件和证书驱动，完成注册。

（3）使用

目前中国工商银行企业网上银行提供的业务类型很多，如图3.13所示。

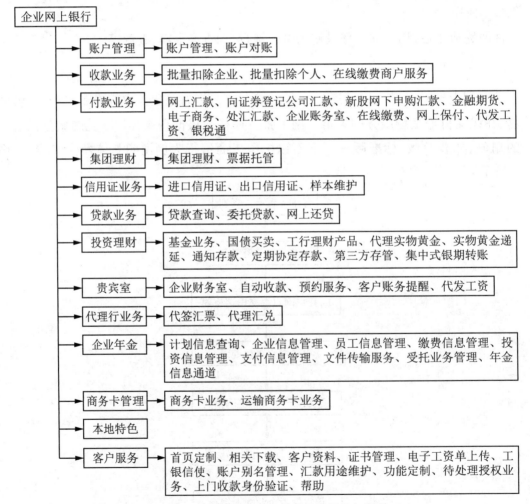

图3.13　中国工商银行企业网上银行业务类型

中国工商银行企业网上银行分为普及版和标准版,具体使用如下:

① 普及版

登录:进入工商银行网站主页→选择"企业网上银行"登录→选择"企业网上银行普及版"登录→输入卡号、密码和验证码→点击"登录"进入。

使用:如在使用过程中遇到问题,可点击"热点解答"和"更多帮助"。

退出:在使用完毕后,点击"安全退出",以确保账户安全。

② 标准版

登录:进入工商银行网站主页→选择"企业网上银行"登录→插入企业网上银行证书→选择"企业网上银行"登录→选择证书→输入证书密码→点击"确定"进入。

使用:如在使用过程中遇到问题,可点击"热点解答"和"更多帮助"。

退出:在使用完毕后,点击"安全退出",拔出客户证书以确保账户安全。

3.2.5 网上银行的发展

自1995年世界第一家网上银行诞生以来,全球银行业在电子化道路上开始了爆发式的发展。网上银行在我国也获得了迅速发展。1996年,我国只有一家银行通过国际互联网向社会提供银行服务;到2002年底,在互联网上设立网站的中资银行占中国现有各类银行的27%。网上银行以其低廉的成本和广阔的前景,越来越受重视,发展势头迅猛,但由于时间短、制度不完善及应对措施不足等缺陷,网上银行依然存在不少问题,发展道路依然漫长。

1995年10月18日,诞生了全球首家网上银行——美国安全第一网络银行。随着信息化、数字化以及网络技术的飞速发展,时至今日全世界1000多家大银行基本上都在互联网上设立了网址并开办了网上银行业务。无限的商机、丰厚的利润是推动网上银行发展的强大动力。目前,网上银行在我国的发展主要有以下特点。

1. 网上银行高速发展

目前国内几乎所有大中型商业银行都推出了自己的网上银行或已建立了自己的网站。从1998年开始,中国银行、招商银行开通网上银行服务,工商银行、建设银行、交通银行、光大银行以及农业银行也陆续推出了网上银行业务。截至2019年末,2019年银行业金融机构网上银行交易笔数达1637.84亿笔,同比增长7.42%,交易金额达1657.75万亿元;手机银行交易笔数达1214.51亿笔,交易金额达335.63万亿元,同比增长38.88%;电商平台交易笔数达0.83亿笔,交易金额达1.64万亿元;全行业离柜率为89.77%。网上银行已成为各银行实现创新、提升品牌形象、提高综合竞争力的主要方式。《2020中国电子银行调查报告》显示,2020年个人网上银行用户比例达59%,较2019年增长3个百分点。手机银行用户比例保持较高增长速度,用户比例达71%,同比增长12%。随着开户等业务逐步实现线上办理,用户希望银行业务全面实现线上化、无卡化办理,银行卡实体卡的使用场景将被逐步压缩。未来,银行方需要进一步加强智能客服语义识别的精确度,提升智能化程度,为用户提供多种客服形式。此外还应该充分发挥其"社交化功能"属性,即建立金融资讯和知识共享社区。

2. 网上银行功能不断完善

目前,交易类业务已经成为网上银行服务的主要内容,提供的辅助服务包括存贷款利率查询、外汇牌价查询、投资理财咨询、账户查询、账户资料更新、挂失、转账、汇款、银证转账、网上支付(B2B,B2C)、代客外汇买卖等,部分银行已经开始试办网上小额质押贷款、住房按揭贷款等授信业务。同时,银行日益重视业务经营中的品牌战略,出现了名牌网站和品牌产品。

3. 网上银行地域不均衡突出

我国经济发展不平衡,导致我国互联网应用也呈现出东强西弱的格局。无论是用户的比例还是站点数,排在前面的几乎均位于东部发达省区,我国网上银行用户增量最多的省区也大都集中在东部地区,中西部地区与之相比有着较大程度的差距。

无论是传统的交易,还是新兴的电子商务,资金的支付都是完成交易的重要环节,有所不同的是,电子商务强调支付过程和支付手段的电子化。有效地实现支付手段的电子化和网络化是网上交易成功的关键,直接关系到电子商务的发展前景。网上银行创造的电子货币以及独具优势的网上支付功能,为电子商务中电子支付的实现提供了强有力的支持。作为电子支付和结算的最终执行者,网上银行起着连接买卖双方的纽带作用,网上银行所提供的电子支付服务是电子商务中的关键要素。

【微思考】 电子商务与网上银行的发展是互动互利、互相影响的,电子商务也给网上银行带来了巨大的业务发展空间,因此随着电子商务的发展,网上银行的发展亦是必然趋势。近年来网上银行发展迅速,目前还存在哪些问题?

任务 3.3　第三方支付

近些年在电子支付领域兴起了一种新的支付平台和载体,即第三方支付平台,它已成为电子商务尤其是C2C交易中的主要支付工具。

3.3.1　第三方支付的概念

第三方支付平台是指一些和产品所在国家以及国外各大银行签约,并具备一定实力和信誉保障的第三方独立机构提供的交易支持平台。在交易中,买方选购商品后,使用第三方支付平台提供的账户进行货款支付,由第三方通知卖家货款到达、进行发货;买方检验物品后,通知付款给卖家,第三方支付平台再将款项转至卖家账户。

3.3.2　第三方支付的特点

1. 提供一系列的应用接口程序

第三方支付平台提供一系列的应用接口程序,将多种银行支付方式整合到一个界面上,负责交易结算中与银行的对接,使网上购物更加快捷、便利。消费者和商家不需要在不同的银行开设不同的账户,可以帮助消费者降低网上购物的成本,帮助商家降低运营成本;同时,还可以帮助银行节省网关开发等费用,并为银行带来一定的潜在利润。

2. 操作简单,易于被接受

较之SSL、SET等支付协议,利用第三方支付平台进行支付操作更加简单且易于被接受。SSL是现在应用比较广泛的安全协议,在SSL中需要验证商家的身份。SET协议是基于信用卡支付系统的比较成熟的技术,但在SET中,各方的身份都需要通过CA进行认证,程序复杂,手续繁多,速度慢且实现成本高。有了第三方支付平台,商家和客户之间的交涉由第三方来完成,使网上交易变得更加简单。

3. 解决了交易中的信用问题

第三方支付平台本身依附于大型的门户网站,且以与其合作的银行的信用作为信用依托,因此第三方支付平台能够较好地解决网上交易中的信用问题,有利于推动电子商务的快速发展。

3.3.3 第三方支付的运作

不同的第三方支付平台使用过程大同小异,这里以网上购物过程中使用支付宝为例予以介绍。用户使用支付宝主要包括三个步骤:支付宝账户注册、账户充值、交易支付。

1. 注册

用户可以在支付宝网站或淘宝网站上免费注册账户,点击"注册",就会进入账户注册流程。账户注册第一步是选择注册方式,支付宝支持如下两种注册方式:

(1) 手机号码注册

用户使用手机号码作为登录支付宝的账户名。注册时输入手机号码,支付宝网站会将校验码通过短信发到该手机上,用户输入短信中的校验码成功后,再设置账户密码,即可完成注册。

(2) E-mail注册

用户使用E-mail地址作为登录支付宝的账户名。支付宝建议采用常用的E-mail地址,用户需要使用该E-mail接收"注册确认"邮件,才能完成注册。收到"注册确认"邮件后,用户需要通过邮件的链接激活账户,该账户才能使用。

2. 充值

用户使用注册的账户名和密码,登录个人支付宝账户管理页面。点击"立即充值",将会进入充值流程。支付宝账户支持线上和线下共四种充值方式,见表3.1。

表3.1 支付宝账户充值方式

充值方式	特点
网上银行	支持工行、招行、建行等19家网上银行为支付宝账户充值。在充值前,需要先开通银行卡的网上银行
网点充值	用户需先到与支付宝合作的营业网点(如便利店、药店、邮局等),用现金或刷卡购买充值码,然后登录支付宝充值
快捷支付充值	快捷支付是支付宝与工行、建行、招行等50余家银行联合推出的一项网上支付服务。只需一个支付密码,快速完成充值。充值前,需先开通快捷支付
消费卡充值	目前支持话费充值卡(如全国神州行卡、联通一卡充等)

3. 使用支付宝购物

用户在网上购物时,确认订单后,即可利用支付宝付款。若用户没有完成第2步骤的充值,可直接采用网上银行付款,只要商家是与支付宝合作的,在这笔交易中,支付宝同样担当信用中介的作用。

从支付宝交易流程可知,采用支付宝这样的第三方支付平台付款,消费者的权益能够在一定程度上得到保障。类似支付工具的使用直接增加了消费者购物的信心,促进了我国网络购物的发展。

3.3.4 第三方支付的发展

1. 第三方支付发展现状

我国电子商务市场的快速发展引发了电子支付领域的巨大变革,以支付宝、财付通为代表的第三方支付平台迅速壮大,其服务已覆盖B2B、B2C、C2C以及跨行转账、信用卡还款、网络融资和公共事业缴费等领域。第三方支付平台不仅成为电子商务行业的重要配套设施,而且自身也形成了一个发展前景广阔、潜在价值巨大的分支产业。

(1) 第三方支付平台的交易规模及市场份额分布

2020年网络支付用户规模达8.54亿,较2020年3月增长了8636万,占网民整体的86.4%。我国第三方互联网支付交易规模如图3.14所示。

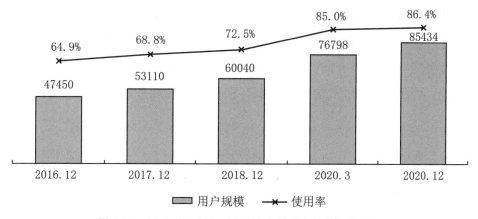

图3.14　2016.12~2020.12网络支付用户规模及使用率

2019年第三季度,我国第三方移动支付市场交易份额第一名的支付宝市场份额环比上涨0.3%至54.5%;第二名腾讯财付通(含微信支付)2019年第三季度市场份额与上一季度持平为39.5%,而在2019年第二季度,财付通市场份额曾下跌0.4%;第三名壹钱包第三季度市场份额为1.5%,也与上一季度持平。我国第三方支付机构2019年第三季度的市场份额分布如图3.15所示。

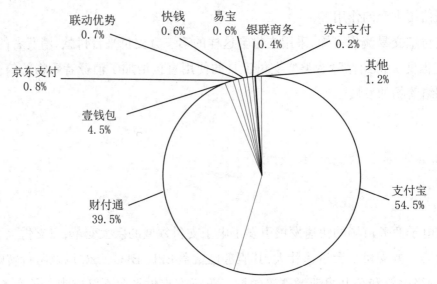

图 3.15　2019 年第 3 季度我国第三方移动支付市场交易份额

(2) 第三方支付平台在社会支付体系中的作用日益凸显

随着在线交易和网络购物的快速发展，第三方支付平台的应用渗透率不断提高，在全社会支付体系中的作用日益凸显。第三方支付机构在做大支付市场"蛋糕"的同时，在"蛋糕"中的比重也不断提高。

(3)《非金融机构支付服务管理办法》出台的影响

2010 年 6 月，央行正式发布《非金融机构支付服务管理办法》，对非金融机构的一些金融服务进行规范，对各类新型支付手段潜在的风险隐患予以预防和监督，使第三方支付平台的业务定位和发展方向变得更加清晰，对有实力的第三方支付机构产生了十分积极的影响，为第三方支付机构和商业银行在更广泛的业务领域开展合作提供了重要契机。

2. 第三方支付产品

国内市场早在 1999 年就有了第一家第三方支付公司首信易支付。目前，第三方支付系统的主流产品有五种。

(1) PayPal——eBay 旗下受全球亿万用户追捧的国际贸易支付工具

PayPal 是即时支付、即时到账的一种支付工具。它致力于让个人或企业通过电子邮件，安全、简单、便捷地实现在线支付和收款等服务。

通过 PayPal 支付一笔金额给商家或者收款人，可以分为如下四个步骤：

① 付款人以电子邮件地址开设 PayPal 账户。

② 付款人启动向第三人付款程序。

③ PayPal向商家或者收款人发出通知。

④ 商家或收款人接收后,支付立即完成。

（2）支付宝

支付宝可以为淘宝的交易者以及其他网络交易的双方乃至线下交易者提供收代付的中介服务和第三方担保。

支付宝的支付模式从流程上来说类似于PayPal的电子邮件支付模式,业务上的不同之处在于PayPal业务基于信用卡的支付体系,并且在很大程度上受信用卡组织规则（在消费者保护方面）和外部政策的影响。另外,PayPal支持跨国（地区）的网络支付交易,而支付宝虽然不排斥国际使用者,但规定"需具备国内银行账户"。

基于交易的进程,支付宝在处理用户支付时主要有如下两种方式:

① 买卖双方达成付款的意向后,由买方将款项划至其支付宝账户（其实是支付宝在相对银行的账户）,支付宝通知卖家发货,卖家发货给买家,买家收货后通知支付宝,支付宝再将买方先前划来的款项从买家的虚拟账户中划至卖家在支付宝的账户中。

② 支付宝的即时支付功能,交易双方可以不经过确认收货和发货的流程,买家通过支付宝立即付款给卖家。

（3）微信支付

微信支付是集成在微信客户端的支付功能,用户可以通过手机完成快速的支付流程。微信支付以绑定银行卡的快捷支付为基础,向用户提供安全、快捷、高效的支付服务。

2014年9月26日,腾讯公司发布的腾讯手机管家5.1版本为微信支付打造了"手机管家软件锁",在安全入口上独创了"微信支付加密"功能,为微信提供了立体式的保护,为用户"钱包"安全再上了一把"锁"。

用户只需在微信中关联一张银行卡,并完成身份认证,即可将装有微信APP的智能手机变成一个全能钱包,之后即可购买合作商户的商品及服务,用户在支付时只需在自己的智能手机上输入密码,无需任何刷卡步骤即可完成支付,并且整个过程简便、流畅。

目前微信支付已实现刷卡支付、扫码支付、公众号支付、APP支付,并提供企业红包、代金券、立减优惠等营销新工具,满足用户及商户不同支付场景的需求。

（4）财付通

财付通是腾讯公司于2005年9月创办的在线支付平台,业务覆盖B2B、B2C、C2C等领域,提供卓越的网上支付及清算服务。

针对个人账户,财付通提供包括在线充值、提现、交易管理等丰富的功能;针对企业用户,财付通提供安全可靠的支付清算服务和极富特色的QQ营销资源支持。

(5) 快钱支付

快钱支付网关是快钱推出的应用于电子商务平台的在线支付系统,包含人民币网关、外卡网关、神州行网关和电话支付四个产品。快钱支付网关不仅支持国内银行卡、国际VISA卡、神州行卡以及快钱账户的在线货款支付,同时还支持各种线下货款支付方式,是国内支持货款支付方式最多的网关。

【微思考】 近日,平台漏洞屡屡被犯罪团伙用于转移赃款、套现获利,18家第三方支付公司被公安部列为重点监管和整改对象。国家出台了哪些文件对第三方支付平台予以规范?

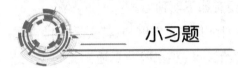
小习题

一、判断题

1. 电子货币都是凭着计算机的信息记录,具有实物形式和本身的价值。(　　)
2. 电子支票在使用过程中,需通过验证中心鉴定电子支票的真伪。(　　)
3. 支付网关是一个相对独立的系统,保证支付网关到银行之间信息数据的安全。(　　)
4. 电子现金的真伪性必须通过验证中心进行验证。(　　)
5. 手机支付的本质是资金的转移,核心是支付账户,支付介质是手机。(　　)
6. 电子支付是采用先进的技术通过数字流转来完成信息传输的,其各种支付方式都是通过数字化的方式进行款项支付的。(　　)
7. 光卡是通过嵌入式芯片来存储信息。(　　)
8. SSL协议能确保两个应用程序之间通信内容的保密性和数据的完整性。(　　)
9. 出于安全的需要,网上银行卡支付系统须在因特网与专用的金融网之间安装支付网关系统。(　　)
10. 银行和金融单位可以通过所有网络直接与消费者、商户或企业发生关系(持卡购物或网上交易)。(　　)

二、单选题

1. 在电子支付中,(　　)的作用是将外部的公用网络与银行的内部网络隔离开来,以保证银行内部网络的安全。
　　A. 支付网关　　　　B. 防病毒软件　　　　C. 防黑客软件　　　D. 安全认证系统
2. (　　)技术是一种让用户密码按照时间或使用次数不断变化、每个密码只能使用一次的技术,它采用一次一密的方法,有效保证了用户身份的安全性。

  A. VBV 验证 B. 动态口令 C. 随机验证码 D. 移动数字证书认证

3. 下列信息中,不包括在电子钱包中的是( )。

  A. 电子现金 B. 信用卡账号 C. 现金 D. 身份认证信息

4. 下列不属于电子货币的是( )。

  A. 电子现金 B. 借记卡 C. Q币 D. 电子支票

5. 下列不属于第三方支付的是( )。

  A. 中国工商银行 B. 财付通 C. 快钱 D. YeePay

医保8月1日起试点网络支付　首批试点医院共3家

  2016年8月1日起,广州市正式启动社会医疗保险业务网上支付试点工作,市民持新版社保卡到省人民医院等三家定点医疗机构看病缴费时,将可以用手机APP支付,免去排长队这一步骤。

  昨日,记者从广州市医保局获悉,今后持新版社保卡的广州市职工医保参保人在试点定点医疗机构就医,其个人负担的符合医保规定的费用,可选择使用医保个人账户网上支付。

  据广州市医保局介绍,如需使用该功能,需下载相应试点定点医疗机构的手机APP,通过手机APP完成支付,支付范围为参保人本人在相应试点定点医疗机构发生的应当由个人负担的医疗、预防接种、体检和药品等符合国家、省、本市规定的费用,并需保证其医保个人账户中有足够的资金。目前,中国农业银行等9家银行制发的已启用医保个人账户的社保卡支持该功能。首批纳入试点的定点医疗机构有3家,分别是广东省人民医院、广东省中医院、广州市妇女儿童医疗中心(含广州市儿童医院、广州市妇婴医院)。

  记者了解到,假如一名市民因感冒咳嗽症状到上述定点医疗机构看病后,可通过手机APP支付除医保报销费用外应自付的那部分医疗费用;假如市民到上述定点医疗机构进行洁牙等自费的医疗项目,在确保医保个人账户中有足够资金的前提下,也可以使用手机APP来支付费用。

  广州市医保局介绍,该功能的启用可使参保人一键完成医保与自费的网上支付,将有效缓解看病缴费排长队的现象,可进一步优化参保人的就医体验。接下来,试点定点医疗机构的范围有望逐步扩大。参保人也可以关注广州医保微信公众号或广州医保管理网，了解更多的医保服务功能。

就医网上支付应如何操作？

第一步：前往社保卡对应制发卡银行市内任一营业网点办理社保卡持卡人手机号码登记手续（已办理的无需再办理），社保卡背面的左上角（个人头像照片上方）有对应社保卡制发卡银行标识。

第二步：通过定点医疗机构提供的手机APP或POS机等设备绑定社保卡。

第三步：通过手机APP进行医疗费用网上支付。

问题：

1. 案例中的医保网络支付有哪些优势？
2. 网上支付还可以应用到哪些领域？
3. 网上支付的安全如何保障？

 小实训

熟悉网上支付的功能。

一、实训目的

能正确使用网上银行和第三方支付平台。

二、实训内容

选取一家B2B或者C2C网站购买一件商品，分别用网上银行和支付宝进行购物支付，比较两者的不同之处。

三、实训要求

请把网站名、商品名和购物支付步骤记录下来并进行汇报。

 任务总结

资金流是电子商务的三流之一，如何安全、正确、快捷、低成本地在线完成支付过程，是电子商务的一个关键问题。只有实现了快捷、安全的网上支付，电子商务的优势才能够完全发挥出来。整个电子支付系统的构成涉及很多主体及相关安全技术、安全协议，第三方支付发展呈现出强劲的增长势头，其中支付宝占据着绝对的市场优势。通过对第3章的学习，我们可以更加深刻地理解网上支付的内涵，理解电子货币的概念，掌

握网上银行的特点和基本业务,熟悉第三方支付平台。

参考文献

[1] 宋文官.电子商务概论[M].3版.北京:高等教育出版社,2013.

[2] 司爱丽.新编电子商务实用教程[M].西安:西安电子科技大学出版社,2010.

[3] 朱孝立,罗荷香.新编电子商务教程[M].2版.合肥:中国科学技术大学出版社,2012.

[4] 杨荣明,吴自爱.电子商务实用教程[M].2版.合肥:安徽大学出版社,2014.

资源链接

[1] 艾瑞咨询网　http://www.iresearch.com.cn.

[2] 百度百科　http://www.baike.baidu.com.

[3] 中国互联网络信息中心　http://www.cnnic.net.cn.

[4] 中商情报网　http://www.askci.com.

第4章 电子商务安全

知识目标

> 掌握电子商务安全的基本概念；了解电子商务所面临的网络安全隐患；了解一般的网上购物的安全问题和注意事项；理解电子商务安全技术；了解网络杀毒软件和企业防火墙的一般原理和构建方法。

能力目标

> 能够安全地进行网上购物；能够使用一般的杀毒软件、防火墙和电子商务安全工具。

思政目标

> 认识到电子商务安全建设对网络生态治理的重要作用，增强网络安全意识，培养信息安全的职业素养，自觉营造风清气正的网络空间。

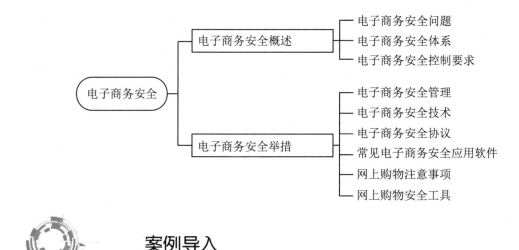

案例导入

黑客正从电商获取信用卡信息　360助力95%金融机构构筑网络安全

日前,中国领先的网络安全研究机构360天枢智库获悉,VISA和IBM相继发出警告,黑客正大规模通过在线商店客户窃取信用卡信息,金融业正成为黑客头号攻击目标。对此,中国人民银行、证监会高度重视,近期相继出台相关指导文件,并与360政企安全集团推出金融业网络安全标准规范。

金融业正成为黑客攻击头号目标

360天枢智库《全球网络安全要闻》显示,全球支付处理商VISA发布公开警告,称黑客越来越多地在受感染的服务器上部署Web Shell,从在线商店客户端窃取信用卡信息。这一消息得到了Microsoft Defender高级威胁防护(ATP)小组的确认,该小组说:"自去年以来,部署在受感染服务器上的Web Shell数量几乎增加了一倍。"此前,IBM Security也发布报告称,金融业机构仍是2020年黑客攻击的头号目标。

360天枢智库在援引这一报道的同时警告,在数字时代,网络安全已然成为金融行业的"木桶底板"。近年来,随着大数据、人工智能、云计算、区块链等新兴技术进入金融服务领域,为行业和用户提供了便捷的业务流程和金融服务,但同时,新的业务环境变化也衍生出技术、系统、数据、合规等新的安全风险。黑客组织和不法分子的网络犯罪对信息安全和资金安全造成了重大威胁。

对此,360安全专家表示,随着金融行业数字化转型进程加快,新的问题正在不断暴露。一方面,金融科技安全风险面扩大,另一方面,不同金融机构数字化转型速度和程度都有差异,安全防护水平参差不齐,加上众多非银机构涉足金融行业,导致金融安全边界外溢；同时，传统网络安全依靠卖盒装硬件等手段，已经难以应对当前金融科技不断进步、场景不断更新的新局面。

针对这些挑战，近年来，我国持续升级创新安全监管统筹手段，从顶层设计强化管控，陆续出台各项政策法规、标准规范，不断优化金融科技安全产业生态。日前，中国人民银行制定的《金融业数据能力建设指引》正式印发；2018年，银监会也发布了《银行业金融机构数据治理指引》，从监管职能方面将数据治理能力纳入公司治理评价体系及行政处罚范围；同时，2020年底证监会也起草了《证券期货业网络安全事件报告与调查处理办法（征求意见稿）》，进一步规范了证券期货业网络安全事件的报告和责任追究。

360安全专家则强调，监管发力之外，金融科技与网络安全行业也应该顺势而为，危则变，变则通，通则久。因此，我们要从攻防对抗角度进一步提升金融机构安全能力，在接近网络攻防的真实环境下发现问题、补齐短板，这才是金融行业应对未知安全威胁的长久之计。

央行联手360政企集团　推金融网络安全标准

近年来，360与95%大型金融机构开展网络安全合作，持续为我国金融机构提供网络安全技术、产品和服务及攻防实战。借此数年经验，360提出集合感知预警、快速反应、实网练兵、漏洞管理、人才培养为一体的整体安全防护解决方案，助力金融机构从传统安全被动防御的思维，转为全面高效、主动防护的安全模式，提升客户看见威胁、阻断威胁的网络安全防护能力，构筑金融业安全防线。

同时，360还积极助推行业相关标准落地，健全行业安全防御新体系。2021年3月，由中国人民银行提出，中国人民银行科技司、360政企安全集团等单位共同参与制定的《金融网络安全Web应用服务安全测试通用规范》《金融网络安全网络安全众测实施指南》两项重磅行业标准正式发布，推动了金融行业优化网络安全顶层设计、战略统筹和综合施策，构建高感知、全维度、实战化的安全防护新体系。

（资料来源：央广网. 黑客正从电商获取信息, 360助力95%金融机构筑网络安全[EB/OL]. (2021-06-16). http://tech.cnr.cn/techph/20210416/t20210416_525463640.shtml.）

提出任务

思考与讨论：除了黑客从在线商户平台窃取信用卡信息，你所了解的电子商务过程中还存在哪些其他安全性问题？

解决问题

任务4.1　电子商务安全概述

互联网和计算机网络技术的迅猛发展,加速了大数据时代的到来,从根本上改变了人们的交易方式和日常生活方式,推动了经济和商业模式的变革,电子商务作为一种新兴商务经营手段,已逐渐得到全球的广泛关注和应用。但大数据技术是一把双刃剑,作为信息经济发展的必然产物,通过对数据进行有效的筛选、分析和处理,提高了数据利用的效率,为电子交易的有序开展提供了重要支撑。同时,也带来了较多的信息安全隐患,对电子商务技术应用提出了更高的要求,未来如何保护企业机密、用户资料、隐私数据等,促进电子商务平稳健康发展,成为行业企业亟待解决的难题。

4.1.1　电子商务安全问题

信息安全是电子商务发展的根本,电子商务安全问题不仅涉及企业、消费者的利益,更关乎国家的经济安全。但近年来黑客攻击、网络病毒、用户信息泄露、窃取个人隐私、贩卖个人信息等电商乱象屡禁不止,安全问题已成为制约电子商务发展的瓶颈之一。

1. 信息篡改、破坏、泄露

交易的过程实质上是交换的过程,在电子商务交易之中双方虽未面对面进行交易,但交易是通过信息传递完成的,因此交易过程可以看作是信息交换的过程,在这一过程之中,只有保证信息的完整性、真实性,才能够让交易顺利进行。但是,当前在电子商务交易过程中存在着信息篡改、破坏、泄露的危险。国家计算机病毒应急处理中心公布的数据显示,我国约31%的互联网用户在2015年中遭遇过信息泄露的问题,从而给个人生活带来影响。信息泄露是指信息在交换过程中被黑客所劫持,黑客将信息篡改、破坏,从而造成信息不完整、丧失真实性,让交易双方无法达到预先的目标。例如,在交易过程中点击页面时出现信息错误或失败则有可能是信息遭到了篡改。而除了上述情况之外,网络软硬件缺陷也会使信息在传递过程中丢失,或是一些恶意程序对信息进行破坏。信息被篡改、破坏、泄露等不仅违反了交易规则,而且让交易双方容易受到恶意攻击,一些商业机密或是消费者个人信息等一旦泄露则会引发严重的后果。

2. 电子商务网站漏洞

在Web技术的支持下,电子商务网站从原先的功能单一、界面单调演变为功能齐全、操作便捷的状态,网站在长期运行过程中受电磁辐射干扰、网络设备老化、系统硬件破坏等因素影响,难免存在一些漏洞,且网站在设计制作时,服务器操作系统本身也会有漏洞,这就给不法分子提供了可乘之机,从而导致大量用户信息和交易信息泄露。最常见的就是网络黑客通过木马程序侵入计算机,随之篡改或泄露计算机上记录的登录信息,使得一些重要文件或资金丢失,且木马程序具有极强的破坏性、不可控性和自我繁殖能力,不仅会损坏计算机上的文件,也会严重损毁计算机硬件设备。

3. 钓鱼欺诈

钓鱼欺诈也称网络钓鱼(Phishing),是实施网络欺诈、网络盗窃的主要手段,这一术语产生于1996年,由钓鱼(Fishing)一词演化而来,国际反网络钓鱼工作组(AntiPhishing Working Group,APWG)将其定义为:"一种利用社会工程学和技术手段窃取消费者个人身份数据和财务账户凭证的网络攻击方式。"2020年,新冠肺炎(COVID-19)病毒疫情蔓延全球,企业和个人受到了极大的影响,这给网络犯罪分子提供了网络攻击的绝佳条件,导致出现了大量与COVID-19相关的网络钓鱼和恶意软件攻击事件,犯罪分子们利用大众对COVID-19的高度关注,窃取想要了解肺炎疫情的用户个人信息。Google表示在2020年4月6日至13日一周时间内,每天都屏蔽了1800万封关于COVID-19的网络钓鱼邮件,拦截了超过2.4亿条与新型冠状病毒相关的垃圾邮件。根据大量的钓鱼欺诈案例,不难发现攻击者往往使用冒充合法机构或企业的欺骗性电子邮件、手机短信等,诱导用户点击伪造链接进入虚假网站或回复个人隐私信息,以达到窃取用户名、密码等凭证信息的目的,或者直接在PC上移植如浏览器中间者(Man-in-the-Browser,MitB)等恶意软件,采用系统拦截等技术手段直接窃取用户凭证信息或引诱用户进入伪造网站。

4. 病毒感染

计算机病毒是指一组专门编制或插入计算机程序的能够破坏计算机功能、数据,影响计算机使用并可自我复制的计算机指令。智研咨询发布的《2021~2027年中国网络安全行业市场发展前景及投资规模预测报告》显示:随着计算机的普及使用,病毒的种类和数量越来越多,计算机感染病毒的情况越来越普遍,2020年瑞星"云安全"系统共截获病毒样本总量1.48亿个,病毒感染次数3.52亿次,病毒总体数量比2019年同期上涨43.71%。其中,第一大种类病毒为木马病毒,新增7728万个,占总体数量的52.05%;蠕虫病毒排名第二,数量为2981万个,占总体数量的20.08%。且各种新型病毒及其变种迅速增加,进入电子商务使用的计算机后,凭借其传播性、隐蔽性、感染性、潜伏性、可激发性和破坏性等特征,严重危害了客户端的正常运行和信息安全,造成主机瘫痪和信息泄露。

5. 信息伪造

信息伪造是指不法分子在掌握了数据的结构后,可以任意篡改通过的信息,在没有进行严格身份识别的情况下,完全有可能假冒交易一方的身份实施诈骗,以窃取被假冒一方的交易成果、破坏被假冒一方的信誉。信息伪造通常有以下几种情况:第一,虚开网站和商店,给用户发送邮件,进行虚假交易;第二,窃取用户已成交的交易订单,伪造商家给用户发送邮件或短信等,骗取用户的隐私、账号、密码等凭证信息;第三,未经授权的第三方伪造另一个身份,给交易一方发送邮件或在信息传输过程中插入伪造信息流,干扰接受者的正常判断或窃取用户的个人、财务等凭证信息。对于一些没有识别能力的商家或用户,上述信息伪造问题很难被察觉,由此导致网络诈骗事件。

4.1.2 电子商务安全体系

1. 网络安全维度下电子商务安全体系构建

安全维度理论即从不同角度(维度)提出能够提升电子商务网络安全性策略的方法。对于电子商务而言,网络安全体系的构建可以从安全技术和管理方式两个维度进行。安全技术维度又包含多个维度,这些维度都是用户安全防护的技术手段,从而形成一个立体的多维安全技术防护网。管理方式维度又有四个维度,分别是电子商务网站维度、电子商务企业维度、电子商务环境维度和电子商务用户维度,这四个维度覆盖了电子商务领域。

2. 提升电子商务网络安全的对策

(1) 安全技术对策

电子商务安全防护技术越来越多,为防范电子商务交易风险,需要完善技术手段,具体如下:

① 用加密技术、安全认证、交易协议等保护交易信息的安全。要建立起一套完整的公开密钥基础设施(Public Key Infrastructure,PKI),结合国内外的先进技术,定期检查更换交易密钥。例如,数据加密标准(Data Encryption Standard,DES)定期在通信网络远端和目的端同时更换新的密钥,保证核心数据的安全性,进一步提升数据保密性。

对称加密算法应用于网络传输中的数据加密,发送数据时需要将密钥传输给接受者,第三方只需要截取相应的密钥就可以解密数据或者非法篡改,这种算法存在安全漏洞。非对称加密算法是庞大复杂的社会系统工程,较难实现。实际应用中把高速简便的DES和对密钥管理具有方便性和安全性的RSA结合使用,既可以提高加密、解密速度,又可以保证数据的安全。如PEM(保密增加邮件)就是将两者结合,形成的一种保密的E-mail通信标准。SET和SSL两种协议的加密算法的延伸,也要集两者之长,开发一种以PKI为基础的框架,融合SET和SSL长处的新的安全协议。采用第三方支付平台可以解决网上支付的安全问题。如网关型支付平台能为电子商务交易提供统一的支付平台和手续费用标准,结算方便;信用担保型支付平台能保护双方,尤其是买方的合法权益,以确保资金和货物的顺利对流,为交易提供保证,改造支付流程,保护交易资金的安全。

② 加强互联网络的安全性,防止信息泄漏。防火墙可以拦截对安全有危害的信息,因此利用防火墙能够提升局域网的运行速度,既能有效防止病毒或是木马入侵,又能提升网络的自我保护能力。利用防欺骗和MAC控制可以帮助管理员通过发现恶意流量来获取攻击源头,并采取相应的措施。利用防火墙后,病毒攻击需要突破防火墙,相当于增加了病毒突破的难度,因此网关防御的作用尤为重要。目前还流行CSG内容安全网关,这是一种新型的解决网关病毒攻击的手段,用于电子商务客户端能够为客户提供足够的防御保护。

③ 电子商务网站和企业内部的IT技术人员,要增强责任心,做好本职工作,要定期、及时地下载补丁,并扫描内部网络,出现问题时要及时进行整改。对于内部网络资源的访问也要加强防护,以防止病毒从内部入侵,可以采用口令认证的方式来限制和控制内部资源的访问;对于服务器中的数据要及时进行备份,以防止意外情况出现时造成数据丢失,产生不可挽回的后果。在管理上要加强和完善内部责任制,信任管理、授权管理等要明确责任,以追溯源头。对于电子商务所涉及的敏感数据要采取数据保护、身份认证等方式进行加密,防止客户信息泄露。

虽然我国当前的网络安全技术水平略落后于国外,但是我国政府正逐步加强对于网络安全技术的管理,鼓励企业加快对互联网安全技术的研发,争取早日开发出具有独立产权的安全技术产品,服务我国的互联网产业。

(2) 管理方式措施

① 政府层面。当前要想营造有利于电子商务发展的网络环境,仅靠电子商务交易各主体的自觉、自律和各自出台的规定是远远不够的,最行之有效的方法是完善我国电子商务法律体系,将网络安全纳入其中。法律所具有的权威性、强制性和导向性是任何

机制都无法比拟的。当前,我国电子商务的相关立法正在逐步完善,但是与网络安全相关的法律法规仍未出台。我国政府相关部门应当对涉及电子商务网络安全的内容,如原始文件、数据电文、签名、认证等进行立法规范,并对一些危害电子商务网络安全的行为进行严厉的惩罚。随着电子商务和信息技术的发展,只有建立起完整的电子商务法律体系,才能与电子商务发展相衔接。

② 电子商务平台和行业企业层面。第一,电子商务网站指的是京东商城、天猫商城、聚美优品、美团网等电子商务平台,对于此类电子商务网站来说,可以从如下方面进行改进:提高安全防范意识,对于网站中存在的漏洞或是易被攻击之处要采取技术手段加强其安全性,并且建立网络风险防范机制,在网络安全问题发生之时能够及时应对;重视基础设备的安全管理,由于一些电子商务网站流量大,因此相关的设备必须进行定期维护,以免出现因设备故障而导致的网站被攻击等情况;加大对技术维护的资金投入,网络安全防范离不开安全技术,因此电子商务网站应当吸纳更多的人才,建设自身的技术团队,以与各类黑客或不法分子抗衡。第二,开展电子商务业务的企业,主要需要从人员、管理两个方面做起。在人员方面,主要是防止内部人员实施破坏,如泄露用户隐私、内部数据等,要加强对内部人员的培训、教育,并完善企业内部的权限分配,建立完善的监督机制;在管理方面,要坚持诚信经营,不欺诈、不泄露客户信息,并把不发送可疑链接、在交易过程中提醒客户注意交易安全等细节融入日常的交易环节之中,建立起责任制,以便发生问题时能够及时追溯原因并进行改进。

③ 用户层面。对于电子商务用户来说,最重要的是要提升安全防范意识。这主要可以从如下七个方面做起:第一,设置安全性强的密码,尽可能地降低密码被盗的风险,可采用长密码、复杂密码等来增加密码安全性。第二,在进行网络购物时要根据网站的要求安装数字证书,保证购物环境的安全。第三,进行账户实名认证,经过实名认证的账户与用户本人的关联性提高,在遭遇异常情况时不法分子难以伪造用户本人盗取账户。第四,不随便点开链接,在与商家交谈过程中或是在使用电脑过程中不轻易点开来路不明的链接,以免遭到病毒、木马的攻击。第五,进行网络支付要开通多道防护,如动态口令、动态密码等。第六,绑定手机,及时发现账号异常并通过手机进行紧急挂失等处理,避免损失。第七,安装杀毒、防护软件等,提升系统安全性。

综上所述,虽然可以从两个维度来构建电子商务安全体系,能够一定程度地提升电子商务网站防范恶意攻击的能力和水平,但是在信息技术高速发展的今天,任何安全技术都不能长久地保证安全,各主体依然可能会遭到攻击。因此电子商务各主体只有不断提高防御水平,并且从多维度来进行安全防护,将管理手段与技术手段相结合,才能将风险控制在一定范围之内,让电子商务能够在安全的网络环境中发展。

4.1.3 电子商务安全控制要求

1. 机密性

电子商务作为贸易的一种手段,其信息直接代表着个人、企业或国家的商业机密。传统贸易都是通过邮寄封装的信件或通过可靠的通信渠道发送商业报文,从而达到保守机密的。电子商务建立在一个比较开放的网络环境中,维护商业机密是电子商务全面推广应用的重要保障,要预防非法的信息存取,防止信息在传输过程中被非法窃取。机密性一般通过密码技术对传输的信息进行加密处理来实现。

2. 完整性

电子商务简化了贸易的过程,减少了人为的干预,同时也带来了如何维护贸易各方商业信息完整、统一等问题。数据输入时的意外差错或欺诈行为,可能会导致贸易各方信息差异。此外,数据传输过程中的信息丢失、信息重复或信息传送的次序差异也会导致贸易各方信息的不同。贸易各方信息的完整性将影响贸易各方的交易和经营策略,保持贸易各方信息的完整性是电子商务应用的基础。因此,要预防对信息的随意生成、修改和删除,同时要防止数据传送过程中的信息丢失和重复并保证传送次序的统一。完整性一般可通过提取信息、消息摘要等方式来实现。

3. 认证性

由于网络电子商务交易系统的特殊性,企业或个人的交易通常都是在虚拟的网络环境中进行的,所以对个人或企业实体进行身份确认成为电子商务中很重要的一环。对个人或企业实体的身份进行鉴别,为身份的真实性提供保证,即交易双方能够在相互不见面的情况下确认对方的身份。这意味着当个人或企业实体声称具有某个特定的身份时,鉴别服务将提供一种方法来验证其声明的正确性,一般都通过电子商务认证授权机构和证书来实现的。

4. 不可抵赖性

电子商务直接关系到贸易双方的商业交易,如何确定要进行的贸易正是所期望的贸易,这一问题则是保证电子商务顺利进行的关键所在。在传统贸易中,贸易双方通过在交易合同、契约或贸易单据等书面文件上手写签名或盖章来确定合同、契约、单据的可靠性并预防抵赖行为的发生,这也就是人们常说的"白纸黑字"。在无纸化的电子商务方式下,通过手写签名和盖章进行鉴别已是不可能的,因此,要在交易信息的传输过程中为参与交易的个人、企业或国家提供可靠的标识。不可抵赖性可通过对发送的消息进行数字签名来实现。

5. 有效性

有效性指交易信息、数据在约定的交易期限内是有效的,是整个交易的重要基础和支撑。在传统贸易中,用纸质合同条文或单据来保证交易的有效性,并通过有效性为保密性提供了基本条件,而电子商务以电子形式取代了纸张等传统形式,由于互联网的跨时空性和无形性,使得电子化单据在传输过程中容易出现篡改等问题,失去了纸质单据的长期效力证明,因此保证电子形式贸易信息的有效性是开展电子商务的前提。

任务4.2 电子商务安全举措

4.2.1 电子商务安全管理

网络交易系统安全管理制度是用文字形式对各项安全要求所做的规定,它是保证企业网络营销取得成功的重要基础,是企业网络营销人员安全工作的规范和准则。企业在进行网络营销伊始,就应当形成一套完整的、适应于网络环境的安全管理制度。这些制度应当包括:人员管理制度、保密制度、跟踪审计稽核制度、网络系统的日常维护制度、病毒防范制度、计算机安全应急制度等。

1. 人员管理制度

参与网上交易的经营管理人员在很大程度上决定着企业的命运,他们担负着防范严重网络犯罪的任务。网络犯罪同一般犯罪不同,其具有智能性、隐蔽性、连续性、高效性等特点,因而加强对相关人员的管理十分重要。要加强人员管理,应做到:第一,对相关人员进行上岗培训。第二,落实工作责任制,对违反网上交易安全规定的行为应坚决进行打击,对相关人员要进行及时处理。第三,贯彻网上交易安全运作基本原则:双人负责原则,重要业务不要安排一个人单独管理,实行两人或多人相互制约的机制;任期有限原则,任何人不得长期担任与交易安全有关的职务;最小权限原则,明确规定只有网络管理员才可进行物理访问,只有网络管理人员才可进行软件安装工作。

2. 保密制度

网上交易时涉及企业的市场、生产、财务、供应等多方面的机密,必须实行严格的保密制度。保密制度需要很好地划分信息的安全级别,确定安全防范重点,并提出相应的保密措施。信息的安全级别一般可分为三级:绝密级,如公司战略计划、公司内部财务报表等,应只限于公司高层人员掌握;机密级,如公司的日常管理情况、会议通知等,应只限于公司中层以上人员使用;秘密级,如公司简介、新产品介绍及订货方式等,可以让消费者浏览,但必须有保护程序,防止黑客入侵。

3. 跟踪、审计、稽核制度

跟踪制度是要求企业建立网络交易系统日志机制,用来记录系统运行的全过程。系统日志文件是自动生成的,其内容包括操作日期、操作方式、登录次数、运行时间、交易内容等。它对系统的运行进行监督、维护分析、故障恢复,这对于防止网络交易相关案件的发生或在案件发生后为侦破工作提供数据起着非常重要的作用。

审计制度包括经常对系统日志进行检查、审核,及时发现对系统故意入侵行为的记录和对系统安全功能违反的记录,监控和捕捉各种安全事件,保存、维护和管理系统日志。

稽核制度是指工商管理、银行、税务人员利用计算机及网络系统,借助于稽核业务应用软件调阅、查询、审核、判断辖区内各电子商务参与单位业务经营活动的合理性、安全性,堵塞漏洞,保证网上交易安全,发出相应的警示或做出处理处罚的有关决定等一系列步骤及措施。

4. 网络系统的日常维护制度

对于企业的电子商务系统来说,企业网络系统的日常维护就是针对企业内联网的日常管理和维护,它是一项非常繁重的工作。对网络系统的日常维护主要可以从如下三个方面进行:

(1) 硬件的日常管理和维护

网管人员必须建立系统档案,其内容应包括:设备型号、生产厂家、配置参数、安装时间、安装地点、IP地址、上网目录和内容等。对于服务器和客户机,还应记录内存、硬盘容量和型号、终端型号及数量、多用户卡型号、操作系统名、数据库名等。这些内容可存于小型数据库,以方便查询和管理。对于网络设备,一般都有相应的网管软件,可以做到对网络拓扑结构的自动识别、显示和管理,以及网络系统结点配置与管理系统故障诊断等,还可以进行网络系统调优、负载平衡等;对于不可管设备,应通过手工操作来检查设备状态,做到定期检查和随机抽查相结合,以便及时准确地掌握网络的运行状况,一旦有故障发生能及时处理。

(2) 软件的日常维护和管理

支撑软件包括操作系统、数据库和开发工具等。应用软件的管理和维护主要是版本控制。设置一台安装服务器,当远程客户机软件需要更新时,可从网络上远程安装,注意选择网络负载较低时进行,以免影响网络的正常运行。

(3) 数据备份制度

每个系统都设置了若干角色,用户管理等任务就是添加或者删除用户和用户组号。如要添加一个用户,需先在客户机上添加用户并分配组号,然后在服务器数据库中添加用户并分配组号,最后分配该用户的访问权限。

5. 病毒防范制度

病毒防范是保证网上交易安全很重要的一个方面。如果网上信息及交易活动遭到病毒袭击,那么将阻碍和破坏网上交易的顺利开展,因此必须建立病毒防范措施,做到如下几点,使计算机始终处于良好的工作状态,从而保证网上交易的正常进行:

(1) 给电脑安装防病毒软件

防病毒软件主要有两种:一种是单机版防病毒软件;另一种是联机版防病毒软件。前者用于事后杀毒,当系统被病毒感染之后这种软件才能发挥作用,适合于个人用户;后者用于事前防范,其原理是在网络端口设置一个病毒过滤器,即事前在系统上安装一个防病毒的网络软件,它能够在病毒入侵系统时,将其挡在系统之外。安装防病毒软件后应定期安排升级,从而保证杀毒效果。

(2) 升级安全补丁

大多数网络病毒都寄生于计算机系统的安全漏洞之中,因此升级安全补丁是必不可少的,用户可以定期到相关杀毒软件官方网站下载最新的安全补丁,以预防病毒的传播。

(3) 养成良好的上网习惯

在电子商务交易过程中,不要打开来历不明的邮件或附件,不要随意使用不安全的光盘,不要浏览陌生的网站,不要轻易相信中奖信息或免费广告等网络陷阱,不要在因特网上下载未经杀毒的软件等,要及时升级计算机中各类软件,如社交、视频、音乐、购物、办公等各类应用,以保证计算机安全,对一些重要文件或资料要及时备份或存至移动硬盘,避免数据丢失。

(4) 关闭或删除操作系统中不需要的服务

许多计算机操作系统在默认情况下会开启一些如 FTP 客户端、Telnet 和 Web 服务器等辅助服务,它们对用户没有太大用处,却给攻击者提供了便利,删除这些服务,能减少病毒入侵的入口。

(5) 设置强度较高的密码

大多数网络病毒都是通过破解简易密码来攻击计算机系统的,采用复杂的密码,能有效提高计算机的安全系数。

(6) 了解病毒知识，提高防范意识

在日常上网中要注意积累计算机病毒的相关知识，防患于未然。例如，学习一些注册表或内存知识，定期查看计算机注册表中的自启动项是否有可疑键值，或查看内存中是否有可疑程序。

(7) 定期清理病毒

由于许多病毒都有一个潜伏期，因此有必要实行病毒定期清理制度，以清除处于潜伏期的病毒，防止病毒的突然爆发。

6. 计算机安全应急制度

在计算机灾难事件发生时，利用应急计划辅助软件和应急措施排除灾难和故障，可以保障计算机继续运行。灾难事件包括由自然灾害直接导致的系统不能运行，发电厂事故、信息服务商的问题导致的系统非正常运行，计算机本身所发生的数据丢失等灾难，其恢复工作包括硬件恢复和数据恢复等。一般来讲，数据的恢复更为重要，目前运用的数据恢复技术主要是瞬时复制技术、远程磁盘镜像技术和数据库恢复技术等。

(1) 瞬时复制技术

瞬时复制技术就是计算机在某一灾难时刻自动复制数据的技术。现有的一种瞬时复制技术是通过使用磁盘镜像技术来复制数据，它利用空白磁盘和每一个数据磁盘相连，将数据复制到空白磁盘。在复制进行过程中，为保证数据的一致性，使用数据的应用程序被暂时挂起；当复制完成时，瞬时复制磁盘与数据磁盘脱离连接，应用程序继续运行。瞬时复制的备份数据可以用来产生磁带备份或用作远程恢复结点的基本数据。目前，大部分系统厂商、存储设备供应商和软件开发商已利用这一技术开发了多种瞬时复制产品。

(2) 远程磁盘镜像技术

远程磁盘镜像技术主要依靠在远程备份中心提供主数据中心的磁盘镜像。这种技术最主要的优点是可以把数据中心磁盘中的数据复制到远程备份中心，而无须考虑数据在磁盘上是如何组织的。系统管理员仅需要确定哪些磁盘需要备份到远程备份中心，存储在这些磁盘上的数据会被自动地备份到远程备份中心，这对应用系统的安全非常有利。

(3) 数据库恢复技术

数据库恢复技术是用来产生和维护一份或多份数据库数据的复制和恢复技术。数据库复制技术为用户提供了更大的灵活性，数据库管理员可以准确地选择哪些数据可以被复制到哪些地方，对于那些在日常应用中经常使用大量联机数据的用户，可以选择少量最为关键的复制服务器，同时可以选择哪些数据被复制到哪些地方。数据库恢复技术提供了非常灵活的手段,可在灾难发生后恢复应用数据,但它还不是完整的解决方案,必须考虑其他方法作为补充。然而,数据库恢复技术不能复制非数据库格式的数据,一些应用系统的主要数据存储于数据库,但通常也使用大量的常规文件形式。对于一些非常重要的数据或从数据库生成的数据,用户通常存放在文件中,有些应用系统的数据不能转换成数据库数据,配置文件、批量控制文件、应用程序的镜像和其他的管理文件通常也不以数据库格式存储。所以,将数据库恢复技术与远程磁盘镜像技术配合使用,可获得更好的效果。

4.2.2 电子商务安全技术

1. 加密技术

(1) 加密的概念

数据加密的基本过程就是对原来为明文的文件或数据按某种算法进行处理,使其成为不可读的代码,通常称为密文,而且要做到只能在输入相应的密钥之后才能显示出原本的内容,通过这样的途径来达到保护数据不被非法窃取、阅读的目的。

一个加密系统的数学符号描述如下:

$S=\{P,C,K,E,D\}$

其中:P是明文,也就是原文,即需要加密的信息;C是密文,为P经过加密后产生的信息;K是密钥,为密码算法中的一个参数;E是加密算法;D是解密算法。

对每个密钥K,都有对应的EK和DK,并且$C=EK(P);P=DK(C);DK=EK-1$。

现代密码学的一个基本原则是:一切秘密应寓于密钥之中,即在设计加密系统时,总是假定密码算法是公开的,真正需要保密的是密钥。

(2) 现代密码体制

① 对称密码体制和非对称密码体制

根据密码算法使用的加密密钥和解密密钥是否相同,将密码体制分为对称和非对称两种类型。对称密码体制又称为秘密密码体制,其加密密钥和解密密钥相同或者一个可由另一个导出。常用的有DES、IDEA、AES等算法。DES算法属于分组加密算法,在20世纪70年代中期由美国IBM公司的一个密码算法发展而来。在这个加密系统中,每次加密或者解密的分组大小是64位,所以DES没有密文扩充问题。

其算法步骤具体如下:

第一步:将明文分组,每个分组输入64位的明文;

第二步:初始置换,初始置换过程与密钥无关,仅对64位码进行移位操作;

第三步:迭代过程,共16轮运算,这是一个与密钥有关的对分组进行加密的运算;

第四步:逆初始置换,它是初始置换的逆变换,这个变换过程也不需要密钥;

第五步:输出64位码的密文。

非对称密码体制称为公开密码体制,即加密密钥公开,解密密钥不公开。非对称密码体制适用于开放的使用环境,密钥管理相对简单,但工作效率低于对称密码体制。常用的有RSA、LUC、椭圆曲线等算法。

② 分组密码体制和序列密码体制

根据密码算法对明文信息的加密方式进行分类,如果密文仅与给定的密码算法和密钥有关,与被处理的明文数据段在整个明文或者密文中所处的位置无关,则称为分组密码体制。分组密码体制是将明文分为固定长度的组,如64位一组,用同一密钥和算法对每一组加密,输出也是固定长度的密文。如果密文不仅与给定的密码算法和密钥有关,同时也是被处理的明文数据段在整个明文或者密文中所处的位置的函数,则称为序列密码体制。序列密码的关键技术是伪随机序列产生器的设计。

③ 加密技术中的摘要函数

摘要是一种防止改动的方法,其中用到的函数叫摘要函数。这些函数的输入可以是任意大小的消息,而输出的则是一个固定长度的摘要。摘要有这样一个性质:只要改变了输入消息中的任何东西,即使只有一位,输出的摘要也会发生不可预测的改变,也就是说输入消息的每一位对输出摘要都有影响。数字签名可以用于防止从一个签名上获取文本信息或改变文本信息内容和进行身份认证。摘要算法的数字签名原理在很多加密算法中都被使用,如SO/KEY和PGP(Pretty Good Privacy),如图4.1所示。

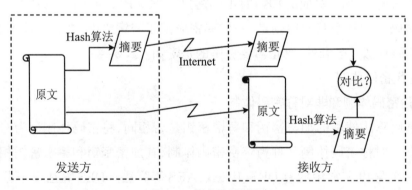

图4.1 信息摘要过程

2. 数字签名

(1) 数字签名的含义

对文件进行加密只解决了传送信息的保密问题,而如何防止他人对传输文件进行破坏以及如何确定发信方的身份还需要采取其他的手段,这种手段就是数字签名。在电子商务安全保密系统中,数字签名技术有着极其重要的地位,在电子商务安全服务中的源鉴别、完整性、不可否认性等服务中都用到了数字签名技术。在日常的社会生活和经济往来中,签名盖章和识别签名是一个重要的环节。数字签名和书面签名有相同之处,采用数字签名,能确认如下两点:一是信息是由签名者发送的,二是信息从签发后至收到为止未做过任何修改。因此,数字签名可用来防止电子信息因易被修改而被人作伪、冒用别人名义发送信息、发出(收到)信件后又加以否认等情况的发生。

联合国国际贸易法委员会通过的《电子商务示范法》第7条的规定给电子签名一个非形式化的定义:数字签名是指在数据电文中,以电子形式所含、所附或在逻辑上与数据电文有联系的数据,和与数据电文有关的任何方法,它可用于数据电文有关的签字持有人和表明此人认可数据电文所含信息。

(2) 数字签名使用原理

安全的数字签名使接收方可以确认文件确实来自声称的发送方。鉴于签名私钥只有发送方自己保存,他人无法做一样的数字签名,因此不能否认他参与了交易。

数字签名使用的是发送方的密钥对,发送方用自己的私有密钥进行加密,接收方用发送方的公开密钥进行解密。这是一对多的关系,任何拥有发送方公开密钥的人都可以验证数字签名的正确性。在实际应用过程中,通常一个用户拥有两个密钥对,一个密钥对用来对数字签名进行加密解密,一个密钥对用来对私有密钥进行加密解密,如图4.2所示。

下面介绍利用哈希(Hash)算法进行数字签名和验证的文件传输过程。

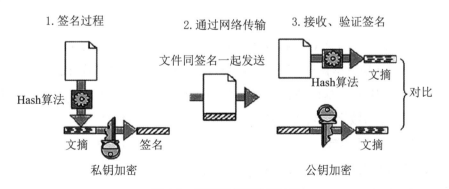

图4.2 数字签名和验证过程

① 发送方用哈希算法将需要传送的文件转换成报文摘要。
② 发送方采用自己的私有密钥对报文摘要进行加密,形成数字签名。
③ 发送方把加密后的数字签名附加在要发送的报文后面,传递给接收方。
④ 接收方使用发送方的公开密钥对数字签名进行解密,得到发送方形成的报文摘要。
⑤ 接收方用哈希算法将接收到的报文转换成报文摘要,与发送方形成的报文摘要相比较,若相同,则说明文件在传输过程中没有被破坏。

3. 认证技术

网上交易的买卖双方在进行每一笔交易时,都要鉴别对方是否是可信的。例如,甲方收到了带有乙方数字签名的一封信,用属于乙方的公开密钥解密,他要确定公开密钥属于乙方,而不是在网上冒充乙方的其他人。一种确定公开密钥属于乙方的办法就是通过秘密途径接收由乙方亲自送来的公开密钥(Public Key),这种办法在实际的交易中显然是不现实的。如果交易的甲乙双方通过网络获取各自的公开密钥(这种办法是可行的),他们则需要对这些密钥进行验证。甲方不能简单地向乙方询问其公开密钥,因为在网络上可能存在第三者截获甲方的请求,并发送它自己的公共密钥,借以阅读甲方传送给乙方的所有消息。因此,需要一个第三方来验证公开密钥确实是属于乙方的,这样的第三方被称为认证机构(Certificate Authority,CA)。通过认证机构来认证买卖双方的身份,是保证网络交易安全的重要措施。

(1) 数字证书

数字证书是互联网信息传输中标志各方身份的一系列数据,提供了一种在因特网上识别参与者身份的技术手段。根据《电子签字示范法》第1条,证书指可证实签字人与签字生成数据有联系的某一数据电文或其他记录。数字证书作为网上交易双方真实身份证明的依据,是一个由权威机构——CA发行的,其作用类似于司机的驾驶执照或日常生活中的身份证,最简单的证书包含一个公开密钥、名称以及证书授权中心的数字签名。

基于公开密钥基础设施(Public Key Infrastructure,PKI)的数字证书是电子商务安全体系的核心,PKI是指遵循标准的公钥加密技术,为电子商务开展提供一整套网络信息安全技术设施与服务的基础平台,由可信任的、公正的权威机构CA颁发,能够为所有网络应用提供加密和数字签名等密码服务及所必需的密钥和证书管理体系。CA对申请者所提供的信息进行验证,然后通过向电子商务各参与方签发数字证书来确认各方的身份,以保证网上支付的安全性。数字证书按照不同的分类有多种形式,如个人数字证书和单位数字证书,SSL数字证书和SET数字证书等。数字证书主要由两部分组成:

申请证书主体的信息和发行证书的CA签名,如图4.3所示。

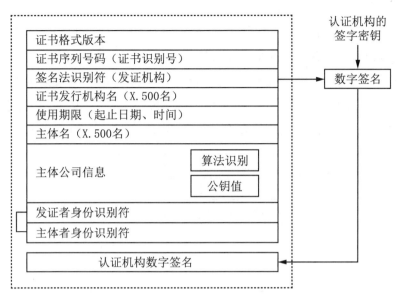

图4.3 数字证书的组成部分

证书数据包含版本信息、证书序列号、CA所使用的签名算法、发行证书CA的名称、证书的有效期限、证书主体名称、被证明的公钥信息。发行证书的CA签名包括CA签名和用来生成数字签名等算法。

（2）认证机构

认证机构在电子商务中具有特殊的地位。CA是提供身份验证的第三方机构,由一个或多个用户信任的组织实体构成。例如,为了与商家通信,持卡人从公开媒体上获得了商家的公开密钥,但持卡人无法确定商家不是冒充的(是有信誉的),于是持卡人请求CA对商家认证,CA对商家进行调查、验证和鉴别后,将包含商家公开密钥的证书传给持卡人。同样,商家也可对持卡人进行验证,如图4.4所示。

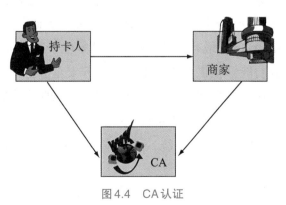

图4.4 CA认证

CA的功能主要有：接收注册请求，处理、批准/拒绝请求，颁发证书等。

(3) 电子商务的CA认证体系

电子商务的CA认证体系包括两大部分，即符合SET标准的SET CA认证体系(又叫金融CA体系)和基于X.509的PKI CA体系(又叫非金融CA体系)。

① SET CA体系。1997年2月19日，由MasterCard和VISA发起成立的SETCo公司，被授权作为SET根认证中心(Root CA)。从SET协议中可以看出，由于采用公开密钥加密算法，CA就成为整个系统的安全核心。SET中CA的层次结构如图4.5所示。

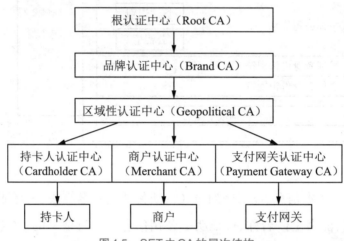

图4.5　SET中CA的层次结构

在SET中，CA所颁发的数字证书主要有持卡人证书、商户证书和支付网关证书。在证书中，利用X.509识别名来确定SET交易中所涉及的各参与方。SET CA是一套严密的认证体系，可保证B2C类型的电子商务交易安全顺利地进行。但SET认证结构适应于卡基支付，对其他支付方式是有所限制的。

② PKI CA体系。PKI(Public Key Infrastructure，公开密钥基础设施)是提供公开密钥加密和数字签名服务的安全基础平台，目的是管理密钥和证书。PKI是创建、颁发、管理、撤销公开密钥证书所涉及的所有软件、硬件的集合体，它将公开密钥技术、数字证书、证书发放机构和安全策略等安全措施整合起来，成为目前公认的在大型开放网络环境下解决信息安全问题最可行、最有效的方法。PKI是电子商务安全保障的重要基础设施之一，它具有多种功能，能够提供全方位的电子商务安全服务。

一个典型的PKI应用系统主要包括五个部分：密钥管理子系统(密钥管理中心)、证书受理子系统(注册系统)、证书签发子系统(签发系统)、证书发布子系统(证书发布系统)、目录服务子系统(证书查询验证系统)。PKI体系的构成如图4.6所示。

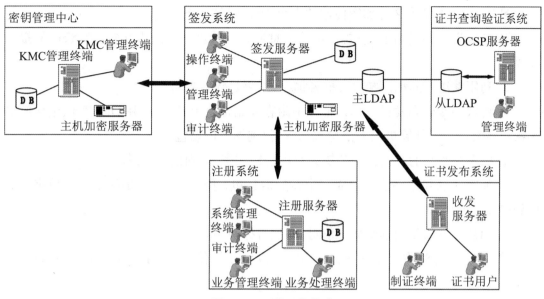

图4.6 PKI体系的构成

（4）证书的树形验证结构

在两方通信时，通过出示由某个CA签发的证书来证明自己的身份，如果对签发证书的CA本身不信任，则可验证CA的身份，依次类推，一直到公认的权威CA处，从而确信证书的有效性。SET证书正是通过信任层次来逐级验证的。每一个证书与数字化签发证书的实体的签名证书关联。沿着信任树一直到一个公认的信任组织，就可确认该证书是否有效。例如，C的证书是由名称为B的CA签发的，而B的证书又是由名称为A的CA签发的，A是权威机构，通常称为根认证中心（Root CA）。验证到了Root CA处，就可确认C的证书是否合法，如图4.7所示。

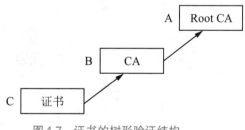

图4.7 证书的树形验证结构

在网上购物中，持卡人的证书与发卡机构的证书关联，而发卡机构证书通过不同品牌卡的证书连接到Root CA，而Root CA的公共密钥对所有的SET软件都是已知的，因此可以校验每一个证书。

（5）带有数字签名和数字证书的加密系统

安全电子商务使用的文件传输系统大都带有数字签名和数字证书。

图4.8显示了整个文件加密传输的十个步骤,具体如下:

① 在发送方的网站上,将要传送的信息通过哈希算法变换为预先设定长度的报文摘要。

② 利用发送方的私钥给报文摘要加密,结果是数字签名。

③ 将数字签名和发送方的认证证书附在原始信息上打包,使用DES算法生成的对称密钥在发送方的计算机上为信息包加密,得到加密信息包。

④ 用预先收到的接收方的公钥为对称密钥加密,得到数字信封。

⑤ 加密信息和数字信封合成一个新的信息包,通过互联网将加密信息和数字信封传到接收方的计算机上。

⑥ 用接收方的私钥解密数字信封,得到对称密钥。

⑦ 用还原的对称密钥解密加密信息,得到原始信息、数字签名和发送方的认证证书。

⑧ 用发送方公钥(置于发送方的认证证书中)解密数字签名,得到报文摘要。

⑨ 将收到的原始信息通过哈希算法变换为报文摘要。

⑩ 将第⑧步和第⑨步得到的信息摘要加以比较,以确认信息的完整性。

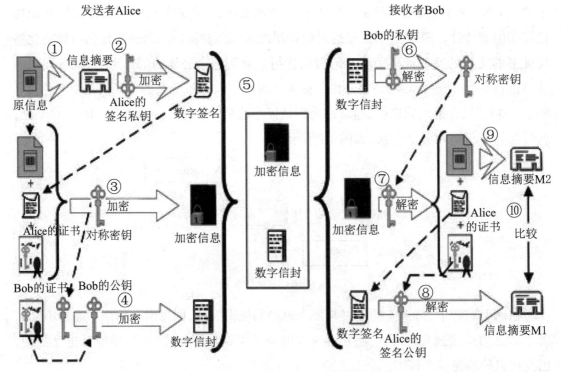

图4.8 带有数字签名和数字证书的加密系统

4. 入侵检测技术

网络给人们的工作、学习、出行、购物等日常生活带来了极大的便利,但由于网络自身的漏洞和网民安全意识的缺乏,使得垃圾邮件发送、木马篡改数据、DDoS攻击等非法入侵行为层出不穷,网络安全问题日益突出。入侵检测技术作为开启防火墙后的第二道防线,是一项重要的动态安全防护技术,能够有效地弥补传统的防火墙、数字加密、身份认证等安全技术的不足,已被广泛地应用于企业和政府之中,成为抵御网络入侵的重要方法。

入侵检测系统主要由计算机硬件和入侵检测软件两大部分构成,能够识别非法使用计算机和网络资源的意图、违反安全策略的行为和被攻击对象的行为,并采取有效的干预措施,以阻止非法入侵的发生。在实际应用过程中,入侵检测技术能够快速识别某种行为是否已得到用户授权,进而判断计算机系统是否会受到外部威胁,对于未授权或其他非法行为会立即进行监测和报告,为用户构筑一道安全屏障,便于用户放心地使用网络资源。其技术原理如图4.9所示。

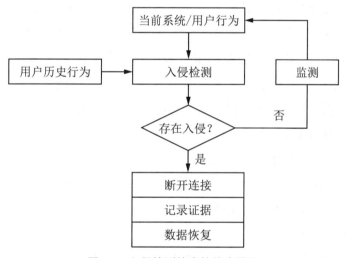

图4.9 入侵检测技术的技术原理

入侵检测技术的检测对象主要包括异常入侵与误用入侵,为准确识别异常入侵与误用入侵,检测系统需明确异常行为的判断依据,能够有效区分正常行为与异常行为。在异常入侵检测模型中,系统首先为对象的正常行为创立行为轮廓,当出现明显的异常行为时,监测系统即将其判定为入侵行为。该检测模型能够快速准确地预测出计算机可能遭受的攻击,但在确定异常基准值、建立正常行为轮廓等方面存在较大难度,从而导致了较高的误报率。在误用入侵检测模型中,系统会明确一些规则,将所有的入侵表达为模式或特征,若系统在判定数据时发现了这些被定义好的模式,则将其视为入侵。

该模型的优势在于高效准确地表示和识别入侵的特征以区分入侵行为和正常行为,误报率较低,但其明显的劣势在于只能够发现已有的攻击,而无法检测到未知的攻击,对系统的实时更新和特征数据库的维护较慢。由于异常检测和误用检测各自具有不同的优点和缺点,在实际应用过程中常将这两种检测技术联合使用,以提高检测的效率和准确率。

4.2.3 电子商务安全协议

电子商务的安全机制在逐渐走向成熟,为了保证电子交易安全进行,国际上逐渐形成了一些交易规范和标准。其中,安全套接层(Secure Sockets Layer,SSL)协议和安全电子交易(Secure Electronic Transaction,SET)协议是安全交易体系中具有代表性的两种交易规范,具体如下。

1. SET 安全协议

SET 安全协议是由 MasterCard 和 VISA 两个国际信用卡组织与技术合作伙伴 Microsoft、VeriSign、GTE、IBM、Terisa System、Netscape、SAIC 等一批跨国公司共同开发的。它是一种应用于互联网并以信用卡为基础的电子支付系统协议,采用 PKI 公开密钥体制和 X.509 数字证书标准。它主要应用于 B2C 电子商务模式,目的是解决用户、商家和银行之间通过信用卡进行支付的交易问题。SET 协议是目前公认的用借记卡或信用卡进行网上支付的国际安全交易标准。

(1) SET 协议的工作目标

SET 协议可以保证交易信息在传输过程中具有保密性和完整性,在接收到信息后,可以验证信息的真实性和不可否认性。

(2) SET 协议的优缺点

① 优点:SET 协议为顾客提供更好的安全保护,为商家提供保护自己的手段。

② 缺点:必须安装软件、发放证书,比 SSL 昂贵得多。

2. SSL 安全协议

SSL 安全协议是由 Netscape 于 1994 年年底首先推出的,其主要目的是解决互联网上信息传输的安全性问题。它可以使客户机/服务器应用之间的通信不被窃听,并始终对服务器进行认证,同时还可以选择对客户进行认证。SSL 协议处于 TCP/IP 协议与各种应用层协议之间,它属于传输层的安全机制,能够对 TCP/IP 以上的网络应用协议传输起到保护作用。SSL 被广泛应用于电子商务的网上购物中。

(1) SSL 协议的工作原理

当用户使用浏览器浏览网页时,浏览器可以利用 HTTP 协议与 Web 服务器进行对话。也就是说,SSL 是采用 TCP 作为传输协议来为信息的传输和接收提供保险的。

(2) SSL 协议的优缺点

① 优点:支持多种加密算法,实现过程简单、方便。

② 缺点:只能建立两点之间的安全连线。

4.2.4 常见电子商务安全应用软件

1. 杀毒软件

杀毒软件也称反病毒软件或防毒软件,适用于清除电脑病毒、特洛伊木马和恶意软件等。杀毒软件通常集成监控识别、病毒扫描和清除、自动升级等功能,有的杀毒软件还带有数据恢复等功能,是计算机防御系统的重要组成部分之一。

目前,常见的杀毒软件主要有 360 杀毒软件、腾讯电脑管家等。

(1) 360 杀毒软件

360 杀毒软件具有全能扫描功能及新增的专业级安全防护中心,能够实时监控系统中的文件访问情况,防止病毒入侵;可对系统中的文件进行扫描并查杀病毒;可实时保护用户计算机,会自行升级到最新的病毒库及程序,也可以手动进行升级(见图 4.10)。

图 4.10 360 杀毒软件

360杀毒软件主要提供四种病毒扫描方式：快速扫描、全盘扫描、指定位置扫描及右键扫描。用户可根据需要选择不同的查杀方式对电脑中的文件进行扫描：快速扫描方式会扫描自启动的程序、用户桌面文件、Windows系统目录及Program Files目录；全盘扫描方式除扫描引导区、内存外，还会扫描所有的磁盘文件；指定位置扫描则仅扫描用户指定的目录或文件；右键扫描方式已经集成到Windows右键菜单中，当用户在文件或目录上点击鼠标右键时，可以选择"使用360杀毒扫描"对选中的文件或目录进行扫描。其中，快速扫描和全盘扫描两个板块均集成了上网加速、磁盘空间不足、建议禁止启动项、黑DNS等扩展扫描功能；在新增的安全防护中心界面，用户可实时查看防护数据，且所有防护组件的状态也一目了然。

360杀毒软件包含六层入口防御：商务安全防护、聊天安全防护、下载安全防护、U盘安全防护、黑客入侵防护、局域网防护（ARP）；两层隔离防御：隔离看片、隔离运行风险文件；4层系统防御：文件系统防护、驱动防护、进程防护、注册表防护。同时，360开发了针对网上支付的网购保镖，以及专门用于清理软件弹窗、浏览器弹窗、网页游戏等网络广告的超强广告拦截功能。

（2）腾讯电脑管家

腾讯电脑管家是腾讯公司旗下一款获得国际权威认证的主动防御型智能杀毒软件，能够深入驱动层，从底层保护计算机安全，同时严控应用接入和网络接入两大病毒入口，从源头堵截病毒入侵，其拥有实时防护、病毒木马云查杀、账号保护、漏洞修复及清理加速等全方位的安全管理模块系统界面，如图4.11所示。

图4.11　腾讯电脑管家

为彻底查杀顽固病毒,腾讯电脑管家推出了系统急救箱功能,通过联合强力查杀驱动和内建独立的微操作系统,对电脑进行全方位深度扫描,月均处理风险数达40万次,月均帮助超过20万用户解除安全风险,同时对顽固病毒进行隔离查杀,有效防止病毒反复感染,目前可彻底查杀的病毒包括"幽灵巴士""独狼2""双枪2""血狐"等最新Rootkit、Bootkit病毒。为有效保护本地用户文档安全,腾讯电脑管家推出了勒索病毒防御功能,利用分布式蜜罐及云主防,第一时间发现威胁,并提供全面立体七层防御,预防文件被篡改,现支持104种勒索病毒解密和文档动态备份,即使遭遇勒索病毒加密,也可随时通过备份文档对加密文件进行还原。

2. 个人防火墙

(1) Windows防火墙

Windows防火墙是Windows操作系统自带的一款防火墙,是一个基于主机的状态防火墙,它会断开非请求的传入通信。Windows防火墙针对依靠非请求传入通信攻击网络计算机的恶意用户和程序具有一定的保护作用。

通过"开始"→"程序"→"附件"→"系统工具"→"安全中心",即可打开Windows安全中心,单击右下的"Windows防火墙",会出现对话框,该对话框包括"常规""例外""高级"三个选项卡。

(2) 360安全防火墙

360安全防火墙在用户电脑与互联网进行通信时建立起一道安全屏障,其双向、立体和多层次的防护可以让用户免受各类网络安全隐患和攻击的影响。它独特的云安全技术让防火墙的监控即高效又精准,可以在第一时间发现和阻止用户电脑中有异常的程序访问网络。

360安全防火墙具有保护用户电脑的系统信息安全、智能防御木马、抵御各类网络攻击等多项功能,用户可以在此产品中自主地进行各项选择,360安全防火墙也会根据用户的选择将所产生的实时防护报告通过统计数据清晰地展现在用户面前,让用户对自己电脑当前的防护情况、所处的网络状态有足够清晰的了解。

(3) 天网防火墙

天网防火墙启动后,一般情况下使用默认设置就可以满足基本的安全需求,但有时需要对防火墙进行一些设置,以让某些特定的病毒无法入侵。比如,因为冲击波病毒是利用Windows系统的已经开放的69、135、139、445、4444端口入侵系统的,所以若要防范该病毒,就要封住以上端口。

(4) 瑞星个人防火墙

瑞星个人防火墙以变频杀毒引擎为核心,采用未知木马识别反网络钓鱼、多账号管理、上网保护、模块检查、可疑文件定位、网络可信区域设置、IP攻击追踪等技术,能够快速拦截钓鱼网站、网页木马、网络入侵和恶意下载等安全风险。在保护计算机安全的同时,大大降低了资源占用率,让计算机更轻便,并优化了网络性能,以提升软件使用体验,系统界面如图4.12所示。

针对互联网上大量出现的新型恶意病毒、挂马网站和钓鱼网站等,瑞星个人防火墙推出了"智能云安全"系统,可自动收集、分析、处理,阻截木马攻击、黑客入侵及网络诈骗,为用户上网提供智能化的安全解决方案,同时开发了独有的"智能反钓鱼"功能,利用网址识别和网页行为分析等手段,能够有效拦截恶意钓鱼网站,保护用户个人隐私信息、网上银行账号密码和网络支付账号密码安全。

图4.12　瑞星个人防火墙

4.2.5　网上购物注意事项

我们必须注意到,在网络购物带给我们方便快捷的同时,也带来了不少麻烦,其中一个最大的麻烦就是网购诈骗。预防网购诈骗应从技术上和心理上进行预防,具体如下。

1. 从技术上预防

(1) 选择知名的购物网站更有保障

知名的购物网站包括淘宝、京东、当当、凡客诚品等,当然并不是说这些网站就没有问题,只是说至少在诚信方面问题不大。对于一些网站上出售的商品价格低得离谱的情况,要提高警惕。

(2) 分清网站是否为钓鱼网站

银行升级短信、网购时误入钓鱼网站导致信用卡被盗刷的事情屡屡发生,牵动着无数信用卡持卡人的神经。不少商业银行为了保证客户的用卡安全,设置了多种保障方式,但盗刷事件依旧防不胜防。

(3) 在自己的电脑中进行购物

应尽量避免在网吧等公共场所的电脑上操作;在业务办理完成或中途离开时要及时退出网络银行并清除相关资料。如果发现在可疑网页中输入了账户信息,应立即采取通过网络银行客服热线、营业网点或者网上银行修改密码或冻结银行卡等紧急措施,以将损失降到最低。

(4) 及时核对账单并使用安全电脑支付

可以通过核对账单及时发现异常交易;为电脑安装防火墙和杀毒软件;开启实时保护功能和定期更新杀毒软件等,可以有效防止电脑受到恶意攻击或被木马程序套取支付密码。

2. 从心理上预防

(1) 不要贪图便宜

很多人在网上购物图的就是便宜。比如,市面上要2000元,而网上就只要七八百元甚至四五百元的商品,建议谨慎购买。

(2) 识别商家

识别网上商城是否是正规商家,是否有工商部门颁发的营业执照,是否通过大型购物平台认证并向其缴纳保证金等。当然,在淘宝等C2C平台上也有非常多的诚信卖家,在选购商品时,请注意查看店铺的好评率、商品评价、店铺经营时间等。

(3) 选购商品

考量宝贝的销售量,销售量大则说明商品深受顾客喜爱,质量各方面也都有保证;看评价,评价大多都是好评则说明东西真的不错,值得放心购买;另外,下单前要先跟卖家沟通好,以免造成不必要的麻烦。尤其要注意的是,应查看店主的信用记录和店主是否盗用其他店铺的图片等。

(4) 支付

选择货到付款或第三方支付平台支付。使用信用卡和借记卡在线购物不但方便,而且很安全,因为通过它们进行的交易受有关法律的保护,用户可以对支付问题提出质疑,并在质疑得到解决之前拒绝付款。

(5) 收货

收到货物后,应尽快、仔细检查货物有无质量问题,特别是某些部件、功能的完好性,应尽早发现,以免超过保修期或者保质期。

4.2.6 网上购物安全工具

随着信息技术和电子商务的发展,网上购物的安全工具不断涌现,下面主要介绍三种常用的工具,具体如下。

1. 口令卡

口令卡是电子银行所提供的支付密码安全工具,是保护客户资金不受损失而设置的一道防线。客户只要保管好手中的口令卡,就不会有资金损失,即使客户不慎外泄了登录卡号和登录密码,只要保管好手中的口令卡,使登录卡号、登录密码、口令卡不被同一个人获取,就能够保证资金的安全。目前,不同银行采用的口令卡不一。中国工商银行、中国农业银行、中国建设银行等使用的是坐标式卡片,客户在使用电子银行支付时,电子银行系统会随机给出一组口令卡坐标,客户根据坐标位置查出随机支付密码后正确输入,才能完成支付。如中国银行使用的是电子口令卡,客户在使用电子银行支付时,必须输入电子口令卡上所显示的数字才能完成支付。

2. U盾

U盾是电子银行推出的客户证书USBkey,是为用户提供的办理网上银行业务的高级别安全工具。U盾是用于网上银行电子签名和数字认证的工具,它内置微型智能卡处理器,采用1024位非对称密钥算法对网上数据进行加密、解密和数字签名,确保网上交易的保密性、真实性、完整性和不可否认性。从安全性上讲,U盾的安全性更高。

3. 安全控件

在第一次登录电子银行时,用户应在网上银行登录页面下载并安装网上银行安全控件,不要到其他任何来历不明的网站上下载控件。安全控件将引导用户完成整个证书驱动、控件以及系统补丁的安装等。

【微思考】 近几年,不少APP以提供个性化服务为由,基于算法为用户提供精准推送。市场也很认可这种商业模式,许多平台实现了"精准收割"。但个性化背后意味着APP对用户个人信息的大规模搜集,在对流量的追逐中,极少有APP提供算法关闭设置。直到2022年1月,《互联网信息服务算法推荐管理规定》出台,明确算法推荐服务提供者应当以显著方式告知用户其提供算法推荐服务的情况;向用户提供不针对其个人特征的选项,或者向用户提供便捷的关闭算法推荐服务的选项。该规定自3月1日起施行。除了一键关闭"个性化推荐"可以预防信息泄露,手机上网安全还有哪些其他防范措施?

小习题

一、判断题

1. 保证电子商务交易的安全,也是网络安全主要涉及的领域。( )

2. 由MasterCard和Visa联合开发的一种被称为SSL的标准,为网上信息及资金的安全流通提供了充分的保障。( )

3. 计算机病毒和危害社会公共安全的其他要害数据要由公安部归口管理。( )

4. 防火墙是一种计算机硬件和软件的结合,使互联网与内部网之间建立起一个安全网关,从而保护内部网免受非法用户的侵入。( )

5. SSL安全协议的功能包括:维护数据的完整性,确保数据在传输过程中不被更改;能绝对安全地传递数据;加密数据以隐藏被传递的数据;认证用户和服务器。( )

二、单选题

1. 电子商务安全性不包括( )。
   A. 机密性　　　　B. 透明性　　　　C. 认证性　　　　D. 不可否认性

2. ARPAnet网络成功的最主要原因是其采用后来被称为互联网通用语言的( )。
   A. 安全套接层(SSL)协议　　　　　　B. CCITT X.509国际标准化协议
   C. TCP/IP标准网络协议　　　　　　D. 安全电子交易协议

3. ( )就是保护信息财富,使之免遭偶发或有意的非授权泄露、修改、破坏或处理能力的丧失。
   A. 网络安全　　　　　　　　　　　B. 信息安全
   C. 计算机安全　　　　　　　　　　D. 密码安全

4. （　　）就是承担网上安全电子交易认证服务,能签发数字证书、并能确认用户身份的服务机构。

  A. ISP   B. 认证中心   C. ICP   D. 第三方物流

5. 在线营销是企业营销实践与现代信息通信技术、计算机网络技术相结合的产物,是指企业以（　　）为基础,以计算机网络为媒介和手段而进行的各种营销活动的总称。

  A. 报文生成技术   B. 电子信息技术

  C. 网络安全技术   D. 应用集成技术

三、多选题

1. 电子商务安全的内容,包括电子商务系统的（　　）。

  A. 软件安全   B. 硬件安全

  C. 运行安全   D. 电子商务安全立法

2. 现存的端到端安全电子邮件技术进行加密和签名的部分不包括（　　）。

  A. 信封   B. 信头   C. 信体   D. 信宿

3. 计算机信息系统安全专用产品是用来保护计算机信息系统安全的专用的硬件和软件产品,比如（　　）。

  A. 网络防火墙   B. IC卡

  C. 指纹识别装置   D. 防病毒软件

4. OSI制定的标准安全服务包括（　　）等方面。

  A. 数据保密服务   B. 数据完整性服务

  C. 交易对象认证服务   D. 访问控制服务

5. 目前主要利用（　　）实现电子邮件在传输过程中的安全。

  A. SSL SMTP和SSL POP   B. PGP

  C. VPN或者其他的IP通道技术   D. S/MIME

抖音推电子面单完善电商生态,数据安全成平台竞争力

日前,多家头部电商平台发布公告,对订单中涉及的个人敏感数据进行加密或脱敏处理。基于用户信息脱敏,抖音同步推出自有电子面单。电商平台在逐步收紧用户数据应用权限的同时,也透露出通过加强数据管控来驱动发展的野心。水能载舟,亦能覆

舟,更多的数据也将带来更重的安全监管责任。在强敌环伺的电商乃至直播电商等领域,未来哪一个平台更安全,或许也将成为一项强有力的竞争力。

抖音完善电商生态

电商平台逐步收紧用户数据应用权限的同时,也释放出对数据管控以更好促进发展的野心。基于消费者隐私信息加密的背景,抖音8月初还发布通知,提出加密后会影响订单发货电子面单的打印,为继续满足配送流程,将提供自有电子面单去对接各家快递公司。这也意味着,抖音店铺不再使用菜鸟、拼多多等电子面单进行预约取单号和打印快递单,抖音将数据掌握在了自己的手中。推行加密后的自有电子面单,是否为抖音电商加强消费者隐私保护的必要之举?中国交通运输协会快运分会副会长徐勇向21世纪经济报道记者表示认同,"抖音作为一个电商平台的提供商,提供信息流、交易的资金流和快递的物流,有责任与义务维护消费者和商家的合法权益,承担相应的连带责任。"不过,在贯铄企业CEO、上海交通委邮政快递专委会副主任赵小敏看来,抖音此举更大程度的目的在于,完善电商生态,增强自身对数据的管控,包括客户黏性等,希望通过基于数据的算法来解决整个供应链的问题。

当平台规模达到一定体量后,如果技术和服务都依赖于外部提供者,无法掌控核心数据,竞争优势堪忧。在一家电商平台做大做强之后,掌控电子面单已成发展趋势。菜鸟电子面单诞生于2014年,随后京东推出无界面单,拼多多的电子面单则在2019年3月正式上线。围绕电商,字节跳动正在打造一个与之适配的物流底座。抖音电商通过掌握各链条上的数据,进一步拓展更大的商业版图。数据正驱动平台企业发展。

数据安全要求在提高

获益并非一劳永逸,越对数据依赖,则数据一旦发生问题,风险将难以可控。监管对平台的数据安全监管责任也进一步加重。中国信通院的相关报告指出,隐私设计理论(Privacy by Design)近年来获得国内外各界的认同,企业在系统设计阶段考虑用户个人信息保护问题,将需求通过设计嵌入系统之中,成为制定产品服务和商业实践的前提规则。增强数据使用透明度、提升用户控制力、遵循数据最小化收集均是隐私设计理论的重要实践。

"对消费者信息加密,平台需要更多进行技术上的准备,合规成本将提高。之前按照行业惯例,为了让消费者正常收货,是需要让商家获得消费者收货信息的,现在正在探索对消费者信息脱敏处理。这需要一定技术和产业链上下游协同配合。"电商平台爱库存方面向《21世纪经济报道》记者表示,为完善监管,平台已从数据安全生命周期角度制定数据收集、使用、传输、对外提供的管理制度,同时在数据安全技术防护层面,将采取控制云上业务系统的敏感数据访问并开启安全审核、对内部敏感数据使用加密工具进行存储加密等措施。

从市场角度而言,电商乃至直播电商等领域,已是强敌环伺。消费者、商家、服务商们都有更多的选择空间。而面对强监管,未来哪一个平台更安全,或许也将成为一项强有力的竞争力。

(资料来源:张雅婷.抖音推电子面单完善电商生态,数据安全成平台竞争[EB/OL].(2021-08-13). https://www.163.com/dy/article/GHAADKNB05199NPP.html.)

问题:
1. 电子商务平台保护信息安全的必要性体现在哪些方面?
2. 电商平台的安全性如何成为平台自身的竞争力?

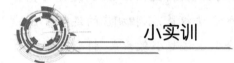

电子商务系统安全体验。

一、实训目的

了解电子商务系统安全的具体内容,对计算机病毒有清晰的认识。

二、实训内容

1. 请结合个人实际经历,探讨现阶段电子商务系统存在哪些安全问题,总结产生的原因,并提出改进的优化措施。
2. 病毒入侵是破坏电子交易安全性的一大原因,利用因特网查找最近的病毒流行排行,列举一种计算机病毒并且举例说明它的攻击过程。
3. 针对手机和PC端网络运营环境,列举如何预防电子商务信息安全隐患?

三、实训要求

请把相关内容制作成PPT并进行汇报。

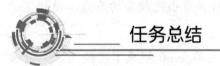

本模块主要阐述了信息泄露、网络钓鱼、网络病毒等常见的电子商务安全性风险,以及技术、管理两方面的安全对策,并对电子商务五项安全控制要求即机密性、完整性、认证性、不可抵赖性、有效性进行了归纳总结,重点分析了几种典型的电子商务安全技术与安全协议,以及杀毒软件、个人防火墙等常用的电子商务安全软件,帮助学生建立

由浅入深、由一般到特殊、由抽象到具体的较为完整的电子商务安全知识体系,在此基础之上,通过介绍网购的一般注意事项和安全工具,培养学生的网络安全意识和良好的上网习惯。通过这部分的学习与实训,让学生在自主、合作、探究中认识到网络安全对电子商务健康发展的重要性,达到快速掌握知识要点、有效应用专业知识和强化操作技能的要求。

参考文献

[1] 相成久.电子商务应用与运营[M].2版.北京:中国人民大学出版社,2015.

[2] 于巧娥,王林毅.电子商务基础与实务[M].2版.北京:中国人民大学出版社,2015.

[3] 朱孝立,罗荷香.新编电子商务教程[M].2版.合肥:中国科学技术大学出版社,2012.

[4] 杨荣明,吴自爱.电子商务实用教程[M].2版.合肥:安徽大学出版社,2014.

[5] 孙若莹,王兴芬.电子商务概论[M].北京:清华大学出版社,2012.

[6] 瑞星.2020年中国网络安全报告[EB/OL].(2021-01-14).http://it.rising.com.cn/dongtai/19747.html.

[7] Anti-Phishing Working Group(APWG). Phishing activity trends report-second quarter 2016[EB/OL].[2021-03-23].https://docs.apwg.org/reports/apwgtrendsreportg22016.pdf.

资源链接

[1] 艾瑞咨询网 http://www.iresearch.com.cn.

[2] 百度百科 http://www.baike.baidu.com.

[3] 中国互联网络信息中心 http://www.cnnic.net.cn.

[4] 光明网教育频道 http://edu.gmw.cn.

[5] 凤凰资讯 http://news.ifeng.com.

第5章 电子商务物流

知识目标

> 了解物流的基本知识;理解物流与电子商务的关系;掌握几种典型的电商物流模式;能够正确地选择电子商务物流服务。

能力目标

> 了解物流对电子商务的作用和意义,能够为不同电子商务企业选择最佳的物流解决方案。

思政目标

> 认识到现代化物流建设对我国电子商务行业发展的重要作用,树立责任意识和担当意识,培养家国情怀,提升作为电子商务人员的职业素养和专业技能。

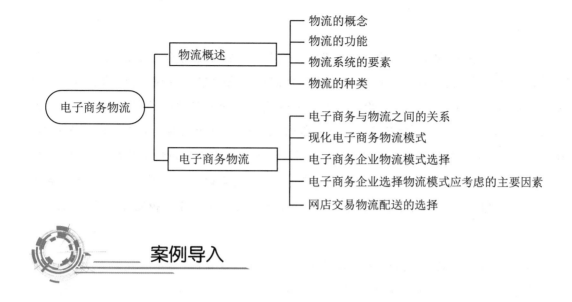

案例导入

中国电商物流的四大商业模式

如何对中国电子商务物流模式进行分类？从局部功能角度看，物流创新模式非常多，如前置仓物流模式、共享物流模式、统仓统配模式、云仓共享等，但不能涵盖电商物流业态；而从流程角度看，按干、支、仓、配、快递等分类，则不能体现电商物流特点。按电商物流服务的系统资源这条主线综合分类，可以避免分类混乱与交叉，突出电商物流的特点。

1. 平台整合物流资源模式

利用智慧物流平台，搭建智慧物流骨干网，全面整合社会资源，建设服务于电子商务网购平台的智慧物流体系，最典型的案例是菜鸟物流。这一模式是以轻资产模式为宗旨，以整合资源为手段，以数据驱动赋能为纽带，以智能仓储为网络节点，打造的社会化电子商务物流服务大系统。菜鸟物流基于阿里巴巴的淘宝、天猫、新零售等电商平台的物流需求，联合多家快递企业、物流企业、物流技术服务企业，通过大数据驱动，以建设中国和世界智慧物流骨干网为目标，建立了基于数据驱动的社会化协同平台，力争实现全国任何地区电子商务物流配送24小时达的目标。在这一模式中，菜鸟重点把控的是数据、技术和关键网络节点。在物流骨干网关键节点或物流枢纽，菜鸟也投资自建仓储物流中心，或租赁社会的仓储设施，在物流末端建设菜鸟驿站和社区自提柜，并投资了一些物流技术设备公司，推动物流自动化技术发展。

2. 平台自建物流体系模式

京东物流在全国各地以投资自建为主，搭建智慧物流服务体系。这是典型的重资产物流服务模式，虽然也有一些地区的物流仓储设施采用了租赁模式，但物流服务网络基本上以投资自建为主。京东物流在全国大量建设了仓储设施作为智慧物流服务网络的节点，末端配送也以自营为主体，干线运输以社会资源为主体，也有部分自有车辆。这一模式中，京东物流重点把控的是设施、技术、配送，以自建的物流基础设施为平台，结合自有的物流技术和装备，对接电子商务平台，提供高效快捷的物流配送服务。目前这一系统也向社会开放共享，但运营主体不变，是典型的平台自建和运营的服务模式。

3. 电商物流服务外包模式

在电子商务商家把物流配送服务外包给物流配送企业（主要是快递物流企业）的服务模式中，中小商家一般均采用这种服务外包的模式，淘宝最早采用的也是物流配送服务外包模式，与众多快递企业合作，接入淘宝平台，通过平台向商家推荐快递企业，将物流配送业务外包。目前很多专业的电商网购平台、中小规模的各类电商网购平台一般都采用这一服务外包模式；品牌商或生产制造企业的电子商务，在干线运输和仓库网点货物分拨的前端一般外包给第三方物流公司或自营，在末端配送基本上都外包给快递企业。最近新崛起的拼多多电子商务平台也主要采用快递外包的模式。

4. 即时配送物流服务模式

即时配送模式是近几年外卖配送、新零售、电子商务物流等在配送末端推出的一种新的物流资源组织服务的模式。即时配送模式主要指不经过仓储网点周转，直接点对点配送的物流服务模式，其智能化的配送调度与管理平台是关键。目前同城邻近区域的本地生活服务类电商一般都在用这一服务模式。即时配送最早因本地餐饮电商服务而兴起，随着新零售的快速发展，门店面向区域配送需求高速增长而快速发展，推动了物流配送末端服务的大变革。如即时配送与平台物流服务网络对接，推动了传统物流配送模式变革；即时配送与门店与门店之间的货物调拨对接，推动了末端供应链整合等。目前本地生活电商服务如餐饮配送、个人和单位的区域小件配送、新零售的从门店向社区配送、区域内门店货物调拨均采用即时配送服务；部分快递企业和电子商务平台，也发展即时配送与自身平台的智慧物流大系统对接，提高配送时效。

（资料来源：物流指闻.盘点：中国电商物流的四大商业模式[EB/OL].(2019-01-28). https://baijiahao.baidu.com/s?id=1623866850860779817&wfr=spider&for=pc.）

提出任务

如果从电商模式角度看,B2B电商物流一般都是第三方物流外包模式,虽然也有部分自营,但基本上可以归类于该种模式;京东采用的是平台自建运营模式;天猫采用的是平台整合资源的物流服务模式,生产企业B2C电商一般采用的是自建自营+服务外包模式的组合;中小平台和中小电商企业一般采用的是物流服务外包模式;总之,各类电商的物流服务模式基本可以归入上述四种模式或这四种模式的组合。那么,电商企业应当如何选择最有利于自身发展的物流模式呢?

解决问题

任务5.1 物流概述

5.1.1 物流的概念

物流源于美国,1915年美国著名营销学者阿奇·萧(Arch Shaw)在其题为《关于市场流通的若干问题》的论文中首次使用了PD(Physical Distribution)的概念。这是最早提出的物流概念,他把企业经营活动分为生产活动、流通活动和促进活动,又把流通活动分为需求创造活动和物的供给活动。第一次世界大战期间,英国有位勋爵成立了"即时送货股份有限公司"。第二次世界大战期间,出于军事需要,美国首先采用了"Logistics Management"(后期管理)这一概念,对军火的运输、补给、调配等进行全面管理,为战争胜利起到了保障作用。其中所提出的"后勤"是指战时的物资生产、采购、运输、配给等活动。后来,"后勤"这一概念在商业活动中得到了广泛应用,包含了生产过程和流通过程的物流,形成了范围更广的概念。这里所说的后勤供销服务是一种以"供应链理论""虚拟工厂理论"等为背景的新型物流服务模式,是供销环节与运输环节有机结合的产物和物流理论新的升华。现在欧美国家更多地把物流称作Logistics而不是Physical Distribution。1956年,日本派团考察美国物流技术,引进了"物流"的概念,日本的物流理念是直接从英文的Physical Distribution翻译过去的,到了20世纪70年代,日本已成为世界上物流最发达的国家之一。1979年6月,中国物资工作者代表团赴日考察,回国后在考察报告里直接引用了"物流"这一术语,并将"物流"解释为"物资资料或商品的实体运动过程",是与商品的价值运动过程"商流"相对应的概念。

物流的定义有很多,目前在国内、国际普遍采用的有以下几种:

① 《中华人民共和国国家标准:物流术语》(GB/T 18354—2006)中对现代物流的定义为:物流(Logistics):物品从供应地向接收地的实体流动过程。根据实际需要,将运输、储存、装卸、搬运、包装、流通加工、配送、回收、信息处理等基本功能实施有机结合。

② 美国物流管理协会的定义:物流是供应链流程的一部分。物流是为满足消费者需求而进行的对货物、服务及相关信息从起始地到消费地的有效率与效益的流动与储存的计划、实施与控制的过程。

④ 联合国物流委员会对物流做了新的界定:物流是为了满足消费者需要而进行的从起点到终点的原材料、中间过程库存、最终产品和相关信息有效流动和储存的计划、实现和控制管理的过程。

从物流的定义可知,物流过程一方面包含运输、存货、管理、仓储、包装、物料搬运及回收等其他相关活动,另一方面包含效率与效益两要素,其最终目的是满足客户的需求与企业的盈利目标。

5.1.2 物流的功能

物流的功能是物流系统所具备的基本能力,将这些基本能力有效结合就能合理地实现物流的总目标。其功能是通过信息、运输、仓储等协调以及材料的搬运、包装、流通加工、配送、回收等活动来实现的。

1. 传统的物流功能

(1) 运输

运输是指用设备和工具,将物品从一地点向另一地点运送的物流活动,主要有铁道运输、汽车运输、船舶运输、航空运输和管道运输。运输应选择经济、便捷的运输方式和运输路线,以达到安全、迅速、及时和经济的管理要求。

(2) 储存

储存功能包括保护、管理、贮藏物品。物流系统需要仓储设备来保证市场分销活动,同时要以始终与最低的总成本相一致的最低限度的存货来实现所期望的顾客服务。

(3) 包装

包装是在商品输送和保管过程中,为保护商品、方便储运、促进销售而从事的流通活动,包括产品的出厂包装、生产过程中制品和半成品的包装以及在物流过程中换装、分装和再包装等活动。从机能上来看,包装可以分为保持商品的品质而进行的工业包装和为使商品顺利抵达消费者手中,为实现提高商品价值、传递信息等以促进销售为目的而进行的商业包装等两类。

(4) 装卸

装卸包括对运输、储存、包装、流通加工等物流活动进行衔接的活动,以及在储存等活动中未进行检验、维护和保养所进行的装卸活动。安全、方便的装卸活动,可以加快商品在物流过程中的流通速度。

(5) 流通加工

流通加工是在物流过程中进行的包装、分割、计量、分拣、刷标志、栓标签、组装等辅助加工活动。它既存在于社会流通过程中,也存在于企业内部的流通过程中,用来弥补生产过程中加工的不足。如今流通加工作为提高商品附加价值、促进商品差别化的重要手段,其重要性越来越强。

(6) 配送

配送是物流进行的最后阶段,以配货、送货形式最终完成物流的活动。配送是一种短距离、少量的输送,在电子商务物流中的作用非常突出,它已不是简单的送货,而是集经营、服务、社会集中库存于一身的重要物流环节。

(7) 回收

回收是对电子商务过程中企业在生产、供应、配送、销售、消费等环节产生的包装材料、废弃物等进行回收再利用,并形成了以垃圾回收企业为主导、以包装生产企业为主导、以第三方物流企业为主导的三种逆向物流模式。

(8) 信息处理

信息包括进行与上述各项活动有关的计划、预测以及对物流动态信息和有关的费用、生产、市场信息的收集、加工、整理和提炼等活动。不准确的物流信息会降低物流工作效率,信息质量和及时性是物流工作的关键因素。

2. 增值性的物流服务功能

除了传统的物流功能外,现代物流还具有增值性的服务功能。增值性的物流服务包括以下几种:

① 增加便利性的服务。
② 加快响应速度的服务。
③ 降低成本的服务。
④ 延伸服务。

在以上物流功能中,前八项传统功能需要经验和实力,后四项增值功能则需要智慧和远见。

5.1.3 物流系统的要素

1. 流体——物流实体（产品）

流体包含两个属性：自然属性和社会属性。

（1）自然属性——物理、化学、生物学属性

物流管理的任务之一是要保护好流体，使其自然属性不受损坏，因而需要对流体进行检验、养护，在物流过程中需要根据物质实体的自然属性合理安排运输、保管、装卸等物流作业。

（2）社会属性——价值属性

有些关系国计民生的重要商品作为物流的流体还肩负着国家宏观调控的重要使命，因此在物流过程中要保护流体的社会属性不受任何影响。

2. 载体

载体指物流过程中流体借以流动的设施和设备。载体分成两类：

① 固定基础设施——线路和场站（如铁路、公路、水路、港口、车站、机场等基础设施，它们大多是固定的）。

② 承载设备——移动设备（车、船、飞机、集装器具等）。

3. 流向

流向是指流体从起点到终点的流动方向。物流流向通常可以分为如下四种：

① 自然流向：指根据产销关系所决定的商品的流向。商品从其产地流向销地，表明对该产品的客观需要。

② 计划流向：指根据流体经营者的商品经营计划而形成的商品流向，即商品从供应地流向需要地。

③ 市场流向：指根据市场供求规律由市场确定的商品流向。

④ 实际流向：指在物流过程中实际发生的流向。

在确定物流流向时，理想的状况是商品的自然流向与商品的实际流向相一致，但由于计划流向与市场流向都有其存在的前提，还由于载体的原因，导致商品的实际流向经常偏离自然流向。

4. 流量

流量是指流体在一定流向上通过载体的数量表现。

① 按流向，流量可分为：自然流量、计划流量、市场流量和实际流量。

② 按实际和理论发生的流量，流量可分为：实际流量和理论流量。

从物流管理角度来看,理想状况的物流应该是在所有流向上的流量都均匀分布,因此物流资源利用率最高、组织管理最容易。但是实际上,在一定的统计期间内,在一个流向上流量达到均衡的物流是不存在的,在流体之间、载体之间、流向之间、承运人和托运人之间的实际物流流量不可能出现均衡,从而需要从宏观物流管理的角度,通过资源的合理配置、采用合理的物流运行机制等手段消除物流流向和流量上的不均衡。

5. 流程

流程是指流体通过载体在一定流向上实现空间位移的数量表现。流程的大小对物流成本水平及物流载体形式的选择等有重要影响。流程与流向、流量一起构成了物流向量的三个数量特征。

6. 流速

流速是指流体通过载体在一定流程上的速度表现。流速与流向、流量、流程是构成物流的四大量化要素,是衡量物流效率和效益的重要指标。

物流的流体、载体、流向、流量、流程和流速六要素之间有极强的内在联系,如流体的自然属性决定了载体的类型和规模,流体的社会属性决定了流向和流量,载体对流向和流量有制约作用,载体的状况对流体的自然属性和社会属性均会产生影响,流体、载体、流向、流程等决定流速。因此,进行物流活动时要注意处理好六要素之间的关系,否则就会使物流成本提高、服务降低、效益减少、效率下降。

5.1.4 物流的种类

1. 按照物流业务活动的范围分类

(1) 社会物流

企业外部物流的总称,包括企业向社会的分销物流、购进物流、回收物流、废弃物流等,也称大物流或宏观物流。

(2) 行业物流

在一个行业内部发生的物流活动被称为行业物流。在一般情况下,同一个行业的各个企业往往在经营上是竞争对手,但为了共同的利益,在物流领域中却又常互相协作,共同促进行业物流系统的合理化。

(3) 企业物流

企业内部的物品实体流动。企业物流主要是企业内部的生产经营工作和生产中所发生的加工、检验、搬运、储存、包装、装卸、配送等物流活动。

2. 按照物流的作用分类

(1) 供应物流(Supply Logistics)

为生产企业提供原材料、零部件或其他物品时,物品在提供者与需求者之间的实体流动,包括原材料等一切生产料的采购、进货、运输、仓储、库存管理和用料管理。

(2) 生产物流(Production Logistics)

生产过程中,原材料、在制品、半成品、产成品等在企业内部的实体物流,包括生产计划与控制、厂内运输(搬运)、在制品仓储与管理等活动。

(3) 销售物流(Distribution Logistics)

生产企业、流通企业出售商品时,物品在提供方与需求方之间的实体流动,包括产成品的库存管理、仓储发货运输、订货处理与顾客服务等活动。

(4) 废弃物回收物流(Waste Recycling Logistics)

将经济活动中失去原有使用价值的物品,包括不合格物品的返修、退货以及周转使用的包装容器等,根据实际需要进行收集、分类、包装、搬运、储存,并分送到专门处理场所时所形成的物品实体流动。

3. 按照物流活动的空间分类

(1) 地区物流

指在某一区域内发生的物流活动,物流活动的空间范围局限在一定地区内。对地区的划分,可以按不同的目的进行,如按涉及行政区域划分,按一定的经济圈划分等。对地区物流的研究应根据所在地区的特点,从本地区的利益出发组织好相应的物流活动,并充分考虑到利弊两方面的问题,要与地区和城市的建设规划相统一并妥善安排。

(2) 国内物流

指在一个国家内发生的物流活动,物流活动的空间范围局限在一个国家内。

(3) 国际物流

指不同国家(地区)之间的物流,是随着世界各国(地区)之间进行国际贸易而发生的商品实体从一个国家(地区)流转到另一个国家(地区)的物流活动。

任务 5.2　电子商务物流

5.2.1　电子商务与物流之间的关系

电子商务与现代物流的关系是一种互为条件、互为动力、相互制约的关系。关系处理得当，采取的措施得力，二者可以相互促进，共同加快发展；反之，则可能互相牵制。

1. 现代化物流是电子商务发展的重要支撑

（1）现代物流为电子商务快速推广提供了技术条件

电子商务是各参与方之间以电子方式完成的业务交易。通常每笔成功的电子商务交易都会涉及四个方面：商品所有权的转移、货币的支付、有关信息的获取与应用和商品本身的转交，即商流、资金流、信息流和物流。其中，商流是本质，物流是基础，信息流是桥梁，资金流是目的，每天在全球范围内发生着数以百万计的商业交易，每一笔商业交易的背后都伴随着物流和信息流，贸易伙伴需要这些信息以便对产品进行发送、跟踪、分拣、接收、存储、提货以及包装等。在信息化高度发展的电子商务时代，物流与信息流的相互配合变得越来越重要，在供应链管理中必然要用到越来越多的现代物流技术。

物流技术是指与物流要素活动有关的所有专业技术的总称，包括各种操作方法、管理技能等。随着电子商务行业的兴起，市场对物流技术的需求急剧增长，《2021年中国仓储配送行业发展报告》显示，物流行业每年的发展速度达到30%以上，到2020年，全国快递包裹达到833亿个。移动互联网、大数据、云计算等高新技术的运用，使物流摆脱了传统的简单、重复和劳动密集型产业，转而进入IT和高科技产业，并通过3D图像识别技术、人工智能技术、软件和算法等的运用而呈现出智能化、实用化的趋势。科学的发展永无止境，物流技术也随之出现多样化的融合与不断加快的迭代过程。如今在电子商务交易过程中，常用的五大物流技术包括GIS、GPS、EDI、Bar Code和RFID。

与传统实体贸易相比，由于互联网的开放性、共享性和自由性，使得电子商务的从业门槛并不高。首先选择合适的货源，然后通过电子商务交易平台联系买家并出售货物，支付方式可以选择第三方支付平台，物流则交给快递公司来完成。其中物流配送是电子商务发展的关键，且基本可以明确物流对电子商务起到如下作用：

① 加速电子商务中的商流、信息流与资金流的闭环，提高电子商务的效率与效益。

② 扩大电子商务平台的市场范围。

③ 协调企业电子商务发展目标,优化资源组合,实现基于电子商务的供应链集成。

④ 为电子商务的发展提供有效的技术基础,依托电商平台为客户打造优质的售后服务体系。

【案例】

GIS、GPS、EDI、Bar Code、RFID

① 地理信息系统(Geographic Information System 或 Geo-Information System, GIS),有时又称为"地学信息系统"或"资源与环境信息系统"。它是一种十分重要的特定的空间信息系统。它是在计算机硬件、软件系统支持下,对整个或部分地球表层(包括大气层)空间中的有关地理分布数据进行采集、储存、管理、运算、分析、显示和描述的技术系统。地理信息系统处理、管理的对象是多种地理空间实体数据及其关系,包括空间定位数据、图形数据、遥感图像数据、属性数据等,用于分析和处理在一定地理区域内分布的各种现象和过程,解决错综复杂的规划、决策和管理问题。

② 全球卫星定位系统(Global Positioning System, GPS)是一种结合卫星及通信发展的技术,利用导航卫星进行测时和测距。全球卫星定位系统是美国从20世纪70年代开始研制,历时20余年,耗资200亿美元,于1994年全面建成的具有海陆空全方位实时三维导航与定位能力的新一代卫星导航与定位系统。经过近10年我国测绘等部门的使用说明,全球卫星定位系统以全天候、高精度、自动化、高效益等特点,成功地应用于大地测量、工程测量、航空摄影、运载工具导航和管制、地壳运动测量、工程变形测量资源勘察、地球动力学等多种学科,取得了良好的社会效益和经济效益。

③ 电子数据交换(Electronic Data Interchange, EDI)是指按照统一规定的一套通用标准格式,将标准的经济信息通过通信网络传输,在贸易伙伴的电子计算机系统之间进行数据交换和自动处理。由于使用EDI能有效地减少直到最终消除贸易过程中的纸质凭证,因而EDI也被称为"无纸交易"。

④ 条码技术(Bar Code)是在计算机的应用实践中产生和发展起来的一种自动识别技术。它是为实现对信息的自动扫描而设计的,是一种实现快速、准确而可靠地采集数据订单有效手段。条码技术的应用解决了数据录入和数据采集的瓶颈问题,为现代物流及供应链管理提供了有效的技术支持。

⑤ 射频识别技术(Radio Frequency Identification, RFID)是一种利用射频信号传递信息,利用空间集电极和变压器采集信息来识别磁场或电磁场的自动识别技术,通过阅读器与标签之间进行非接触式的数据通信,以达到识别的目的。该技术相较传统的条

码识别技术,具有快速扫描、安全、体积小、容量大、重复使用、适应恶劣环境等优点,被广泛应用于物流、零售、制造等行业。

(2) 物流配送系统是电子商务发展的物质基础

电子商务平台为消费者提供了便捷的在线购物渠道,并借助新一代物流技术形成了以消费者为导向的电子商务物流配送系统,以实现端到端的配送服务。与传统产业化的物流配送体系相比,电子商务物流配送系统的客户主体由企业转变为个人,其借助互联网信息平台,依据不同区域的订单数量进行仓库配置方案的动态调整和物流配送路径的优化,结合大数据模型推算出订单的配送时间等信息,并及时反馈至电子商务平台,供消费者和平台查询,以保证最优的库存管理和配送时效,有利于降低配送成本。先进的配送方式对物流企业提高服务质量、降低物流成本、优化社会库存配置,从而提高企业的社会效益及经济效益具有重要意义。

(3) 物流配送系统提高了社会经济运行效率

电商物流配送比传统物流方式更容易实现信息化、自动化、现代化、社会化、智能化、简单化,使货畅其流,物尽其用,既能减少生产企业库存、加速资金周转、提高物流效率、降低物流成本,又能刺激电子商务消费需求,加快社会的商贸流通,促进社会经济的健康发展。随着传统电商产业的转型升级,要求物流配送系统具备更高质量的运输和服务能力,物流企业不仅要重视各种运输方式之间的互联互通,也要结合区域特色和战略需求优化运输网络和基础设施建设,强化对大数据、人工智能、云计算和物联网等高新技术的应用,打造信息化、智能化、现代化、便捷化的物流运输服务体系,促进物流配送与社会经济的协同发展。

2. 电子商务是物流配送的业务依托

物流配送是电子商务交易过程中不容忽视的一部分,物流服务质量对改善用户体验发挥着决定性的作用,为更有效地满足消费者多样化、个性化的需求,推动电子商务的创新发展,对物流配送提出了新的要求。

(1) 加快信息化进程

通过物流信息系统,企业可以对整个物流和配送体系实行统一的管理和调度,按照用户订货要求在物流中心进行理货工作,并将配好的货物送给收货人。从而实现物流的数字化管理,保证企业外部信息的流畅,实现企业内部员工之间信息的共享,大大提高服务质量,降低物流成本,优化库存配置,提高企业的社会效益和经济效益,提高客户服务水平。物流信息系统建设包括条码技术(BC)、电子数据交换(EDI)、管理信息系统(MIS)、全面质量管理(TQM)、射频识别技术(RFID)、地理信息系统(GIS)和全球卫星定位系统(GPS)等多方面,各物流企业应把信息化建设列入企业战略发展的首要地位,并高效整合企业的内外资源、结合企业的发展实际有序推进。

(2) 完善物流管理系统,提高物流服务质量

电子商务环境下的物流与一般的配送供货系统相比,面临更复杂的情况,其部分业务活动在网上完成,商品采购和配送等服务从虚拟走向实体。电子商务环境下的物流已经不仅仅局限于传统的物流运输和仓储,要求其参与到客户物流体系中去,旨在提高效率和效益,进行整体运作,其业务领域已广泛深入到客户销售计划、库存管理计划、生产计划等整个生产经营过程中,这就要求物流企业不断地完善物流管理系统,提高专业化水平,为电子商务提供高效、低成本的物流配送服务。

(3) 降低配送服务价格

由于电子商务的交易主体较为分散,订货时间和地域不集中,无法形成规模配送,因而增加了物流企业的单位配送成本,特别是零售型的网上交易,为每个客户实现送货上门是高成本的,必须努力降低物流配送成本,解决电子商务公司与物流配送企业之间在配送服务价格方面的矛盾。无论是B2B交易平台还是B2C交易平台,电商企业都不能只顾眼前利益,一味地追求点击率和订单量,还应考虑配送成本,提高在线实际真实的交易量,形成规模的货运量,提供低成本、高质量的配送服务。同时,物流配送企业要不断提高自身综合实力,加快信息技术和配送环节的整合,加强基础设施建设,创建多元化配送渠道,提高企业服务能力。

(4) 完善电商物流相关法律政策

目前我国尚未形成完整的电子商务法律法规体系,对电商物流的制度规定也较为落后,导致了实际作业中物流资源的浪费和配送设施的不健全,从而制约了电商物流企业的有序发展。因此亟须建立一套较完整的电商物流配送法律体系,以有效应对物流市场需求的变化,为建设电商物流配送系统提供法律保障,促进物流企业规范化发展。

(5) 积极发展第三方物流

第三方物流一般在物流管理经验、人才、技术、理念等方面都具有一定的优势,能够对电子商务交易中供求双方的所有物流活动进行全权代理,同时第三方物流资金雄厚,具有建立在现代信息网络技术基础上的物流管理软件,可以充分利用现代物流技术,保证客户在任何时间、任何地点查看货物及获得配套的服务,参与电子商务交易的双方可以把物流委托给专业物流企业,专注于电子市场的开拓和商务效率的提高。

(6) 建立全国物流公共信息平台,促进第四方物流

把当前蓬勃发展的电子商务和现代物流产业结合起来的最佳途径就是培育第四方物流,建立全国物流行业信息平台,通过国际互联网形式整合不同物流企业的资源,增加物流的透明度,提供更加全面的供应链集成服务给客户。第四方物流作为供应链上

调集和整合各类资源、技术和能力的集成商,在物流技术、信息处理、管理模式上有一定的优势,它不直接承担运输、仓储、装卸搬运、流通加工、配送、信息处理等具体的物流服务,而是一个供应链中转平台,根据市场上动态变化的物流需求,为物流行业提供行之有效的供应链解决方案,以实现物流资源的最大化利用。

5.2.2 现代电子商务物流模式

目前国际上对电子商务物流并没有明确的定义,在此阐述的电子商务物流指的是服务于电子商务活动的物流。在本质上,它是现代物流的重要组成部分,借助多种物流信息技术,整合各类物流资源,实现了高效、专业、便捷的物流服务,更强调自营物流、第三方物流、第四方物流以及物流配送。

1. 第三方物流

第三方物流(Third Party Logistics,TPL/3PL)是指由物流劳务的供方、需方之外的第三方去完成物流服务的物流运作模式。第一方物流是指销售方的物流,第二方物流是指采购方的物流,第三方物流针对第一方和第二方而言,是指物流交易双方的部分或全部物流功能的外部服务提供者。它本身不拥有商品,而是通过签订合作协定或结成合作联盟,在特定的时间段内按照特定的价格向客户提供个性化的物流代理服务,具体内容包括商品运输、储存配送以及附加的增值服务等。

2. 第四方物流

第四方物流(Fourth Party Logistics,4PL)的概念是由美国埃森哲咨询公司率先提出的,其定义为:一个调配和管理组织自身的及具有互补性的服务提供商的资源、能力与技术,来提供全面的供应链解决方案的供应链集成商。它实际上是一种虚拟物流,是依靠业内最优秀的第三方物流供应商、管理咨询顾问和其他增值服务商,整合社会资源,通过整个供应链的影响力,为用户提供独特的供应链解决方案,为顾客带来更大的价值。

同第三方物流相比,第四方物流服务的内容更多,覆盖的地区更广,对从事货运物流服务的公司要求更高,要求它们必须开拓新的服务领域,提供更多的增值服务,以及迅速、高效、低成本和人性化服务等。UPS、联邦快递(Fedex)等全球知名物流公司都开始利用自己物流优势为企业提供供应链管理解决方案。

3. 绿色物流

随着环境资源恶化程度的加深,其对人类生存和发展的威胁越来越大,人们对环境的利用和环境的保护越来越重视,现代物流的发展必须优先考虑环境问题。从一定程度上来说,我国的物流发展也是以环境为代价的,短期的环境牺牲为经济发展带来了些许的好处,但毕竟不是长久之计。实施绿色物流越来越成为一种必要的选择。

绿色物流(Environmental Logistics)是指在物流过程中抑制物流对环境造成危害的同时,实现对物流环境的净化,使物流资源得到最充分利用。这就需要从环境角度对物流体系进行改进,亟须形成一个环境共生型的物流管理系统。这种物流管理系统建立在维护全球环境可持续发展的基础上,在抑制物流对环境造成危害的同时,采取与环境和谐相处的态度和全新理念,设计和建立一个环形的、循环的物流系统,使传统物流系统末端的废旧物质能回流到正常的物流过程中来,形成一种促进经济与消费健康发展的物流系统,即向绿色物流管理强调全局和长远的利益,强调对环境的全方位关注,体现了企业的绿色形象,是一种新的物流管理趋势。

4. 自营物流

电商企业自营物流(Self-supporting Logistics)是指电子商务企业自行建立、自主运营、自行管理的物流体系,以满足自身业务需求,增强企业综合竞争力,该模式下的经营主体一般为发展好、业务范围广、经济实力雄厚的大型电子商务企业,也有为自身业务发展而建立物流中心的电商批发企业。自营物流拥有物流自主控制权,便于企业分配管理,加强了供应链上产品的生产、运输、储存、销售等环节的联系,弥补了第三方物流无法提供个性化服务的不足,保证了物流时效性和信息安全性,是企业提高自身竞争优势的品牌战略。该模式下电商企业能够与消费者直接互动,并直接获得消费者对产品和物流服务的个性化反馈,以提供更加专业、周到的物流配送服务,有利于改善消费体验。同时,从长期来看,自营物流模式能够帮助企业降低交易成本,企业通过将自己创建的物流部门或物流体系与其他相衔接的系统进行有效的规划和管理,以有效地提高物流环节效率,降低经营成本。

5. 末端配送

(1) 配送的含义

配送是指在经济合理区域范围内,根据客户要求,对物品进行拣选、加工、包装、分割、组配等作业,并按时送达指定地点的物流活动。

配送是物流中一种特殊的、综合的活动形式,使商流与物流很快的紧密结合,既包含了商流活动和物流活动,也包含了物流中若干功能要素。

(2) 配送的要素

① 集货。即将分散的或小批量的物品集中起来,以便进行运输、配送的作业。集货

是配送的重要环节,为了满足特定客户的配送要求,有时需要把从几家甚至数十家供应商处预订的物品集中,并按要求将物品分配到指定容器和场所。

② 分拣。即将物品按品种、出入库先后顺序进行分门别类堆放的作业。分拣是配送不同于其他物流形式功能要素,也是决定配送成败的一项重要支持性工作。它是完善送货、支持送货准备性工作,以及不同配送企业在送货时进行竞争和提高自身经济效益的必然延伸。所以,可以说分拣是送货向高级形式发展的必然要求。有了分拣,就会大大提高送货服务水平。

③ 配货。即使用各种拣选设备和传输装置,将存放的物品按客户要求分拣出来,配备齐全,送入指定发货地点。

④ 配装。在单个客户配送数量不能达到车辆的有效运载负荷时,就存在如何集中不同客户的配送货物,进行搭配装载以充分利用功能、运力的问题,这就需要配装。跟一般送货的不同之处在于,通过配装送货可以大大提高送货水平及降低送货成本,所以配装是配送系统中有现代特点的功能要素,也是现代配送不同于以往送货的重要区别之一。

⑤ 配送运输。将装配好的货物利用运输工具进行运输,实现物品的空间转移。

⑥ 送达服务。将配好的货运输到客户处,还不算配送工作的结束,这是因为货物送达和客户接货往往还会出现不协调的情况,使配送前功尽弃。因此,要圆满地实现运输货物的移交,有效、方便地处理相关手续并完成结算,还应讲究卸货地点、卸货方式等,送达服务也是配送独具的特殊性。

⑦ 配送加工。即按照配送客户的要求所进行的流通加工。在配送中,配送加工这一功能要素不具有普遍性,但往往是有重要作用的功能要素。这是因为通过配送加工,可以大大提高客户的满意程度。配送加工是流通加工的一种,但配送加工有它不同于流通加工的特点,即配送加工一般只取决于客户的要求,其加工的目的较为单一。

5.2.3 电子商务企业物流模式选择

国内外一些企业组建电子商务公司时,解决物流和配送问题的办法主要有以下三种。

1. 借助传统流通渠道

对于已经开展传统商务的企业来说,可以建立基于网络的电子商务销售系统,同时也可以利用原有的物流渠道承担电子商务的物流业务。

传统物流渠道在电子商务的环境下依然有其不可替代的优势:首先,传统商业历史悠久，有良好的顾客基础，已经形成的品牌效应在很大程度上是配送信用的保证；其次，那些具有一定规模的连锁店、加盟经营店使准确及时的物流在全国范围内实现成为可能；最后，由于传统流通渠道本身也存在商品配送的任务，如果把商品配送任务交给传统流通渠道解决，则可以充分利用一些闲置的仓储、运输等资源，相对于使用全新系统，这样可以降低成本，提高利润。

目前从事传统销售业务的企业主要包括制造商、批发商、零售商等。制造商进行销售的倾向在20世纪90年代表现得比较明显，从专业分工的角度看，制造商的核心业务是商品开发、设计和制造，但越来越多的制造商不仅有庞大的销售网络，而且还有覆盖整个销售区域的物流、配送网，国内大型制造商的生产人员可能只有3000～4000人，但营销人员却有1万多人。制造企业的物流设施普遍要比专业流通企业的物流设施先进，这些制造企业完全可以利用原有的物流网络和设施开展电子商务业务，而不需新增物流、配送物资，对于这些企业来讲，比投资更为重要的是物流系统的设计以及物流资源的合理规划。和制造商相比，批发商和零售商具有组织物流的优势，因为它们的主业就是流通，如美国的Wal-Mart、Kartin、Sears等，国内的苏宁、国美等都开展了电子商务企业，其物流业务都与一般销售的物流业务一起安排。

2. 企业自营物流

电子商务企业自己筹建并组织管理物流配送的各个环节，实现对企业内部及外部货物的配送。电子商务企业自身组织商品配送，可以说是自己掌握了交易的最后环节，有利于控制交易时间。特别是在本城市内的配送上，网站组织自己的配送队伍可以减少向其他配送公司下达配送要求的手续，在网上接受订购之后，可以立即进行简单的分区处理，然后立即配送，这样也使得当日配送、限时送达成为可能。有些网络提出的本城区1小时内送达也是建立在自身有一支随时出动的配送队伍的基础上的。京东集团于2017年4月25日正式成立京东物流集团，凭借全球独一无二的中小件、大件、冷链、B2B、跨境和众包(达达)六大物流网络，打造了一个从产品销量分析预测、入库、出库到运输配送各个环节的，综合效率高、算法科学的智能供应链服务系统。截至2020年6月30日，京东物流在全国运营超过750个仓库，包含云仓面积在内，运营管理的仓储总面积约为1800万平方米。截至2021年6月，京东物流共运营28座亚洲一号仓、智能物流园区以及70多座不同层级的无人仓，形成了目前亚洲规模巨大的智能仓群。京东物流大件和中小件网络几乎已实现大陆行政区县全覆盖，90%的区县可以24小时送达，自营配送服务覆盖了全国99%的人口，超过90%的自营订单可以在24小时内送达。但是对于企业来说，如果采取这种方式投资应十分慎重，因为电子商务的业务与物流业务是截然不同的两种业务，企业必须对跨行业经营产生的风险进行严格的评估，其中成本控制和程序管理是最大的难题。任何一个公司,若要拥有一支自己的配送队伍都将会是一笔庞大的开支。出于对成本的考虑,配送队伍的规模必须与公司的业务量相适应。另外如何保持适当的库存规模、如何制定恰当的配送路线、如何选择合适的物理工具、如何确定合理地送达时间都是需要严格管理的。不是所有电子商务公司都有必要、有能力自己组织商品配送。

3. 外包给专业物流公司

将物流外包(Outsourcing)给第三方物流公司是跨国公司管理物流的通行做法。按照供应链的理论,将不是自己的核心业务的业务外包给从事该业务的专业公司去做,这样从原材料到供应、到生产,再到产品的销售等各个环节的各种职能,都是由在某一领域具有专长或核心竞争力的专业公司互相协调和配合来完成的,这样所形成的供应链具有最大的竞争力。因此,Compaq和Dell分别将物流外包给Exel和FedEx,Amazon在美国国内的电子商务物流业务由自己承担,但对于美国市场以外的业务则外包给当地的第三方物流服务商。可以认为,将物流、配送业务外包给第三方物流服务商是电子商务经营者组织物流的可行方案。但中国的第三方物流经营者要适应电子商务的需求还需要进行大量的努力,因为这一行业比较落后,中国加入WTO后,发达国家的物流公司很快就进入中国为电子商务企业提供物流服务,这一方面加剧了国内物流行业的竞争,但另一方面对促进国内物流行业的电子商务的发展也大有好处。表5.1所示为国际及国内第三方物流公司的比较。

表5.1 国际及国内第三方物流公司比较

公司名称	主营业务	发展现状
联邦快递(FedEx)	主营业务包括速递业务、包装与地面送货服务、高速运输投递服务、综合性的物流、技术和运输服务	FedEx是一家环球运输、物流、电子商务的供应链管理服务供应商。该公司通过各子公司的独立网络,向客户提供一体化的解决方案。对于2千克以上的大货物流,FedEx的价格是DHL、UPS、价格的一半,但运输速度却是一样的
日通	主营业务是汽车运输、空运、仓库等	日通是日本最大的代理,与日本大企业有广泛紧密的业务联系,作为日通在中国的业务延伸,JL(日本航空公司)和NH(全日空航空公司)是日通主要合作的航空公司,这两家航空公司的舱位和价格都有一般代理无可比拟的优势

续表

公司名称	主营业务	发展现状
中外运敦豪（DHL）	综合物流板块业务包括海、陆、空货运代理、船务代理、供应链物流、快递、仓码、零担运输等。航运板块业务包括：船舶管理、海运干散货运输、国际及国内集装箱班轮运输、国际原油运输、国际及沿海汽车(船)运输等	中外运集团在物流网络上有较强的优势，在散货方面，中外运的优势比较明显；如今，DHL已成为世界上最大的物流公司，在全球220多个国家和地区拥有超过40万名员工和众多营业办事处
宝供	业务范围包括物流咨询规划、物流运作管理以及有关物流运作信息的处理分析等一系列专业物流服务	具备经营优势、专业化优势、知识人才优势和个性化服务优势，有效地为客户节省投资和费用，减少库存，降低风险，提供增值服务
宅急送	主要经营范围为中国国内快递业务，负责各种包裹的寄递，门到门的零散家政服务	收件、派件快捷迅速；快件实时跟踪；充分的快件安全保证；免费包装；学生、教师、现役军人搬家、行李托运实施9折优惠
日日顺	主营产品包括预约送达、备多分、当日达、一酷达、3H极速达、点点通、送装一体、公共售后、夜间取配、云仓、预约取件、云配、无忧退货、家居"五包"、开箱验机	公司以创新科技为驱动，为产业客户提供全链路，多场景的供应链解决方案，公司已在全国31个省(直辖市、自治区)、136个地级市，布局了916座仓，形成了辐射全国的三级分布式仓储网络；并在大件物流领域率先应用智能机器人、大件AGV、四向穿梭车等智能化设备，以及人工智能、数字孪生等多项新技术
顺丰	主要经营国际、国内快递业务及报关、报检等业务	服务网络已经涵盖了我国大部分省市，对货物从下单到派送的全程监控、跟踪及查询，并采用机械化操作，优化货物的流程管理
申通	主要承接非信函、样品、大小物件的速递业务	价格策略上比较灵活，资费也比较低廉，在当地快递市场很有竞争力，国内业务的优势区域主要集中在上海全境、江苏全境、浙江部分地区、安徽部分地区、广州、深圳、北京、天津、沧州、大连、西安及各省内17地市。国际业务的优势区域主要集中在日本东京等地
中国邮政	主要经营国内速递、国际速递、合同物流等业务。国内、国际速递服务涵盖卓越、标准和经济不同时限水平和代收货款等增值服务，合同物流涵盖仓储、运输等供应链全过程，拥有享誉全球的"EMS"特快专递品牌和国内知名的"CNPL"物流品牌	为社会各界客户提供方便快捷、安全可靠的门到门速递物流服务，致力于成为持续引领中国市场、综合服务能力最强、最具全球竞争力和国际化发展空间的大型现代快递物流企业

4. 物流联盟模式

《中华人民共和国国家标准:物流术语》(GB/T 18354—2006)中对物流联盟(Logistics Alliance)的定义为两个或两个以上的经济组织为实现特定的物流目标而采取的策略安排。从组织形式上看,物流联盟是指两个或多个企业之间以物流为合作基础,以各种协议、契约为合作手段,以提高物流企业绩效为合作目的,依托各自物流战略目标而组成的优势互补、风险共担、利益共享的企业战略联盟,本质上是一种体现单个物流企业核心能力和整体物流联合体效率的制度安排。物流联盟在对各联合企业的货源、运输设备(如牵引车、挂车、板车、仓库等)、仓储设备(如配送中心、物流园区等)、信息网络等有形资源和货运组织方式、存货控制能力、物流管理团队、客户价值等无形资源进行集聚、整合的基础之上,推行集约化管理,开展统一的运行调度、系统优化、分工协作,通过提高物流基础设施和物流资产的运行效率,为生产制造业和商贸流通业降低物流成本,提升物流服务质量和物流效益。

5. 寻求供应链物流解决方案

过去数年,由于供大于求、丧失定价权等因素,物流企业面临恶性价格战之争。如今中国经济进入新阶段,市场竞争已经由企业间的竞争转变为供应链之间的竞争,且企业越来越重视内外部资源的整合,物流企业亟须提升在产品、服务、管理及合规化等方面的综合实力,并借助大数据技术将消费者数据反馈至上游,促进生产端的智能化运作。在此背景下,传统物流业开始从简单的运配服务提供商转型为供应链物流解决方案和场景物流服务提供商,供应链物流的管理思想应运而生,其在传统专业化分工管理的基础之上,将供应链内企业的采购、生产、分销、销售、消费及回收等环节看作一个整体流程,实现对供应商、生产商、零售商及终端消费者等全链条的集成化管理,通过ERP管理实现供应链上下游的资源优化配置和优势互补,借助互联网技术促进各节点的信息互联互通,以减少物流资源浪费,降低物流成本,提高物流服务质量,增强整条供应链的竞争优势。供应链管理服务提供商摆脱了单一节点服务的限制,结合生产制造业、商贸流通业等不同行业、不同客户的实际物流需求,对供应链不同环节的服务能力进行整合,以输出定制化的供应链物流解决方案。日日顺供应链成立于2000年,借助全球送装服务网络为海尔经销商构建"统仓统配"模式和灵活的云仓零售物流体系,基于对客户需求的深刻洞察,提供覆盖大件物流服务、仓干配装网络、供应链方案设计、信息化及智能设施集成服务等全流程的定制化供应链整体解决方案,以改善分销网络运营效率、库存管理效率和终端用户体验,持续提升海尔在家电领域的服务质量。

5.2.4　电子商务企业选择物流模式应考虑的主要因素

电子商务企业在进行物流决策时,应根据自己的需要和资源条件,综合考虑以下主要因素,慎重选择物流模式,以提高企业的市场竞争力。

1. 企业的物流管理能力

电商企业的物流管理能力是指企业从物流设施、技术水平、物流运营、要素保障、经济环境等方面对整个供应链系统进行计划、控制、组织、协调的能力。物流管理能力是影响企业物流服务质量和物流作业效率的最直接因素,从长期来看,还会较大程度地影响企业的总体经营成本。物流管理能力较强的电商企业能够有效结合市场需求变化和自身发展战略,对企业的组织架构、业务流程、工作制度及物流网络布局等进行协调优化,并对供应链内外不同层次、结构的资源进行优化配置,以降低企业运营成本、提高服务能力、提升供应链整体效益。因此,电商企业应将物流管理能力作为物流模式选择的首要考虑因素,对于物流管理能力较为先进的企业,应积极自建物流体系,提高行业门槛,打造自身的物流竞争优势;相反的,若企业的物流管理能力较为薄弱,则应该选择第三方物流、物流联盟或供应链物流解决方案等,以集中精力发展核心业务,用尽可能低的成本为用户提供最优质的物流服务。

2. 企业的物流服务能力

电商企业的物流服务能力是指在依托电子商务信息平台构建的供应链系统中,企业能够满足各节点间物流配送和信息共享的需求,并被上下游企业和消费者感知、评价的能力,一般包括时效性、信息处理、用户体验、发展能力等要素。当企业的物流服务能力较强时,应采用自建物流模式,以便于对供应链进行全流程管控,并对市场变化和客户需求及时响应,以提高用户满意度,并帮助企业建立自身的物流品牌优势。而当企业的物流服务能力较低时,则应选择第三方物流、物流联盟等模式或采用供应链物流解决方案,借助第三方企业的优质服务或联盟企业间的优势互补,以及供应链系统的资源优化配置,提高自身的物流服务质量,降低物流成本,加强对物流环节的控制力。

3. 企业对物流控制力的要求

越是竞争激烈的产业,企业越是重视对所参与供应链的控制力,通过对供应和分销渠道的协调管理,将物流培育成自身的核心竞争力,此时企业适合自营物流。一般来说,主机厂或最终产品制造商对渠道或供应链过程的控制力比较强,往往选择自营物流,即作为龙头企业来组织全过程的物流活动和制定物流服务标准。

4. 企业产品自身的物流特点

对于大宗工业品原料的回运或鲜活产品的分销,则应利用相对固定的专业的服务供应商和短渠道物流;对全球物流市场的分销,宜采用地区性的专业物流公司提供支援;对产品线单一的或为主机厂做配套产品生产的企业,则应在龙头企业统一下自营物流;对于技术性较强的物流服务如口岸物流服务,企业应采用委托代理的方式;对非标准设备的制造商来说,企业自营物流虽有利可图,但借助专业物流服务公司能够更有效地满足客户的个性化需求,保证物流服务质量。

5. 企业规模和实力

一般来说,大中型企业由于实力较雄厚,有能力建立自己的物流系统,制定合适的物流需求计划,保证物流服务的质量。另外,还可以利用过剩的物流网络资源拓展外部业务(为别的企业提供物流服务)。而小企业则受人员、资金和管理等资源的限制,物流管理效率难以提高。此时,企业为把资源用于主要的核心业务上,就应把物流管理交给第三方专业物流代理公司。

6. 物流系统总成本

在选择物流模式时,必须弄清不同模式下物流系统总成本的情况。其计算过程如图5.1所示。

图5.1 物流系统总成本

这些成本之间存在着二律背反现象:减少仓库数量时,可降低仓储费用,但会带来运输距离和次数的增加,从而导致运输费用增加。如果运输费用的增加部分超过了仓储费用的减少部分,那么总的物流成本反而增大。所以,在选择合适自己的物流系统时,要对物流系统的总成本加以论证,最后选择成本最小的物流系统。

5.2.5 网店交易物流配送的选择

随着互联网的普及,网络购物迅速发展,互联网信息中心统计数据显示,截至2021年8月,中国网民规模达10.11亿人,较去年增加2175万人,其中网购用户达8.12亿人。越来越多的消费者选择在电子商务平台购物,这既推动了电商领域的创新创业,也加速了实体店向网店的转型。对于商户来说,物流是网店交易的末端环节,也是完成物品交付的关键,是买卖双方之间物品流通的渠道。如果不重视物流问题,往往会出现各种各样的物流纠纷,如收件发件延时、包裹被调包、邮件寄丢、邮寄过程导致商品破损、快递公司拒绝赔偿等。为此商家要付出很重的代价,因此物流服务的选择无疑是网商的一门必修课。

网店交易可以把物流分为邮局平邮、快递和货运三种方式,具体如下。

1. 邮局平邮

① 邮局平邮的特点:价格便宜,经济实惠,但是邮寄的时间较长,一般适用于非紧急邮件。

② 邮局平邮的计算方法:平邮收费实行分区计费方式,费用按照寄递里程分区核定,具体标准详见现行《国内包裹资例表》,可到当地邮局去咨询,其具体计算公式为:

每件包裹资费=包裹每千克资费×包裹重量+挂号费+包装费+保价费

其中:挂号费为3元;包装费按实际收取;保价费由客户自愿选择,保价费为订单产品价值的1%,若客户选择不保价,则保价费为0元;包裹重量不满500克的,按500克计费。包裹按毛重量计费,不以净重量计费。

③ 邮局平邮的基本程序:卖家亲自到附近邮局办理邮寄事宜。普通包裹用的是绿色邮单,寄达时间需7～15天(邮寄所需时间视两地距离而定),或到买家所在地的邮政网点后,邮局工作人员通知买家携带身份证亲自到邮局办理提货事宜。

2. 快递

① 快递的特点:方便、快捷,邮寄时间短,但价格比较高,一般适用于紧急邮件。

② 快递邮寄物品的基本程序:卖家可以电话通知快递公司收件员上门收件,也可以网上下单,快递公司自行安排工作人员上门收件。以国内快递为例,邮寄一般只需要3天左右(但快递公司不同,两地距离的远近不同,时间也会有变化),部分地区由快递公司安排工作人员送件上门,部分地区只送包裹单,需要自己拿着包裹单和身份证去邮局取件,具体咨询当地邮局。

③ 快递的类型

1) 邮局快递。邮局快递包裹与特快专递EMS不同,与普通包裹大致相同。首重1000克,1001克以上每500克为1个计费单位,一般以500克起的最低价就得要7元左右。邮局快递的费用一般是邮局平邮的2～2.5倍,邮局快递不上门取货,客户拿着需要邮寄的物品到邮局填写包裹单进行邮寄。在许多地区,邮局快递能够做到送货上门,送货时间一般是5～7天(见表5.2)。

表5.2 邮局快递资费表

	运距	首重1000克资费(元)	5000克以内续重每500克资费(元)	5001克以上续重每500克资费(元)
快递包裹(仅供参考,具体标准参见《国内快递包裹资例表》)	500千米及500千米以内	5	2	1
	500千米以上至1000千米	6	2.5	1.3
	1000千米以上至1500千米	7	2.5	1.3
	1500千米以上至2000千米	8	3.5	1.9
	2000千米以上至2500千米	9	4	2.2
	2500千米以上至3000千米	10	4.5	2.5
	3000千米以上至4000千米	12	5.5	3.1
	4000千米以上至5000千米	14	6.5	3.7
	5000千米以上至6000千米	16	7.5	4.3
	6000千米以上	20	9	6
	每件挂号费(元)	3		
保价费	每保1元(不足1元按1元计算)	0.01		
	每件最低保价费(元)	1		
存局候领手续费	函件每件(元)	1		
	包裹每件(元)	3		
撤回邮件或更改收件人名址手续费	每件(元)	3		
使用电报(传真)办理查询、撤回、更改收件人名址电报费	每件加收(元)	2		

注:具体资费以当前官网公布信息为准。

2)邮局EMS。EMS到达时间为3天左右,到货方式为送货上门。EMS国内资费标准见表5.3。

表5.3 EMS国内资费标准

起重资费	续重资费		
	续重每500克或其零数		
起重500克及以内20元	一区	二区	三区
	6元	9元	15元
备注:具体分区方式,请寄件人拨打电话或到当地邮局营业窗口咨询,客服电话11185			

注:国外资费标准和注意事项请登录中国邮政网查询。

3)快递公司。近年来,我国涌现出一大批快递公司,国外一些知名的快递公司也纷纷进入中国市场。这些快递公司一般是私有的性质,速度比较快,价位不等,要了解具体情况,最好登录其官方网站进行查询(见表5.4)。

表5.4 快递公司网站

序号	邮政公司	网址
1	邮政 EMS	http://www.ems.com.cn
2	顺丰速运	http://www.sf-express.com
3	申通快递	http://www.sto.cn
4	圆通速递	http://www.yto.net.cn
5	韵达速递	http://www.yundaex.com
6	天天快递	http://www.ttkdex.com
7	宅急送	http://www.zjs.com.cn
8	中通快递	http://www.zto.cn
9	汇通快递	http://www.htky365.com
10	全峰快递	http://www.qfkd.com.cn
11	全一快递	http://www.apex100.com
12	中铁快运	http://www.cre.cn
13	民航快递	http://www.cae.com.cn
14	亚风快递	http://www.airfex.net
15	龙邦物流	http://lbex.com.cn
16	大田快运	http://www.dtw.com.cn
17	天地华宇物流	http://www.hoau.net/how/bse/index.action
18	中诚快递	http://www.owntopnb.cn
19	德邦快递	http://www.deppon.com
20	佳吉快运	http://www.jiaji.com
21	驱达国际快递公司	http://www.fardar.com
22	优速物流	http://www.uce.com
23	UPS	http://www.ups.com/cn
24	联邦快递（FedEx）	http://www.fedex.com/cn
25	TNT 快递	http://www.tnt.com.cn/
26	DHL 快递（中外运敦豪）	http://www.cn.dhl.com
27	OCS（欧西爱斯）	http://www.ocschina.com
28	DPEX	http://www.szdpex.com.cn
29	ZMS（威鹏达）	http://www.zms.com.cn
30	AAE（美亚快递）	http://cn.aaeweb.com

3. 货运

(1) 货运的优点

货运是目前国内主流的货物运输方式,包括公路、铁路和航空货运,快递公司大多数都要靠货运来完成运输任务。货运物流的优点是经济实惠,但邮寄时间比较长,且不能送货上门,需要用户自己提货,与邮局平邮很类似,价格却比邮局便宜很多,但提货的路费会增加隐形的费用。适合邮寄一些体积较大、重量较重、数量较多、非紧急的大宗物品,且对于大件商品的运输,需要计算体积重量,计算公式为长(厘米)×宽(厘米)×高(厘米)/6000,并与实际重量比较,取较大值作为计费重量,与单位重量的运费相乘得出应收的运费。

(2) 货运邮寄物品的基本程序

货运物流可以由货运公司上门收货,也可以由邮寄件人亲自将货送到货运公司,价钱不同。货运所需时间大约为1个星期(视两地距离和交通而定),货运物流一般不会送货上门,需要收件人自行到本地货运公司网点去提取。

4. 快递单据的填写

(1) 寄件人

寄件人姓名、电话:详细填写寄件人的姓名、有效的联系电话。

寄件人单位名称:详细填写寄件人的单位名称,如果是个人地址,则无需填写。

寄件人地址:详细填写寄件人的单位或个人地址、邮政编码,如果有用户代码,也需填写。为邮件安全及迅速传递,应详细、准确填写。

(2) 内装何物及数量

内件分类:注明邮件的内件性质。

内件品名:注明内装物品的具体名称。

数量:注明内装物品的具体数量。

(3) 保价栏

如需保价,选择此项并注明需保价的金额,最高不应超过10万元人民币。

(4) 交寄人签名

交寄人确认所填写内容,认可详情单背面使用须知后签名。

(5) 收件人

收件人姓名、电话:详细填写收件人的姓名、有效的联系电话。

收件人单位名称:详细填写收件人的单位名称,如寄往收件人个人地址,则无需填写。

收件人地址:详细填写收件人的单位或个人地址、邮政编码及相应的城市名。为确保邮件安全及迅速传递,应详细、准确填写。

收件人签名:收到邮件时请签名(章)确认,并填写具体收到邮件的日期、时间。若是他人代签收,签名(章)后,还需注明有效证件名称、号码和代收关系。

(6)如需说明情况,应在详情栏填写

详情栏上其他项目由邮政速递工作人员填写,若与实际情况不符,应当即指出。

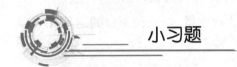

小习题

一、判断题

1. 配送实质是送货。配送是一种送货,但和一般送货有区别:一般送货可以是一种偶然的行为,而配送却是一种有确定组织、确定渠道,有一套装备和管理力量、技术力量,有一套制度的体制形式。所以,配送是高水平送货形式。(　　)

2. 安全库存量是指商场的商品最低库存量。(　　)

3. 配送管理主体结构是以物流配送相关理论为基础,以物流配送各功能环节管理为特色。(　　)

4. 生产企业、流通企业出售商品时,物品在供方与需方之间的实体流动称为生产物流。(　　)

5. 配送路线的确定一般要考虑配送目标和配送的约束条件两个因素。(　　)

二、单选题

1. 按照物流系统涉及的领域分类不包括(　　)。

  A. 销售领域的物流　　　　　　B. 生产领域的物流

  C. 流通领域的物流　　　　　　D. 生活领域的物流

2. 从销售点收回产品包装用的容器属于(　　)。

  A. 回收物流　　B. 厂内物流　　C. 销售物流　　D. 退货物流

3. (　　)指将经济活动中失去原有使用价值的物品,根据实际需要进行收集、分类、加工、包装、搬运、储存,并分送到专门处理场所时所形成的物品实体流动。

  A. 供应物流　　B. 废弃物流　　C. 销售物流　　D. 回收物流

4. 按物流系统性质分类不包括(　　)。

  A. 社会物流　　B. 行业物流　　C. 企业物流　　D. 流通物流

5. 下列说法正确的是( )

   A. 物流所要流的对象是一切物品,包括有形物品和无形物品。

   B. 只有物品物理位置发生变化的活动,如运输、搬运、装卸等活动才属于物流活动。

   C. 物流不仅仅研究物的流通与储存,还研究伴随着物的流通与储存而产生的信息处理。

   D. 物流是从某个企业原材料供应、储存、搬运、加工、生产直至产成品的流通、消费、回收等整个流程。

三、多选题

1. 物流信息技术服务包括( )。

   A. 物流文献交流　　　　　　B. 物流数据处理

   C. 物流数据共享　　　　　　D. 物流系统开发

2. 条码技术主要应用于( )领域。

   A. 质量跟踪管理　　　　　　B. 二维码自动录入

   C. 仓储管理　　　D. 物流跟踪

3. 第三方物流的主要作用有( )。

   A. 提高企业竞争力　　　　　B. 减少库存

   C. 降低成本　　　　　　　　D. 提高效率

4. 物流行业追求( )目标。

   A. 整体系统化　　　　　　　B. 整体最优化

   C. 社会利益最大化　　　　　D. 人员安排的合理化

5. 配送的工作程序及内容包括( )。

   A. 拟定配送计划流程　　　　B. 选择配送方法

   C. 分析配送成本　　　　　　D. 制定配送作业流程

京东商城物流服务

在电商环境的激烈竞争下,京东有着自己电商物流模式,它主要采用自营物流和第三方物流相结合的模式,国内大部分的B2C电商也多采用这种模式。

京东在各大城市建立了城市配送站,最终,配送站将覆盖全国200座城市,均由自建快递公司提供物流配送、货到付款、移动POS刷卡、上门取换件等服务。此外,北京、上海、广州三地仓储中心也已扩容至8万平方米,仓储吞吐量全面提升。分布在华北,华南,华东的各大物流中心,覆盖全国各大城市。

京东的物流里程由此开始,2010年4月初,京东商城在北京等城市率先推出"211限时达"配送服务。2010年5月15日在上海嘉定占地约13.33万平方米的京东商城华东物流仓储中心内,投资上千万的自动传送带已投入使用。工人们手持PDA,开着小型叉车在数万平方米的仓库内调配商品。这是京东迄今为止最大的仓储中心,承担了一半销售额的物流配送,也是公司将融资得到的2100万美元的70%投放到物流建设的结果。在这里,京东每日能正常处理2.5万个订单,日订单处理能力达到5万单。在此基础上,公司计划2011年在嘉定建成一座15万~18万平方米的超大型仓储中心,其规模将是鸟巢的8倍。

为了消费者更好的物流服务和物流投入能力的局限,京东也和第三方物流也有着紧密的合作。在北京、上海、广州之外的其他城市,京东商城和当地的快递公司合作,完成产品的配送。而在配送大件商品时,京东选择与厂商合作。因为厂商在各个城市均建有自己的售后服务网点,并且有自己的物流配送合作伙伴。比如海尔在太原就有自己的仓库和合作的物流公司。京东与海尔合作,不仅能利用海尔在本地的知名度替自己扩大宣传,也较好地解决了资金流和信息流的问题。其主要的第三方物流公司有宅急送、中国邮政以及四通一达等。

如今京东的物流越做越精准。在京东推出"211限时达"配送服务,当日上午11:00前提交的现货订单(以订单进入出库状态时间点开始计算),当日送达;夜里11:00前提交的现货订单(以订单进入出库状态时间点开始计算),第二天上午送达(14:00前)。这个速度目前在电子商务企业还没有第二家能承诺,京东专注最后一公里服务,以此来提高自身的配送及售后服务水平,提高顾客满意度。京东采用先进的物流信息系统构造了一个现代化的信息管理平台,通过建立电子数据交换系统(EDI)、自动订货系统(EOS)等与第三方物流之间达到硬件、软件和数据报表等的匹配和兼容,进行信息实时跟踪,实现网上在线交易处理,方便顾客及时快速的查到自己所购商品的配送信息,解决信息不对称问题,真正地把商流、物流、资金流、信息流集成到一起。

京东根据客户订单、配送计划和商品库存等信息,对其要货商品的可配数额及配送类型进行设置,自动生成配运单。另外京东推行细致灵活、多种多样的特色配送服务如免运费、上门自提、货到付款、无线POS支付等来实现快速反应。采用ECR或者QR等先进技术,加强与物流外包企业的合作,从而加快配送速度。

我们期待京东越做越强,更期待今后它能为消费者带来更加快捷的物流服务。

问题:

1. 京东商城物流属于哪种物流模式?
2. 电子商务环境下企业如何为客户提供良好的物流服务?

任务总结

2022年2月23日商务部印发了《"十四五"电子商务发展规划》,提出支持产业链上下游企业基于电子商务平台加快订单、产能、物流、渠道等资源整合与数据共享,推动电子商务平台的数字化供应链转型,解决采购、物流等业务痛点。而现如今大数据、人工智能、AR、VR、物联网等新兴数字技术的变革,也正推动着电子商务产业步入高质量发展阶段,物流作为商品交付的手段,是电子商务交易过程中直接与消费者接触的末端环节,借助网络信息技术、先进的配送设备设施、现代化管理方法,通过物流配送活动将商品定时定点交至用户手中,以满足用户的个性化需求,并能够及时获取用户体验数据,以完善自身服务。但目前电子商务物流的发展中仍存在物流配送体系不健全、物流技术不完善、配送成本过高、配送渠道单一、专业人才缺乏、法律制度不完备等缺陷,使得物流成为电子商务发展中亟待解决的问题。本章主要通过介绍电子商务与物流的关系、现代电子商务物流模式、电子商务物流模式选择等内容,以实例分析、课堂讨论等形式,帮助学生由浅入深地理解并掌握电子商务物流解决方案。

参考文献

[1] 相成久.电子商务应用与运营[M].2版.北京:中国人民大学出版社,2015.

[2] 于巧娥,王林毅.电子商务基础与实务[M].2版.北京:中国人民大学出版社,2015.

[3] 朱孝立,罗荷香.新编电子商务教程[M].2版.合肥:中国科学技术大学出版社,2012.

[4] 杨荣明,吴自爱.电子商务实用教程[M].2版.合肥:安徽大学出版社,2014.

[5] 孙若莹,王兴芬.电子商务概论[M].北京:清华大学出版社,2012.

[6] 尹军琪.物流技术概览及发展趋势[C]//2021年中国仓储配送行业发展报告(蓝皮书),2021.

[7] 张薇.陕西农产品第四方物流发展模式研究[J].物流技术,2022,41(1):55-58.

资 源 链 接

[1] 艾瑞咨询网　http://www.iresearch.com.cn.

[2] 亿邦动力网　http://www.ebrun.com.

[3] 百度百科　http://www.baike.baidu.com.

[4] 中国互联网络信息中心　http://www.cnnic.net.cn.

[5] 中国软件资讯网　http://www.cnsoftnews.com/static.

第 6 章　网络营销

知识目标

🔊 了解网络营销的基本概念和特点,掌握网络营销的组合策略、网络营销的形式。

能力目标

🔊 理解网络营销的内涵,掌握开展网络营销的手段和方法,具备一定的网络营销能力。

思政目标

🔊 了解国家出台的与网络营销相关的政策法规,培养在开展电子商务活动中的诚信服务精神。

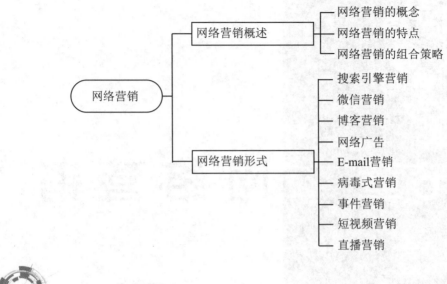

"国货营销大户"花西子

花西子成立于2017年,诞生于烟雨杭州,是一个以"东方彩妆,以花养妆"为理念的彩妆品牌。"西子"取之于苏东坡的诗句"欲把西湖比西子,淡妆浓抹总相宜",寓意女性通过淡妆也能尽展女性之美。品牌整体形象为国风,优雅典致,意韵悠长。

1. 文化营销

不得不承认,花西子在文化营销方面做到了极致。其众多产品中无不透露出中国传统文化气息,如浮雕眼影盘、雕花口红,从故宫中汲取灵感,以东方微雕工艺复刻,尽显中国传统建筑之美之绝;新品同心锁口红,最大的亮点就在于其外壳以中国传统同心锁为基础,加以创新,古典又不失优雅;最新推出的苗族印象高定系列,就以中国少数民族苗族的银饰为设计灵感来源,这个系列产品外壳泛着闪眼的银白锻光,尽显高级。

2. 网络营销

花西子在网络营销方面也相当成功。其几乎摆脱了传统的线下销售模式,全面布局线上推广宣传和销售,在小红书、B站、微博、抖音、快手等众多社交平台进行大规模的营销,与众多头部KOL合作推广。除此之外,花西子也在全国地铁站、机场等交通站点投放了大量广告。正是通过这么大规模的网络营销,花西子用短短4年时间就从一个不知名的品牌成为国货知名彩妆品牌,继而走出国门入驻日本亚马逊,并在上架首日多款产品售罄。花西子自此开始真正蜕变为一个全球化的品牌,其未来发展不可估量。

(资料来源:知乎.从营销观念角度浅谈"国货营销大户"花西子[EB/OL].(2021-04-10).https://zhuan-lan.zhihu.com/p/363837881? ivk_sa=102432ou.)

提出任务

随着互联网影响的逐渐扩大以及人们对网络营销理解的不断加深,人们已经看到网络营销的诸多优点。越来越多的企业或个人开始通过网络进行营销推广。网络营销不单单是一种营销手段,更是一种信息化社会的新文化。网上巨大的消费群体给网络营销提供了广阔的空间。什么是网络营销?网络营销有哪些形式?

解决问题

任务6.1 网络营销概述

6.1.1 网络营销的概念

网络营销是指借助于互联网、电脑通信技术和数字交互式媒体来实现营销目标的一种营销方式。网络营销是以现代营销理论为基础,以互联网为中介媒体,对产品的售前、售中、售后等环节进行追踪服务,寻找新客户、服务老客户,最大限度地满足客户需求,从而开拓市场、增加盈利的经营过程。

6.1.2 网络营销的特点

1. 跨时空

互联网具有的超时间约束和空间限制进行信息交换的优点,使得脱离时空限制达成交易成为可能,企业能有更多的时间和更多的空间进行营销,可以随时随地提供而向全球的营销服务。

2. 多媒体

互联网可以传输信息的多种媒体形式,如文字、声音、图像等信息,将为达成交易而进行的信息交换转换为多种形式进行,可以充分发挥网络营销人员的创造性和能动性。

3. 交互式

互联网可以展示商品,提供有关商品信息的查询,可以和消费者互动,收集市场情报,进行产品测试与消费者满意度调查等。

4. 人性化

互联网上的促销是一对一的、理性的、消费者主导的、循序渐进式的,可以避免推销员强行推销的弊端,并可通过互动与消费者建立长期的良好关系。

5. 成长性

互联网使用者数量快速增长并遍及全球,并且多半为年轻人,由于这部分群体购买力强且具有很强的市场影响力,因此极具网络营销开发潜力。

6. 整合性

网络营销贯穿商品信息发布至付款、售后服务等环节,是一种全程的营销渠道。另外,企业可以借助互联网将不同的营销活动进行整合,避免不同传播渠道信息不一致导致的消极影响。

7. 超前性

互联网是一种功能强大的营销工具,它同时兼具渠道、促销、电子交易、互动、消费者服务以及市场信息分析与提供等功能,恰好符合定制营销与直复营销共同发展的趋势。

8. 高效性

互联网可存储大量的信息供消费者查询,可传送的信息数量与精确度远远超过其他媒体,并能顺应市场需要,及时更新产品、调整价格,从而及时有效地满足消费者的需求。

9. 经济性

通过互联网进行信息交换,代替以前的实物交换,一方面可以减少印刷与邮递的成本,同时无店销售可以免交租金、节约水电与人工成本;另一方面可以减少由于多次交换带来的损耗。

10. 技术性

网络营销是建立在互联网的基础上的,只有改变传统的组织形态,提升信息管理的能力,引进懂营销与电脑技术的复合型人才,企业才能在未来具备市场竞争优势。

6.1.3 网络营销的组合策略

1. 网络营销产品策略

网络销售商品并非传统的面对面买卖方式,消费者与企业通过网络对话是买卖双方的主要交流形式。消费者通过访问企业的网站查看商品的性能、价格等参数,填写表单表达自己对商品品种、规格、颜色及数量等的要求。企业将符合消费者要求的产品送货上门。

(1) 网络营销中产品的整体概念

在网络营销中,产品的整体概念可分为五个层次,企业可根据这五个不同的层次制定相应的策略,具体如下:

① 核心利益层次。企业在设计和开发产品核心利益时要从消费者的角度出发,要仔细探究消费者需要的到底是什么或是产品能够满足消费者的什么需求。同时要考虑网络营销的全球性,如医疗服务可以借助网络实现网络远程医疗。

② 有形产品层次。对于物质产品来说,企业必须保障品质,注重产品的品牌,注意产品的包装。在样式和特征方面,要根据不同地区的文化进行相应的处理。

③ 期望产品层次。在网络营销中,消费者占主导地位,消费呈现出个性化的特征,不同的消费者对产品的要求可能不一样,因此产品的设计和开发必须满足个性化的消费需求。现代社会已由传统的企业设计开发、消费者被动接受的时代转变为以消费者为中心,由消费者提出要求,企业辅助消费者来设计开发产品,满足消费者个性需求的新时代。

④ 延伸产品层次。在网络营销中,对于物质产品来说,如果企业要延伸产品层次,那么需注意提供产品的售后服务等。

⑤ 潜在产品层次。在延伸产品之外,由企业提供能满足消费者潜在需求的产品。潜在产品与延伸产品的主要区别是:当消费者没有潜在产品层次的需要时,企业仍然可以很好地使用消费者需要的产品的核心功能,但当得到潜在产品时,消费者的潜在需求会得到超值的满足,对产品的偏好程度与忠诚程度会得到大大提高。

(2) 网络营销产品选择遵循的原则

网络营销可以选择任何实物产品与服务。但在我国目前的电子商务发展状况下,一些产品成为企业开展网络营销的首选产品,如:名牌产品,与计算机技术相关的产品,便于配送的产品,网络营销费用远低于渠道销售费用的产品,不容易设实体店的特殊产品,市场容量较大的产品,消费者可以从网上了解较多产品信息的产品。

通常,从宏观方面来说,产品可以划分为两大类:一类是消费者在购买时就能确定或者评价其质量的产品,如个人计算机、书籍等;另一类是必须在消费者使用过一段时间后才能确定或者评价其质量的产品,也被称为经验性产品,如化妆品等。显然,产品质量容易鉴定、标准化程度比较高的产品,容易在网上销售;而经验性产品,或者个性化很强的产品在网上进行销售就相对较难。

关于实物产品,还要考虑营销区域的问题,虽然网络消除了区域的束缚,但在实际的网络营销操作中,企业必须考虑自己产品的营销范围。如果远距离的消费者购买产品,而企业的配送系统不能将商品送达或者配送费用过高,那么将对企业与消费者都造成影响。

2. 网络营销价格策略

网络营销价格是指企业在网络营销过程中买卖双方成交的价格。网络营销价格的形成是极其复杂的,它受到成本、供求关系、竞争等因素的影响和制约。企业在进行网络营销决策时必须对各种因素进行综合考虑,从而采用相应的定价策略。目前的定价策略主要分为如下五种。

(1) 竞争定价策略

通过客户跟踪系统(Customer Tracking System,CTS)经常关注消费者的需求,时刻注意潜在客户的需求变化,才能保持网站向消费者需要的方向发展。大多数购物网站经常会将网站的服务体系和价格等信息公开,这就为了解竞争对手的价格策略提供了便利。所以需要随时掌握竞争者的价格变动,及时调整自己的竞争策略,以时刻保持同类产品的相对价格优势。

(2) 个性化定价策略

个性化定价策略就是利用网络互动性和消费者沟通,来确定商品价格的一种策略。网络的互动性能实时了解消费者的需求,使个性化营销成为可能,也使个性化定价策略成为网络营销的一个重要策略。这种个性化服务和定价策略是网络产生后营销方式的一种创新。

(3) 自动调价、议价策略

自动调价、议价策略主要根据季节变动、市场供求状况、竞争状况及其他因素,在计算收益的基础上,设立自动调价系统,进行自动价格调整。同时建立与消费者直接在网上协商价格的集体议价系统,使价格具有灵活性和多样性,从而形成新的价格,这种集体议价策略已在一些网站中采用。

(4) 特有产品特殊价格策略

特有产品特殊价格策略需要企业根据产品在网上的消费者需求来确定产品的价格。当某种产品有其特殊的功能时,不用较多地考虑其他竞争者,只要制定自己最满意的价格就可以了。这种策略主要可分为两种类型：一种是创意独特的新产品（"即炒新"），它利用网络沟通的广泛性、便利性，满足了那些品味独特、需求特殊的消费者"先睹为快"的心理；另一种是纪念物等有特殊收藏价值的商品（即"炒旧"），如古董、纪念物或是其他有收藏价值的商品等。

（5）捆绑销售策略

捆绑销售这一概念在很早以前就已经出现，但是引起人们关注是由于20世纪80年代美国快餐业的广泛应用（麦当劳通过这种形式促进了食品的销售）。当前，这种传统策略已经被许多精明的网上企业采用。网上购物可以通过购物车或者其他形式巧妙运用捆绑手段，使消费者对所购买的产品价格更满意，采用这种方式，企业会突破网上产品的最低价格限制，利用合理、有效的手段降低消费者对价格的敏感程度。

3. 网络营销渠道策略

网络营销渠道是产品和服务从生产者向消费者转移过程的具体通道或路径，网络营销渠道就是借助互联网将产品和服务从生产者转移到消费者的中间环节。完善的网上销售渠道应该有订货、结算和配送三大功能。

（1）网络直接销售

网络直接销售简称网络直销，指生产厂家通过网络直接分销渠道销售产品，没有任何形式的网络中介商。目前常见的做法有两种：一是企业在互联网上建立自己独立的站点，申请域名，建设网站，由网络管理员专门处理有关产品的销售事务；二是企业委托信息服务商（ISP）在其站点上发布信息，企业利用有效信息与客户联系，直接销售产品，虽然有企业委托信息服务商参加，但主要的销售活动还是由买卖双方完成的。

网络直销的优点如下：

① 网络直销促成产需双方直接见面，企业可以直接从市场上搜集到真实的第一手材料，有助于合理安排生产。

② 网络直销对买卖双方都有直接的经济利益。由于网络营销大大降低了企业的营销成本，企业能够以较低的价格销售自己的产品。

③ 营销人员可以利用网络工具，如电子邮件、论坛、微博等，随时根据用户的愿望和需要，开展各种形式的促销活动，迅速扩大产品的市场占有率。

④ 企业能够通过网络及时了解到用户对产品的意见和建议，解决疑难问题，提高产品质量，改善经营管理模式。

（2）网络间接销售

为了克服网络直销的缺点，网络商品交易中介机构应运而生。这类机构成为了解买卖双方的枢纽，使网络间接销售成为可能。虽然网络商品交易中介仍然存在许多问题,但它在未来虚拟网络市场中的作用却是其他机构所不能代替的。

网络商品交易中介机构的存在成为必然主要有如下两个原因:

① 网络商品交易中介机构的存在简化了市场交易的过程。当前越来越多的商品信息被公布在网上,并且信息越来越分散,更多的商业机构都在网上寻找业务,因此网络商品交易中介机构的发展是很快的。利用网络交易中间商的目的在于能够更加有效地推动商品广泛地进入目标市场。

② 网络商品交易中介机构的撮合功能有利于降低业务花费和进行全球性交易。网络商品中介机构为买卖双方提供了相当于集成的功能,因此为买卖双方创造了价值。而且中介机构在特定的市场领域里与许多机构的关系密切,它们能用这些关系对某些卖主的产品进行捆绑式销售,以满足客户的需求。

(3) 双道法

所谓双道法,是指企业同时使用网络直接分销渠道和网络间接分销渠道,以达到销量最大化的目的。在买方市场的现实情况下,通过两种渠道推销产品比单一渠道更容易实现"市场渗透"。在现代化大生产和市场经济条件下,在建立网站的同时,大部分企业都积极利用网络间接渠道销售自己的产品,通过中介商信息服务和广告服务的撮合服务,可以扩大企业的影响,在开拓企业产品销售领域的同时降低销售成本。

4. 网络营销促销策略

网络营销促销策略是指利用现代化的网络技术向虚拟市场传递有关产品或服务的信息,以激发消费者的购买欲望和购买行为的各种活动。它与传统促销的目的一样,都是为了让消费者了解产品,或通过服务引起消费者的注意和兴趣,激发他们的购买欲望,并最终使其完成购买行为。网络促销具有其独特性,与传统促销在信息传播模式、时间和空间观念、消费者参与程序上与传统的促销手段相比都有较大差别,具体如下。

(1) 网络促销的形式

网络促销一般有四种形式,即网络广告、站点推广、销售促进和关系营销。

① 网络广告主要借助网上知名站点,提供免费电子邮件服务,或者在一些免费公开的交互站点发布企业的产品或服务信息,对企业及企业产品或服务进行宣传推广,网络广告已形成了一个很有影响力的产业市场,因此企业考虑的首选促销形式应是网络广告。

② 站点推广主要利用网络营销策略扩大站点的知名度,吸引访问网站的流量,起到宣传和推广企业以及企业产品或服务的效果。

③ 销售促进是指企业利用可以直接销售的网络销售站点,采用一些销售促进方法,如价格折扣、有奖销售、拍卖销售等方法,从而宣传和推广产品。

④ 关系营销是指通过借助互联网的交互功能吸引消费者与企业保持密切关系,培养消费者的忠诚度。

(2) 网络促销的实施过程

① 确定网络促销对象。网络促销对象是针对可能在网络虚拟市场上产生购买行为的消费者群体提出来的,它主要包括产品的使用者、产品购买的决策者和产品购买的影响者。

② 设计网络促销内容。消费者在做出购买行为之前一般经历认知、感知和行动这三个阶段。企业需要了解消费者所处的阶段,并制定出适合这一阶段的促销活动内容。

③ 选择网络促销的组合方式。网络促销策略主要有"推策略"和"拉策略"两种。所谓"推策略",其主要功能是将企业的产品或服务推向市场,获得广大消费者的认可;而所谓"拉策略",其主要功能是将消费者牢牢地吸引过来。企业应根据自己产品的特性,将两种策略有机地组合起来,从而达到最佳促销效果。

④ 制定网络促销预算方案。企业根据网络促销内容和目标,做好促销的预算方案。

⑤ 网络促销的执行与效果评价。在执行了网络促销活动之后,企业应对已执行的促销内容进行效果评价,以便对促销的内容、形式做出调整和改进。评价主要数据来源于两个方面:一是通过访问量的数据统计做出促销活动效果的评价;二是通过市场占有率、销售量、利润等数据,来判断促销决策的正确与否。

【微思考】 网络营销策略和传统营销策略有哪些不同之处?

任务6.2　网络营销形式

目前,网络营销的形式多种多样,这里主要介绍使用较多的九种形式。

6.2.1　搜索引擎营销

所谓搜索引擎营销(Search Engine Marketing,SEM),就是根据用户使用搜索引擎的方式,利用用户检索信息的机会,尽可能地将营销信息传递给目标用户。它通常以PPC(点击付费广告)为代表,在开通搜索引擎竞价后,用户通过搜索相关关键词,并点击搜索引擎上的关键词链接进入网站进一步了解其所需要的信息,然后通过拨打网站上的客服电话、与在线客服沟通或直接提交页面上的表单等方式来实现自己的目的。

搜索引擎是在互联网上进行信息资源和定位的基本工具,是为了帮助用户从成千上万的网站中快速有效地查询到所需要的信息而出现的。如果说互联网上的信息"浩如烟海",那么搜索引擎就是"海洋中的导航灯"。

下面重点介绍搜索引擎注册、搜索引擎优化和搜索引擎广告。

1. 搜索引擎注册

网站是企业网络营销的主窗口,但网站宣传的前提是用户必须知道企业的网址。调查表明,约有66.3%的用户会利用搜索引擎来查找相关信息资源。可以看出,搜索引擎已经成为用户网上冲浪的利器,也给企业网站推广带来了希望。搜索引擎注册成为企业宣传网站的重要工具。简单来说,搜索引擎注册就是将企业网站基本信息(尤其是URL)提交给搜索引擎的过程。

搜索引擎主要有两种基本类型:一类是纯技术型的全文检索搜索引擎;另一类是分类目录型搜索引擎。对于这两种不同性质的搜索引擎,注册网站的方式也有很大差别。为了使更多的访问者能找到企业的网站,可以同时在多个搜索引擎上注册。

搜索引擎注册的目的是使企业网站在搜索引擎检索结果中排名靠前。要让别人知道企业的网站,就要让搜索引擎把企业的网站收录进去。但仅仅这样是不够的,像雅虎、百度这样的搜索引擎,每天申请收录的有几千个网址,企业的网站虽然被收录,但是排名可能很靠后。大部分搜索引擎使用积分等方法按照搜索关键词在数据库中文档的重要性、重复次数、分布情况以及位置等来确定文档或网址的排列顺序。因此,搜索引擎注册中最关键的是如何使用好关键词。

设定关键词要注意:使用足够数量的关键词,一般搜索引擎对关键词的数量都有一定的限制,最好用足这个数量,关键词越多,被找到的可能性就越大;要选择与站点内容最为贴切的,能够描绘出企业网站特征的关键词,并且要首先在标题中出现,正文尽可能重复这些词;充分考虑访问者使用搜索词的习惯,尽量不使用生僻字词。

2. 搜索引擎优化

搜索引擎优化(Search Engine Optimization,SEO)是针对搜索引擎的检索特点,让网站建设网页设计的基本要素符合搜索引擎的检索原则(即搜索引擎友好),从而获得搜索引擎收录并在检索结果中排名靠前。一个搜索引擎友好的网站,应该方便搜索引擎的检索信息,并且返回的检索信息让用户看起来有吸引力,这样才能达到搜索引擎营销的目的。

搜索引擎优化本身并不是一项专门的技术或者工程,而是一种经营思想,将这种经营思想运用于网站的建设之中,自然就能获得搜索引擎优化的效果。

搜索引擎优化是为用户获取信息和服务提供方便，是以用户为导向的网站优化效果的自然体现。因为搜索引擎的检索原则是为用户提供与检索信息最相关的内容，如果一个网站或网页做到了这一点，自然会在搜索引擎检索结果中获得好的排名。

搜索引擎优化应注意：每个网页都应该有独立的概括描述网站主题内容的网页标题；尽量使用静态网页，在页面中以文字信息为主，而不是以图片或Flash为主；网站外部链接要注重质量而不是数量；保持网站合理的栏目结构；网站应该有适量的文字信息，并且保持一定的更新频率；每个网页都应有经过专业设计的Meta标签。

3. 搜索引擎广告

依靠网站优化获得好的搜索结果排名是免费的，因此其成为搜索引擎营销的首选。优化设计也是网站专业性的标志之一，但仅仅依靠网站优化设计还不足以使多个重要关键词都获得好的排名，另一种有效的方法是利用搜索引擎广告。

搜索引擎广告是一种付费搜索引擎营销形式，也称为关键词广告、付费搜索引擎关键词广告等，是2002年后增长最快的一种网络广告模式。目前，谷歌拥有最有影响力的付费搜索引擎关键词广告业务。

搜索引擎广告的基本形式是：当用户利用某一关键词进行检索时，在检索页面上会出现与该关键词相关的广告内容，由于关键词广告具有较高的定位，其效果比一般网络广告形式要好，因而获得了快速发展。

搜索引擎广告具有如下优点：形式比较简单，通常为文字广告；可以随时进行投放；价格比较低廉，一般采用按点击量付费，并且费用可以控制；可以随时查看流量统计；可以方便地进行管理，随时更换；实时显示。

6.2.2 微信营销

微信营销是网络经济时代企业营销模式的一种创新，是伴随着微信的火热而兴起的一种网络营销方式。微信不存在距离的限制，用户注册微信后，可与同样注册的"微信好友"形成一种联系，用户订阅自己所需的信息，商家通过提供用户需要的信息推广自己的产品，从而实现点对点的营销，比较突出的有体验式微营销。

微信是腾讯旗下的一款即时通信产品，支持发送语音、视频、图片和文字等。2011年4月，微信以英文名WeChat正式进入国际市场。

1. 微信营销的特点

（1）点对点精准营销

微信的高精准度在于企业对目标人群尤其是对新老客户的控制。很多企业做微信营销时首先是把所有老客户邀请进来,然后想方设法吸引潜在目标人群,这样企业进行营销的时候拥有极高的精准度,这也是微信营销的核心价值所在。微信拥有庞大的用户群,借助移动终端、社交和位置定位等优势,每个信息都是可以推送的,能够让每个个体都有机会接收到营销信息,从而帮助商家实现点对点精准化营销。例如,酒类行业知名媒体佳酿网旗下的酒水招商公众账号,其拥有近万名由酒厂、酒类营销机构和酒类经销商等构成的粉丝,这些精准用户粉丝相当于一个盛大的在线糖酒会,每一名粉丝都是潜在客户。

(2) 形式灵活多样

位置签名:商家可以利用"用户签名档"这个免费的广告位为自己做宣传,附近的微信用户通过它能看到商家的信息。

二维码:用户可以通过扫描二维码来添加好友、关注企业账号,企业则可以设定自己的二维码,用优惠来吸引用户关注,开拓O2O营销模式。

开放平台:通过微信开放平台,应用开发者可以接入第三方应用进行内容选择与分享。如"美丽说"的用户可以将自己在美丽说中内容分享到微信中,可以使一件"美丽说"的商品得到传播,进而实现口碑营销。

公众平台:在微信公众平台上,每个人都可以打造自己的微信公众账号,并可以在微信平台上实现和特定群体的文字、图片、语音等全方位沟通和互动,打通企业与目标客户在移动端直接进行F2F(Face to Face)营销的"任督二脉"。

(3) 强关系的机遇

微信的点对点产品形态注定了其能够通过互动的形式将普通关系发展成强关系,从而产生更大的价值。通过互动的形式与用户建立联系,企业可以解答疑惑,可以讲故事,甚至可以"卖萌",用一切形式让企业与消费者形成朋友的关系,因为一般情况下,消费者不会轻易相信陌生人,但是会信任微信好友。由于公众号的粉丝都是主动关注的,信息也是主动获取的,完全不存在垃圾信息招抵触的情况。

2. 微信营销的基础优势

人类已步入移动互联网时代,在这个振奋人心的时代,微信诞生了,并以迅雷不及掩耳之势迅速占据了以智能手机为主的智能移动终端屏幕。

① 微信实现了真正的对话,一对一、一对多,文字、图片、视频等都在"手指尖"实现,所以微信是一个非常方便的沟通工具。营销需要和用户便捷的沟通,这就为微信营销打下坚实的基础。

② 微信的曝光率几乎是100%。曝光率是衡量信息发布效果的另一个指标。

③ 便捷、亲和的展示方式让人无距离感。通过微信进行的沟通和手机短信、电话沟

通一样,甚至可以视频交流,所以沟通起来非常有亲和力。微信营销的本质是F2F营销。

④ 微信是一个非常好的客户管理CRM工具,而且非常完美。通过微信公众平台可以很好地进行客户管理。例如,日常生活中经常收到的垃圾短信,其原因就是营销者没有很到好对客户进行管理,没有将老客户、新客户进行有效分类,把发给新客户的信息也发给了老客户。微信可以对客户很好地进行归类,可以向某一类人群定时发送他们需要的信息,还可以和客户互动,设置查询、搜索等功能,所以微信是一个非常好的客户管理工具。

3. 微信营销的技巧

(1) 查看附近人

个性签名是腾讯产品的一大特色,用户可以随时在个性签名里更新自己的签名。也有许多人利用签名打入强制性的广告,可以使一定用户看到,但是这种单调的硬性广告,通常只有用户的微信好友才能看到。那么有什么方式可以让更多陌生人看到呢?结合微信的另一个特色应用——查看附近的人便可以做到。

(2) 漂流瓶

截至2016年3月,微信每月活跃用户已达5.49亿,不少大品牌都在尝试微信推广。其中,漂流瓶便是企业看中的一个微信应用。漂流瓶实际上是移植QQ邮箱的一款应用,该应用在QQ上广受好评,许多用户喜欢这种和陌生人的简单互动方式。漂流瓶移植到微信上后,基本保留了原来简单易上手的优点。

(3) 社交营销式

微信拥有一些优越于其他沟通工具的功能,并且衍生出了很多非常实用、又很有趣的应用,比如"微信群""按住说话"等功能引领了整个移动互联网时代产品功能创新时尚。例如,杭州出租车司机们用微信群调度运力,乘客只需要加入微信群,提前在群里说好乘车时间、地点、目的地,就可以在打车困难的地方便捷地获得出租车服务。

微信营销的社交营销是基于微信公众平台进行的。公众账号是一个企业或者个人品牌的宣传平台,注册微信公众号以后,就可以基于计算机进行信息的发送和用户管理。所以对于营销者来说,要做的第一步就是注册一个微信公众账号。要注册微信公众平台账号,只要登录微信网站进入公众平台页面填写完成相关信息就可以了。

注册成功之后进入后台的"设置"板块,可以进行头像、账号域名、二维码等方面的设置。企业设置微信公众账号域名的时候要做到:便于记忆,便于目标人群输入;不一定越短越好,但是要尽量短;尽量不用各种符号。

(4) 划时代的F2F营销模式

F2F营销模式是指企业与目标客户面对面进行营销。在微信出现前,任何营销渠道都很难达到F2F的效果。对于一个营销推广项目,要么不知道多少人看,要么不知道谁在看,要么不知道看的人怎么想,要么看了不知道怎么去买,要么用着好却不知道怎么对企业表达感谢,而微信的出现,让这一切都变得不是问题。

微信营销是真正意义上的F2F营销,通过企业公众账号,能够使得用户数据一目了然,而且营销者的信息能随时随地到达用户终端。用户看了营销者的市场推送信息后,如果有想法会直接告诉营销者,因为这样很方便,只要按住说话按钮直接表达。如果用户看了新产品信息后想要购买,可以直接发送购买指令到企业公众账号,如果公众账号实现了与电子商务业务购买系统的对接,则可实现直接购买,不想要商品了发个信息还能直接退订,使用体验佳还可以直接表达正面评价。这就是完全的F2F营销,它将是一个划时代的营销模式。

6.2.3 博客营销

博客营销是指通过企业博客或个人博客进行企业与用户之间的互动交流以及企业文化的展现,一般以诸如行业评论、工作感想、心情随笔和专业技术知识等作为企业博客内容,从而使用户更加信赖企业,提高品牌影响力。

博客推广比较适合没有网站的企业或者个人,如果一个企业想打响自己的品牌而又暂时没有自己的网站,则可以通过博客来推广自己的产品。

1. 博客营销的定义

博客上的内容通常是公开的,可以发表自己的网络日记,也可以阅读别人的网络日记,因此博客可以理解为一种个人思想、观点、知识等在互联网上的分享。由此可见,博客具有知识性、自主性、共享性等基本特征,正是这种性质决定了博客营销是一种基于思想、体验等表现形式的个人知识资源的,通过网络形式进行的营销。

(1) 博客营销的价值

博客作为一种营销工具,发挥的是网络营销信息传递的作用。因此,其网络营销的价值主要体现在企业营销人员可以用更加自主、灵活、有效和低投入的方式发布营销信息,直接实现企业信息发布、降低营销费用和实现自主发布信息等是博客营销价值的典型体现。

① 博客可以直接带来潜在用户。博客内容发布在博客托管网站上,如博客网、Blogger网站等,这些网站通常拥有大量的用户群体,有价值的博客内容会吸引大量潜在用户浏览,从而达到向潜在用户传递营销信息的目的。这种方式是博客营销的基本形

式,也是博客营销最直接的价值体现。

② 博客营销的价值还体现在降低网站推广费用方面。网站推广是企业网络营销工作的基本形式,大量的企业网站建成之后由于缺乏有效的推广,使网站访问量过低,降低了网站的实际价值。通过博客的方式,在博客内容中适当加入企业网站的信息(如某项热门的链接、在线优惠券下载链接等)达到网站推广的目的,这是低投入的网站推广方法,可降低一般付费推广的费用,甚至在不增加网站推广费用的情况下,提升网站的访问量。

③ 博客文章内容为用户通过搜索引擎获取信息提供了机会。多渠道信息传递是网络营销取得成效的保证,通过博客文章可以增加用户通过搜索引擎发现企业信息的机会。一般来说,访问量较大的博客网站比一般企业网站的搜索引擎要友好得多,用户可以比较方便地通过搜索引擎发现这些企业博客内容。搜索引擎的可见性,就是让尽可能多的网页被主要搜索引擎收录,并且当用户利用相关的关键词检索时,这些网页出现的位置和摘要信息更容易引起用户的注意,从而达到利用搜索引擎推广网站的目的。

④ 博客文章方便增加企业网站的链接数量。获得其他相关网站的友情链接是一种常见的网站推广方式,但是当一个企业网站的知名度不高且访问量较低时,往往很难找到有价值的网站给自己友情链接,通过发表博客文章为本公司的网站做链接则是顺理成章的事情。拥有博客文章发布的资格增加了网页链接的主动性和灵活性,这样不仅能为网站带来更多的访问量,还能增加网站在搜索排名中的优势。

⑤ 可以实现用更低的成本对用户行为进行研究。当博客内容比较受欢迎时,博客网站就会成为与用户交流的枢纽,有什么问题可以在博客文章中提出,用户可以发表评论,从而了解用户对博客文章内容的看法,企业也可以回复用户的评论。当然,也可以在博客文章中设置在线调查表的链接,便于有兴趣的用户参与调查,扩大在线调查表的投放范围,同时还可以直接就调查中的问题与用户进行交流,使得在线调查更有交互性,提高在线调查的效果,同时降低调查研究费用。

⑥ 博客是建立权威网站品牌效应的理想途径之一。如果想成为某一领域的专家,最好的方法之一就是建立自己的博客。如果坚持不懈,那么企业所营造的信息资源将为自己带来可观的访问量。在这些信息资源中,也包括收集的各种有价值的文章、网站链接、实用工具等,这些资源为持续不断地写出更多的文章提供了很好的帮助,从而形成良性循环,这种资源的积累实际上并不需要多少投入,但其回报却是可观的。企业博客也是同样的道理,只有坚持对某一领域的深度研究,并加强与用户的多层面交流,才有可能获得用户的品牌认可,提高用户忠诚度。

⑦ 博客降低了被竞争者超越的潜在损失。2004年,博客在全球范围内已经成为热

门词汇之一,不仅参与博客写作的用户数量快速增长,而且浏览博客网站内容的互联网用户数量也在急剧增加。在博客方面所花费的时间成本,完全可以从其他方面节省的费用得到补偿,在博客发布的内容,同样可以用于企业网站内容的更新,或者发布在其他具有营销价值的媒体上。反之,如果因为没有博客而被竞争者超越,那么损失将是不可估量的。

⑧ 博客让营销人员从被动的媒体依赖转向自主发布信息。在传统的营销模式下,企业往往需要依赖媒体来发布企业信息,不仅渠道受到局限,而且费用相对较高。当营销人员拥有自己的博客之后,只要这些信息没有违反国家法律,就可以随时发布需要的信息,并且这些信息对用户是有价值的。博客的出现,使市场人员营销观念和营销方式产生了重大转变,每个企业、每个人都有自由发布信息的权利,如何有效地利用这一权利为企业营销战略服务,则取决于市场人员的知识背景和对博客营销的应用能力等因素。

(2) 博客营销的常见形式

① 企业网站自建博客频道。通过博客频道的建设,鼓励公司内部有写作能力的人员发布博客文章,可以达到多方面的良好效果。从企业外部而言,可以达到增加网站访问量、获得更多潜在用户的目的,在企业品牌推广、增进用户认知、听取用户意见等方面均可以发挥积极作用;从企业内部而言,提高了员工对企业品牌和市场活动的参与意识,可以增进员工之间、员工与企业领导之间的相互交流,丰富了企业知识资源。企业网站自建博客频道需要进行相应的资源投入和管理,增加了网站运营管理的复杂性,并且需要对员工进行信息保密培训、博客文章写作方法培训、个人博客维护等相关知识培训,同时要避免让部分员工觉得增加了额外的工作负担,产生抵触情绪等。

② 第三方BSP公共平台模式。第三方公共平台博客营销的好处在于操作简单,不需要维护成本。但由于用户群体成分比较复杂,如果在博客文章中过多介绍本企业的信息则很难得到用户的关注。

③ 第三方企业博客平台。这种形式的博客营销也是建立在第三方企业博客平台上的,这种企业博客平台不同于以个人用户为主的公共博客,是专门针对企业博客需求热点提供的专业化的博客托管服务。第三方企业博客平台的典型问题在于:对提供这种服务的平台的依赖性较高;企业网站与企业博客之间的关系不够紧密;员工博客的访问量难以与企业网站相符合,因而对企业的知识资源积累所发挥的综合作用有所限制。

④ 个人独立博客网站模式。作为独立的个体,除了以企业网站博客频道、第三方博客平台等方式发布博客文章之外,以个人名义用独立博客网站的方式发布博客文章也很普遍。个人拥有对博客网站完全的自主管理维护权利,因此可以更加充分地发挥个

人的积极性,在博客中展示更多个性化的内容,并且同一企业多个员工个人博客之间的相互链接关系也有助于个人博客的推广,多个博客与企业网站的链接对于企业网站的推广也有一定的价值。

⑤ 博客营销外包模式。外包模式的优点是在于企业无需在博客营销方面投入过多的人力,不需要维护博客网站,相应地也就降低了企业博客管理的复杂性。经过精心策划的博客营销外包往往能取得巨大的影响力。

⑥ 博客广告。与前述五种博客营销模式的不同,博客广告是一种付费的网络广告形式,即将博客网站作为网络广告媒体在博客网站上投放广告,利用博客内容互动性的特性获得用户的关注。

(3) 博客营销的技巧

① 选择博客托管网站、注册博客账号。选择博客托管网站时应选择访问量较大且知名度较高的博客托管网站,可以根据全球网站排名系统等信息进行分析判断。对于某一领域的专业博客网站,不仅要考虑其访问量,还要考虑其在该领域的影响力,影响力较高的博客托管网站,其博客内容的可信度也相应较高。

② 选择优秀的博客作者。在营销的初级阶段,用博客来传播企业信息的首要条件是拥有具有良好写作能力的博客。博客作者在发布自己的生活经历、工作经历和某些热门话题的评论等信息的同时,可附带宣传企业,如企业文化、产品品牌等,特别是当发布文章的博客作者是在某领域有一定影响力的人物时,其所发布的文章更容易引起关注,能吸引大量潜在用户浏览,从而通过个人博客文章内容为读者提供了解企业信息的机会。

③ 坚持博客的定期更新和不断完善。企业应坚持长期利用博客,不断地更换其内容,这样才能发挥其长久的价值和应有的作用,吸引更多的读者。因此进行博客营销的企业有必要创造良好的博客环境,采用合理的激励机制,促使企业博客作者有持续的创造力和写作热情。同时应鼓励他们在正常工作之外的个人活动中坚持发布有益于公司的博客文章,这样长期积累,企业在网络上的信息会越积越多,被潜在用户发现的机会也就越来越大。

④ 协调个人观点与企业营销策略之间的分歧。从事博客写作的是个人,但网络营销活动是属于企业营销,因此博客营销必需正确处理两者之间的关系。如果博客作者所写的文章全部代表公司的官方观点,那么博客文章就失去了其个性特色,也就很难获得读者的关注,从而失去了信息传播的意义。但是,如果博客文章只代表个人观点,与企业立场不一致,就会受到企业的制约。因此,企业应该培养一些有良好写作能力的员工进行写作,他们所写的内容既要反映企业,又能保持自己的观点性和信息的传播性,

这样才会获得潜在用户的关注。

⑤ 建立自己的博客系统。当企业在博客营销方面开展得比较成功时，可以考虑使用自己的服务器，建立自己的博客系统，向员工、客户以及其他外来者开放。因为博客服务方是不承担任何责任的，所以服务是没有保障的，如果中断服务，那么企业通过博客积累的大量资源将毁于一旦。如果使用自己的博客系统，则可以由专人管理，定时备份，从而保障博客系统的稳定性和安全性。而且开放博客系统将引来更多同行、客户来申请和建立自己的博客，使更多的人加入到企业的博客宣传队伍中来，从而扩大企业影响力。

6.2.4 网络广告

网络广告是指以付费方式、运用互联网这种媒介来说服公众的一种信息传播形式。

1. 网络广告的类型

(1) 横幅式广告

横幅式广告(Banner)，又名旗帜广告，最常用的广告尺寸是486像素×60像素（或480像素×80像素），定位在网页中，大多用来呈现广告内容。

(2) 按钮式广告

按钮式广告(Buttons)，最常用的按钮广告尺寸有四种，分别是：125像素×125像素、120像素×90像素、120像素×60像素、88像素×31像素，定位在网页中，由于尺寸偏小，表现手法较简单。

(3) 邮件列表广告

邮件列表广告(Direct Marketing)，又名"直邮广告"，利用网站电子刊物服务中的电子邮件列表，将广告加在每天读者所订阅的刊物中发送给相应的邮箱所属人。

(4) 墙纸式广告

墙纸式广告(Wallpaper)，把客户所要表现的广告内容体现在墙纸上，并安排放在具有墙纸内容的网站上，以供感兴趣的用户进行下载。

(5) 电子邮件式广告

电子邮件式广告(E-mail)，形式以横幅广告为主，广告体现在拥有免费电子邮件服务的网站上，广告会出现在个人邮箱的主页上。

(6) 竞赛和推广式广告

竞赛和推广式广告(Contests & Promotions)，企业可以与网站一起合办他们认为用户感兴趣的网上竞赛或网上推广活动。

(7) 插页式广告

插页式广告(Interstitial Ads),又名弹跳广告,客户选择自己喜欢的网站或栏目,在该网站或栏目出现之前插入一个新窗口显示广告。

(8) 互动游戏式广告

互动游戏式广告(Interactive Games),在一段页面游戏开始、中间、结束的时候,广告都可随时出现,并且可以根据客户对产品的要求,为其量身定做一个属于自己产品的互动游戏广告。

2. 网络广告的特征

凭借互联网具有的不同于传统媒体的交互性、多媒体性和高效的独有特性,网络广告呈现出不同于传统媒体广告的优点。

(1) 互动性

网络广告是一种交互式的、与受众进行双向沟通的"活"广告。

(2) 快捷性

网络广告由于有自动化的软件工具进行创作和管理,能以低廉的费用按照需要及时变更广告内容。

(3) 丰富性

网络广告内容可以做得十分详尽,形式可以丰富多彩。

(4) 广泛性

网络广告具有时间的连续性和地域的广泛性等特色。

(5) 可控性

客户和广告商可以实时评估网络广告效果,调整广告策略。

(6) 成本低

企业做广告的直接目的是为了产品促销,而产品促销的最终目标是为了获取商业利益。商品广告的价格不断增长,成为很多企业的一种负担,而网络广告的价格较其他形式广告便宜很多。可以说,网络广告的出现为企业提供了一种新的宣传促销手段。

(7) 跨越地域和时空,宣传范围广泛

就目前而言,在网上发布的网络广告,其所面对的客户对象是分布在全球190多个国家或地区的数亿用户,网络广告可以跨越地域和时空,进入世界各地的千家万户。

(8) 表现形式灵活

网络广告以图、文、声、像等形式,将产品的形状、用途、使用方法、价格、购买方法等信息展示在用户面前。

（9）便于检索，直接反馈

因特网提供极其方便的信息检索工具，比如用户通过使用搜索引擎，可以方便、快捷地检索到所需网站及其广告产品，使得客户能很容易地获得相应数据。由于互联网上的广告以图形品牌的形式呈示，所以即便用户不点击广告，也已经看到宣传的产品。网络广告由于能够提供庞大的用户跟踪信息库，企业可以从中找到很多有用的反馈信息，这些信息都有益于捕捉商机。

（10）目标准确，更改方便

网络广告往往能够针对相关的群体进行更准确的投放。网站可以追踪用户在网上的行踪，记录用户曾经点选了哪些广告、需要深入了解哪类广告和哪类信息。选择有明确定位的站点投放广告，虽然这种站点的受众数量可能较少，覆盖面也比较窄，但这些受众往往正是潜在客户。

尽管网络具有许多传统媒体无法比拟的优势，但并不表明它是一个完美的媒体，在当前的情况下，它仍存在一些不足，主要表现在：网络广告的覆盖率仍然偏低，统计资料表明，即使在北京、上海等一线城市，网络广告的覆盖率也只是城市人口的8%左右；网络广告的效果评估困难，目前对网络广告效果的评估主要基于网站提供的数据，而这些数据的准确性、公证性一直受到某些客户和代理商的质疑。

3. 网络广告定位策略

网络广告定位发展至今已进一步得到细分，被划分为：抢先定位、比附定位、空隙定位、品牌形象定位、企业形象定位和网络广告文化定位等。

（1）抢先定位

心理学研究表明：首先进入大脑的信息，常常有不易排挤的位置。抢先定位策略就是利用人们认知心理先入为主的特点，使网络广告所宣传的产品、服务或企业形象，率先占领消费者的心理位置，这被认为是最重要的定位策略，也是网络广告界最重视的策略。这一策略最适宜于新产品上市。采用强刺激率先抢占消费者心理位置的策略，往往能使产品成为同类中的第一（领导者）品牌。

（2）比附定位

这是一种"攀龙附凤"的定位方法。当第一品牌的领导者地位已被别人占领时，跟进者要想正面抗争十分困难，聪明的网络客户或网络广告人往往"委曲求全"，以比照攀附领导者的方法，为自己的产品争得一席之地。

（3）空隙定位

这是一种跟进者使用的重要的定位方法，它是一种"钻空子"的方法，即寻找消费者心中的空隙，网络广告宣传的重点是填补这个空隙，即所谓的"有一个空子就可能确立一种定位,没有空子还可以创造空子。"

(4) 品牌形象定位

企业根据产品的个性和消费者的审美心理塑造一个产品形象,并把这个形象植入消费者心中。这个形象一旦被消费者喜爱,就会在消费者心中形成牢固的品牌地位,与其说消费者是为了满足某种物质需要而购买这种品牌的产品,倒不如说是因为喜欢这种品牌所塑造的形象、满足一种精神追求而购买。品牌形象定位可以和抢先策略、比附策略、空隙策略等结合运用。

(5) 企业形象定位

公共关系类的网络广告直接反映的就是企业自身形象,如企业的特点、企业的价值观、企业对公众对社会的责任等,这些常常是企业网络广告宣传的主题。

(6) 网络广告文化定位

文化是人们对自然、社会及自身认知的一种积淀。人类的认知是循序渐进、由浅入深的过程,因此网络广告文化也就有不同的阶段,即具有不同的发展层次。

6.2.5 E-mail营销

电子邮件正以其覆盖面广、成本低、效率高等优点越来越受到消费者的青睐。一家企业营销管理软件提供商Unica Corporation通过调查300多名来自英国、法国和德国的商业服务、制造商、零售商和技术提供商的企业营销主管,了解欧洲企业使用的市场营销方法,结果发现这些欧洲国家的企业使用率最高的营销方法就是E-mail营销。

1. E-mail营销的定义

E-mail自1994年诞生至今已有20多年的历史,逐渐成为人们网上信息交流的主要方式,也一度成为企业主要的网络营销手段。电子邮件并非专为营销而产生,但当其成为大众的信息传播工具时,其营销价值也就逐渐表现出来,在欧美国家,E-mail营销已经相当成熟,并在B2B、B2C等领域得到广泛应用。在国内,E-mail营销的发展稍显滞后,人们往往把E-mail营销误解为群发垃圾软件。其实不然,E-mail营销是指在用户事先许可的前提下,通过电子邮件的方式向目标用户传递有价值信息的一种网络营销手段,也可称之为许可E-mail营销。这个定义中主要包含三个层面:发送电子邮件之前必须经过用户许可;要通过电子邮件传递信息,而不是其他方式;这种信息要对用户有用的信息。这三个要素缺少一个,都不能被称为有效的E-mail营销。

E-mail营销具有信息发布速度快、价格便宜、反馈速度快和效果好等优点。

2. 开展E-mail营销的基础条件

开展E-mail营销需要解决三个基本问题:向哪些用户发送?发送什么内容?如何发送?这三个基本问题进一步归纳为E-mail营销的三个基础。

(1) E-mail营销的技术基础

从技术上保证用户加入、退出邮件列表,并实现对用户资料的管理以及邮件发送和效果跟踪等功能。

(2) 用户的电子邮件地址资源

在用户资源加入邮件列表的前提下,获得足够多的用户电子邮件地址资源,是E-mail营销发挥作用的必要条件。

(3) E-mail营销的内容

营销内容是通过电子邮件向用户发送的,邮件的内容对用户有价值才能引起用户的关注,有效的内容设计是E-mail营销发挥作用的基本前提。

当以上这些基础条件具备之后,才能开展真正意义上的E-mail营销。

3. 开展E-mail营销的手段

开展E-mail营销的前提是拥有潜在用户的电子邮件地址资源。E-mail营销的重要内容之一就是用户邮件地址资源的获取和有效管理。

按照电子邮件地址资源的所有权,E-mail营销常用的有内部列表和外部列表两种基本形式,具体如下。

(1) 内部列表

内部列表是一个企业/网站利用用户注册的资料来开展E-mail营销,包括企业自己拥有的各类用户的注册资料,如免费服务用户、电子刊物用户、现有客户资料等。这是企业开展网络营销的长期资源,也是E-mail营销的重要内容。

(2) 外部列表

外部列表是指利用专业服务商或者其他可以提供专业服务的机构提供的E-mail营销服务,企业自身并不拥有用户的E-mail地址资料,也无需管理维护这些用户资料。外部列表包括各种可以利用的E-mail营销资源,常见的形式有专业服务商,如专业E-mail营销服务商、免费邮件服务商、专业网络的会员资料等。

4. 获取邮件列表用户资源的基本方法

电子邮件地址的积累贯穿于整个E-mail营销活动之中,是E-mail营销最重要的内容之一,要尽可能引导用户加入邮件列表,获得尽可能多的电子邮件地址;邮件列表要取得读者的认可,要拥有自己独特的价值,能为用户提供有价值的内容。这些是邮件列表取得成功的基本条件。

网站的访问者是邮件列表用户的主要来源。网站的推广效果与邮件列表用户数量有密切关系。通常情况下,企业可以采取一些推广措施来吸引用户加入。

(1) 利用网站的推广功能

网站本身就是很好的宣传阵地,可以利用企业的网站推广邮件列表;除了在首页设置订阅框之外,网站主要页面都可以设置邮件列表订阅框,同时给出必要的订阅说明,这样可以加深用户对邮件列表的印象。

(2) 合理挖掘现有的用户数量

在向用户提供其他信息服务时,不要忘记介绍最近推出的邮件列表服务。

(3) 提供部分奖励措施

可以设置将某些在线优惠券仅通过邮件列表发送,某些研究报告或者重要资料也只有通过邮件列表才能获得。

(4) 向朋友、同行推荐

如果对邮件列表内容有足够的信心,企业可以邀请朋友和同行订阅,获得业内人士的认可也是一份邮件列表具有价值的表现之一。

(5) 为邮件列表提供多个订阅渠道

如果采用的是第三方提供的电子发行平台,且该平台有各种电子刊物的分类目录,不要忘记将企业的邮件列表加入到合适的分类中去。这样,除了能在企业网站为用户提供订阅机会之外,用户还可以在电子发行服务商网站订阅,从而增加了潜在用户订阅邮件列表的机会。

(6) 请求邮件列表服务商的推荐

如果采用第三方的专业发行平台,可以取得服务商的支持,在主要页面进行重点推广。

获取用户资源是E-mail营销中最为基础的工作内容之一,也是一项长期工作,在获取邮件列表用户资源的过程中应充分利用各种有效的方法和技巧,这样才能真正实现专业的E-mail营销。

5. 实施E-mail营销的注意事项

企业要成功地进行E-mail营销,还应注意如下事项:

(1) 许可E-mail营销

许可营销的主要方法是通过邮件列表、新闻邮件、电子刊物等形式,在向用户提供有价值信息的同时附带一定数量的商业广告。许可营销比传统的推广方式和未经许可的E-mail营销具有明显的优势,有助于消费者在网上寻找产品时减少广告对用户的滋扰,增加潜在用户定位的准确度,增进与用户的关系,提高品牌忠诚度等。

(2) 对常见问题有统一的答复

不同的消费者通常会询问一些类似的问题。对此,通常有三种高效处理的方式:在网站上开辟一个"常问问题解答"(FAQ)区域;创建一个回答常见问题的预设FAQ文件;设立一个自动回复器。

(3) 恰当处理消费者意见

当接到消费者意见时,企业应该及时做出回应。如果处理得当,很有可能将提出意见的消费者变成忠实消费者。

6.2.6 病毒式营销

1. 病毒式营销的定义

病毒式营销是通过利用公众的积极性和人际网络,让营销信息像病毒一样传播和扩散,营销信息被快速复制传向数以万计、数以百万计的受众,因此病毒式营销是一种高效的信息传播方式,而且由于这种传播是用户之间自发进行的,几乎是不需要费用的网络营销手段。

2. 病毒式营销的特点

(1) 有吸引力的病原体

天下没有免费的午餐,任何信息的传播都要为渠道的使用付费。之所以说病毒式营销是无成本的,主要指它利用了目标消费者的参与热情,但渠道使用的推广成本是依然存在的,只不过目标消费者受商家的信息刺激自愿参与到后续的传播过程中,原本应由商家承担的广告成本转嫁到了目标消费者身上,因此对于商家而言,病毒式营销是无成本的。

目标消费者并不能从"为商家打工"中获利,他们为什么自愿提供传播渠道?原因在于第一传播者传递给目标群的信息不是赤裸裸的广告信息,而是经过加工的、具有很大吸引力的产品和品牌信息,而正是这一披在广告信息外面的漂亮外衣,突破了消费者戒备心理的"防火墙",促使其完成从纯粹受众到积极传播者的变化。

(2) 几何倍数的传播速度

病毒式营销是自发的、扩张性的信息推广,它并非均衡地、同时地、无分别地传播给社会上每一个人,而是通过类似于人际传播和群体传播的渠道,产品和品牌信息被消费者传递给那些与他们有着某种联系的个体。例如,目标受众读到一则有趣的Flash,他的第一反应或许就是将这则Flash转发给好友、同事，无数名参与其中的"转发大军"就构成了几何倍数传播的主力。

（3）高效率的接收

病毒营销的信息是受众从熟悉的人那里获得或是主动搜索而来的，在接受过程中自然会有积极的心态；接收渠道也比较私人化，如手机短信、电子邮件、封闭论坛等。

（4）更新速度快

病毒式营销的传播过程通常是呈S形曲线的，即在开始时很慢，当其扩大至受众的一半时速度加快，而接近最大饱和点时又慢下来。针对病毒式营销传播力的衰减，一定要在受众对信息产生免疫力之前，将传播力转化为购买力，方可达到最佳的销售效果。

3. 病毒式营销的基本要素

美国电子商务顾问拉尔夫·威尔逊（Ralph F. Wilson）博士将一个有效的病毒式营销战略的基本要素归纳为以下六个方面：

① 提供有价值的产品或服务。
② 提供无须努力地向他人传递信息的方式。
③ 信息传递范围很容易从小向很大规模扩散。
④ 利用公共的积极性和行为。
⑤ 利用现有的通信网络。
⑥ 利用别人的资源进行信息传播。

根据这一基本规律，在制定和实施病毒式营销计划时，应该进行必要的前期调研和针对性的检验，以确认企业的病毒式营销方案是否满足这六个基本要素。

4. 成功实施病毒式营销的步骤

① 病毒性营销方案的整体规划和设计。
② 病毒式营销需要独特的创意，病毒式营销吸引人之处就在于其创新性。
③ 对网络营销信息源和信息传播渠道进行合理的设计以便利用有效的通信网络进行信息传播。
④ 对病毒式营销的原始信息在易于传播的小范围内进行发布和推广。
⑤ 对病毒式营销的效果进行跟踪和管理。

上述成功实施病毒式营销的五个步骤对病毒式营销的六个基本要素从实际应用的角度做出了进一步的阐释，使其更具有指导性，充分说明了病毒式营销在实践应用中应遵循的规律。

6.2.7 事件营销

1. 事件营销的定义

事件营销(Event Marketing)是企业通过策划、组织和利用具有名人效应、新闻价值以及社会影响的人物或事件,引起媒体、社会团体和消费者的兴趣与关注,以求提高企业或产品的知名度、美誉度,树立良好品牌形象,并最终促成产品或服务的销售的手段和方式。简单地说,事件营销就是通过把握新闻的规律,制造具有新闻价值的事件,并通过具体的操作,让这一新闻事件得以传播,从而达到广告的效果。

2. 事件营销的特点

(1) 免费

事件营销最重要的特性是利用现有的非常完善的新闻机器,来达到传播的目的。由于所有的新闻都是免费的,在所有新闻的制作过程中也是没有利益倾向的,所以制作新闻不需要花钱。事件营销应该归为企业的公关行为而非广告行为。虽然绝大多数的企业在进行公关活动时会列出媒体预算,但从严格意义上来讲,一件新闻意义足够大的公关事件应该充分引起新闻媒体的关注和采访的欲望。

(2) 有明确的目的

事件营销应该有明确的目的,这一点与广告的目的性是完全一致的。事件营销策划的第一步就是要确定企业的目的,然后明确通过何种新闻可以让新闻达到自身的目的。新闻事业发展到现在,媒体已经非常精确地细分化了,通常某一领域的新闻只会有特定的媒体感兴趣,并最终进行报道,而这个媒体的读者群也是相对固定的。

(3) 事件营销的风险性

事件营销的风险来自于媒体的不可控和新闻接收者对新闻的理解程度。例如,某个企业的知名度很大,但一旦市民得知了某些负面事情的真相,很可能就会对该公司产生一定的反感情绪,从而最终损害到该公司的利益。

3. 事件营销的要素

新闻能否被着重处理则要取决于其价值的大小,而新闻价值的大小是由构成这条新闻的客观事实适应社会的某种需要决定的。一则成功的事件营销必须至少包含下列四个要素之中的一个,这些要素包含得越多,事件营销成功的可能性越大。

(1) 重要性

重要性指事件内容的重要程度。判断内容重要程度的标准主要看其对社会产生影响的程度。一般来说,影响的人越多产生的影响越大,新闻价值越高。

(2) 接近性

越是心理上、利益上和地理上与受众接近和相关的事实,新闻价值越高。心理接近包含职业、年龄、性别诸因素。一般人对自己的出生地、居住地和曾经给自己留下过美好记忆的地方总怀有一种特殊的依恋情感,所以在策划事件营销时必须关注到企业受众的接近性的特点。通常来说,事件关联的点越集中,就越能引起人们的注意。

(3) 显著性

新闻中的人物、地点和事件的知名程度越是著名,新闻价值也越大。国家元首、政府要人、知名人士、历史名城、古迹胜地往往都是易于产生新闻的地方。

(4) 趣味性

大多数受众对新奇、反常、有人情味的东西比较感兴趣。有人认为,人类本身就有天生的好奇心或者称之为新闻欲的本能。

6.2.8 短视频营销

1. 短视频的概念及分类

短视频是指在各种新媒体平台上播放的、适合在移动状态和短时休闲状态下观看的、高频推送的视频内容,时长从几秒钟到几分钟不等。内容融合了技能分享、幽默搞怪、时尚潮流、社会热点、街头采访、公益教育、广告创意、商业定制等主题。由于内容较短,可以单独成片,也可以成为系列栏目。

短视频即短片视频,是一种互联网内容传播方式,一般是在互联网新媒体上传播的时长在1分钟以内的视频传播内容。随着移动终端普及和网络的提速,短平快的大流量传播内容逐渐获得各大平台、粉丝和资本的青睐。随着网红经济的出现,视频行业逐渐崛起一批优质UGC(内容制作者),微博、秒拍、快手、今日头条纷纷入局短视频行业,募集一批优秀的内容制作团队入驻。到了2017年,短视频行业竞争进入白热化阶段,内容制作者也偏向PGC(专业化运作)。

根据短视频的内容来分,可以把短视频分为以下几类。

(1) 短纪录片

"一条""二更"是国内较早出现的短视频制作团队,其内容形式多数以纪录片的形式呈现,内容制作精良,其成功的渠道运营优先开启了短视频变现的商业模式,被各大资本争相追逐。

(2) 网红IP型

"papi酱""回忆专用小马甲""艾克里里"等网红形象在互联网上具有较高的知名度,

其内容制作贴近生活,庞大的粉丝基数和用户黏性背后潜藏着巨大的商业价值。

(3) 草根恶搞型

以"快手"为代表,大量草根借助短视频风口在新媒体上输出搞笑内容,这类短视频虽然存在一定争议性,但是在碎片化传播的今天也为网民提供了不少娱乐谈资。

(4) 情景短剧

"套路砖家""陈翔六点半""报告老板""万万没想到"等团队制作内容大多偏向情景短剧类表现形式,该类视频短剧多以搞笑创意为主,在互联网上有非常广泛的传播。

(5) 技能分享

随着短视频热度不断提高,技能分享类短视频也在网络上有非常广泛的传播。

(6) 街头采访型

街头采访也是目前短视频的热门表现形式之一,其制作流程简单,话题性强,深受都市年轻群体的喜爱。

(7) 创意剪辑

利用剪辑技巧和创意,或制作精美震撼,或剪辑搞笑鬼畜,或加入解说、评论等元素,也是不少广告主利用新媒体短视频热潮植入新媒体原生广告的一种选择方式。

2. 短视频发展历程

随着移动互联网的技术发展,移动短视频应用于2011年出现,这一时期并没有什么具有代表性的明星产品。一方面是因为移动互联网大潮声势刚起,用户习惯和应用场景都很有限;另一方面则是受制于带宽、网速等硬件条件不足。

2013年8月,炫一下科技正式推出现象级爆款产品"秒拍",并借助"老东家"新浪微博的独家支持以及众多明星大腕的入驻,迅速将用户量级推至千万级,迎来短视频领域的第一次大爆发。几乎在同一时间,腾讯也正式推出了与之抗衡的短视频应用"微视",主打PGC内容生产,并打通腾讯旗下的QQ、微博、微信等产品链,用户可将自己录制的8秒钟短视频同步共享至腾讯微博、微信好友及朋友圈等,实现多渠道分发。2013年"秒拍"和"微视"的出现正式拉开了移动短视频时代的帷幕。

2014年,"GIF快手"涅槃重生,靠主打低廉、草根文化成功俘获了亚文化阵线的众多粉丝,其次"小影""小咖秀"等短视频应用则将触角延伸到了个性化工具生产方向,由此逐渐确定了以工具为核心的发展脉络。这一时期,大批移动短视频应用密集面世,与前一阶段基本以社交平台为依托的短视频模式不同,陆续涌入的玩家在模式创新方面也前进了一大步。"微视""美拍"和"秒拍"先后发起了"春节拜年""全民社会摇"以及"冰桶挑战"三大著名活动,将短视频市场推到了一个新的高度。

到2015年初,短视频市场就已经初步形成了"诸侯割据"的鼎立局面,以"美拍"为代表的社交媒体模式,以"微视"为代表的PGC模式,以及以"小影""小咖秀"为代表的工具平台模式,市场相对胶着。不过,由于"秒拍"和"美拍"的激烈竞争,"微视"的空间被进一步挤占,加之势不可挡的微信随后开发出了6秒钟"小视频"功能,2015年3月"微视"遭到腾讯战略放弃,随之迅速陨落。

2016年短视频进入真正意义上的爆发期。众多短视频内容创作者涌入,众多独具特色的移动应用出现,使得短视频市场开始向精细化、垂直化方向发展。比如,主推生活方式的"刻画视频",专注财经领域的"功夫财经",主打体育短视频的"秒嗨",等等,短视频市场开始展示出更加多元、更加丰满的一面。在这一趋势下,过去大而全的、粗浅搞笑的、劣质鸡汤类的短视频内容难以为继,而那些拥有强大原创内容生产能力的创作者则顺势脱颖而出,得以更好地享受短视频爆发带来的"行业红利"。

与此同时,主打新闻资讯的短视频平台开始出现,并有急速增长的趋势。《新京报》的"我们视频"、《南方周末》的"南瓜视业"、界面的"箭厂"、带有澎湃新闻风格的"梨视频"等,都在2016年陆续浮出水面。从内容输出角度来看,这些新类型平台大多沿袭了正统媒体的套路,专注于国内外时政新闻资讯。虽然短视频新闻内容略显正统、渠道稍显单一,但这一新形式还是受到了公众的热烈欢迎,像《新京报》的"我们视频"上线一个多月就在腾讯视频上收获了1.3亿次以上的播放量,足见其张力。短视频新闻既为广大网民获取新闻资讯提供了新渠道和新体验,也极大拓展了短视频的内涵和外延。

3. 短视频典型案例:抖音

抖音是一款可以拍短视频的音乐创意短视频社交软件(见图6.1),该软件于2016年9月上线,是一个专注年轻人的音乐短视频社区。用户可以通过这款软件选择歌曲,拍摄音乐短视频,形成自己的作品。它与"小咖秀"类似,但不同的是,抖音用户可以通过视频拍摄快慢、视频编辑、特效(如"反复""闪一下""慢镜头")等技术让视频更具创造性,而不是简单地拍摄"对嘴型"类视频。通过抖音,用户可以分享自己的生活,同时也可以在这里认识到更多朋友,了解各种奇闻趣事。

2018年抖音飙升为短视频中最强的爆款软件,国内日活用户1.5亿,月活用户超3亿,平均每人每月有13.5天都在使用抖音。抖音海外版Tik Tok也成为全球下载量最大的iPhone应用,在第一季度就超过了Facebook、YouTube、Instagram,全球月活跃用户数超过5亿。

图 6.1　抖音 APP 主界面

初期抖音主要完善了录制视频的基本功能,包括拍摄、剪辑、美颜等相关功能,拍摄视频方面更加细化,增加更适合不同地点的多段分拍、歌曲剪辑功能,重点上线并推广了美颜、滤镜和贴纸道具,用户可以通过这些道具更好地展示自己,拍摄出更多有趣的视频。在此基础上,通过查找通讯录好友,邀请 QQ、微博好友,新增@好友,删除自己的视频评论和新增视频原声支持等功能帮助用户更高效地拍摄、传播和管理自己的作品(见图 6.2)。

图 6.2　抖音视频拍摄界面

抖音短视频的核心逻辑是用户上传视频,通过官方审核后,发布在平台上,吸引其他用户点赞、评论、转发和拍摄。其中运营团队起到了推进闭环的作用,拍摄教程降低用户的学习成本,发起挑战促进用户活跃,如图6.3所示。

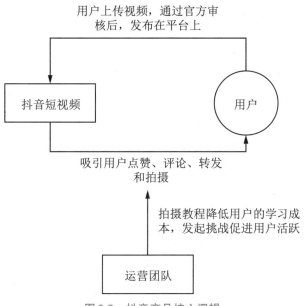

图6.3 抖音产品核心逻辑

抖音从不会因为某位用户的粉丝多就推荐这位用户,能被推荐的一定是内容优秀、有创意的作品,创作者的名气主要靠粉丝数和获赞数来判断,没有复杂的等级,这也能让创作者更注意拍摄内容本身。

抖音的品牌标语是"专注新生代的音乐短视频社区",在拍摄流程中,区别于其他APP将选择音乐放在最前面,让喜欢同种音乐的人在一起碰撞,产生不同的火花,抖音的内容运营团队时刻关注当下最流行因素,从中挖掘出可以变成抖音挑战的话题,让年轻人释放自我。

"抖音如何上推荐"中明确表明,视频短于7秒是很难被推荐的,保证视频时长才能保证视频的基本可看性。如果视频过长,就会导致用户不能一眼找到视频的亮点。这些要求也保证了内容的精良;15秒的短视频也更加适应移动、碎片的场景,就像刷一条微博一样,同时也给更多的普通用户曝光的机会,让每一个人都能在平台上展示自我。

【微思考】 你认为哪一类短视频更受年轻人欢迎?

6.2.9 直播营销

1. 直播的概念及分类

直播主要指用户通过设备制作或观看直播视频,其中包括制作者通过PC端进行视频直播而观看者通过移动端进行观看,或制作者通过移动端进行视频直播而观看者通过PC端进行观看等。主要的表现形式多为视频直播平台在移动端APP为用户提供服务。

目前直播平台大体上可以分为以下四类:

① 泛娱乐直播:与主播高度相关的直播类型,直播的主要内容在于观众和主播的交流互动,带有较强的情感色彩与社交属性。

② 游戏直播:游戏直播伴随着游戏产业的兴起而发展,通过评论、弹幕等与用户实时交互,是以游戏直播内容为主的直播平台。

③ 垂直直播:直播作为一个传播载体,可以与其他行业良好结合并获得1+1>2的效果,目前主要有电商直播、旅游直播、财经直播等类型。

④ 版权直播:包括电视直播、活动直播及自制节目直播,属于较为传统的直播类型,以第三方客观角度对活动现场情况进行传递。

2. 直播发展历程

(1) 国外移动直播发展历程

2014~2019年国外视频领域兴起了一批直播平台,其中游戏直播平台Twitch、综合直播平台Periscope和移动直播应用Meerkat占据强势地位。之后,Amazon收购了Twitch,Twitter收购了Periscope,而Facebook、Google等也纷纷推出直播应用,独立直播平台生存空间受到挤压,以Meerkat为代表的部分平台无法突破用户增长瓶颈,选择转型或放弃直播业务,直播行业资源逐步集中。

Livestream是来自美国的一个高清直播网站。公司拥有190名员工,总部位于纽约市,在世界各地设有办事处。Livestream每月拥有4000万观看用户和100万主播。Niconico live是日本最大的视频网站Niconico旗下的直播频道,它是当前日本规模最大的直播网站。AfreecaTV是韩国最知名的直播网站之一,股东和经营者是AfreecaTV有限公司,直播栏目包括:游戏、聊天、吃播、美容、音乐、体育、K-POP、电视台节目、动漫、教育、创业空间、实时现场、股票金融、生活信息、购物等。

面临巨头鼎立、日趋激烈的竞争,直播领域各参与方纷纷出招,通过社交属性、明星效应、内容创作等方面吸引用户,建立社交氛围与内容资源等方面的差异化优势,提高用户留存率与在线时长。此外,伴随着VR技术的逐步成熟,部分直播平台已开始尝试打造虚拟现实流媒体网站,帮助视频直播者创建VR沉浸式体验。

国外移动视频直播行业发展历程如图6.4所示。

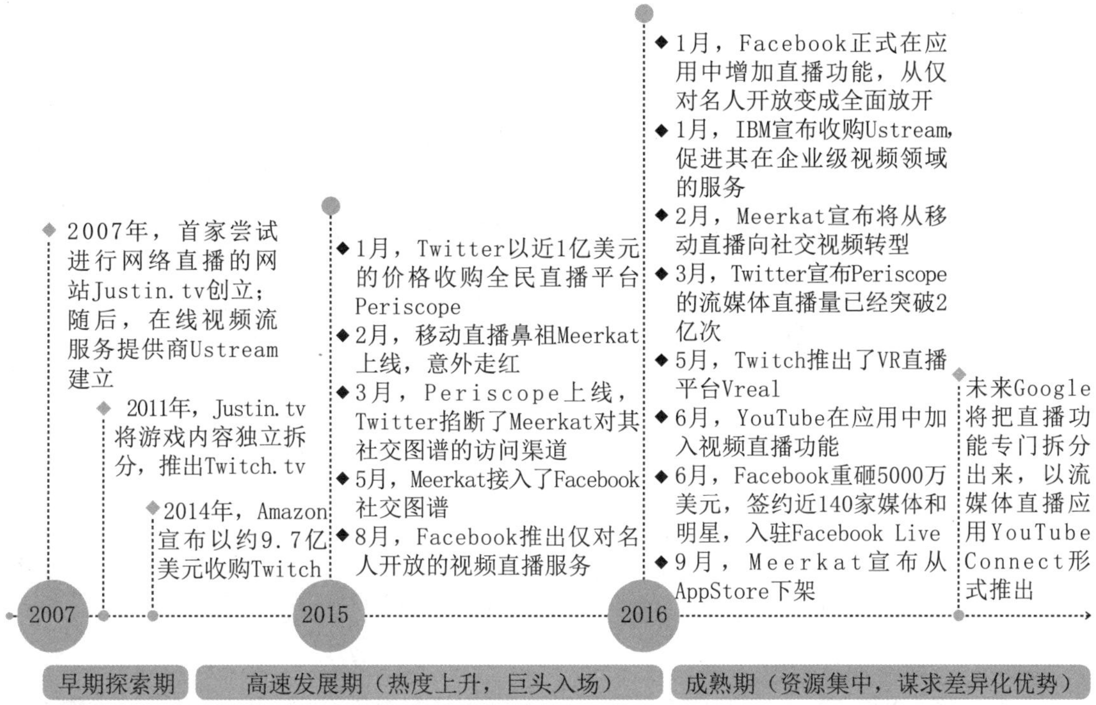

图6.4 国外移动视频直播行业发展历程

时间轴关键节点:

- **2007年**(早期探索期):2007年,首家尝试进行网络直播的网站Justin.tv创立;随后,在线视频流服务提供商Ustream建立。2011年,Justin.tv将游戏内容独立拆分,推出Twitch.tv。2014年,Amazon宣布以约9.7亿美元收购Twitch。

- **2015年**(高速发展期:热度上升,巨头入场):
  - 1月,Twitter以近1亿美元的价格收购全民直播平台Periscope
  - 2月,移动直播鼻祖Meerkat上线,意外走红
  - 3月,Periscope上线,Twitter掐断了Meerkat对其社交图谱的访问渠道
  - 5月,Meerkat接入了Facebook社交图谱
  - 8月,Facebook推出仅对名人开放的视频直播服务

- **2016年**(成熟期:资源集中,谋求差异化优势):
  - 1月,Facebook正式在应用中增加直播功能,从仅对名人开放变成全面放开
  - 1月,IBM宣布收购Ustream,促进其在企业级视频领域的服务
  - 2月,Meerkat宣布将从移动直播向社交视频转型
  - 3月,Twitter宣布Periscope的流媒体直播量已经突破2亿次
  - 5月,Twitch推出了VR直播平台Vreal
  - 6月,YouTube在应用中加入视频直播功能
  - 6月,Facebook重砸5000万美元,签约近140家媒体和明星,入驻Facebook Live
  - 9月,Meerkat宣布从AppStore下架

- 未来:Google将把直播功能专门拆分出来,以流媒体直播应用YouTube Connect形式推出

(2)国内移动直播发展历程

伴随着移动时代的来临及直播类型的不断拓展,我国视频直播历经了多个发展阶段,如图6.5所示。

① 2010年以前,PC秀场直播占据直播领域的主流市场。

② 2010年左右,直播平台相继推出了Web版和APP,开始探索移动直播。

③ 2014年开始,多家游戏直播平台集中上线。

④ 2015年初,直播进入爆发式增长阶段,移动直播平台数量井喷式增长且直播用户大幅增长。

⑤ 2016年之后,多家直播平台与电商、旅游、体育等行业跨界合作,行业垂直细分领域崛起。

⑥ 直播行业生态圈逐步完善。2020年直播电商服务企业与从业人数快速增长。截至2020年底,中国直播电商相关企业累计注册有8862家,较2019年增长360.8%。同时直播电商行业主播的从业人数也在不断增长,行业内主播的从业人数已经达到123.4

万人。行业迅速从单纯的流量红利挖掘过渡到对整个生态的红利挖掘,尤其是通过精细化运营与供应链渗透实现新的增量。2018~2023年中国直播电商市场的渗透率如图6.6所示。

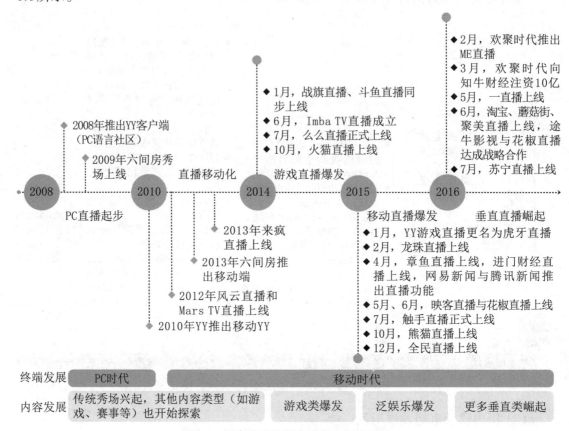

图6.5 国内移动视频直播行业发展历程

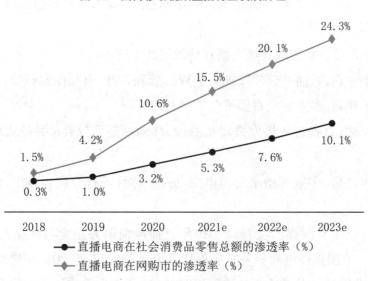

图6.6 2018~2023年中国直播电商市场渗透率

(数据来源:综合企业访谈、公开市信息及艾瑞统计预测模型估算,艾瑞咨询研究院自主研究及绘制。)

随着直播电商行业生态圈的逐步完善(见图6.7),更多提供细分服务和擅长不同品类的服务商加入到行业建设和竞争中。根据业务侧重的不同,服务商可分为招商服务商、代运营服务商、培训服务商、供应链服务商、MCN机构、产业带服务商等;根据场景的不同,可以分为档口直播服务商、村播服务商等。目前除了达人播与店播机构,其他各类服务商的界限还是比较模糊的,一方面多数服务商提供综合性解决方案,如MCN机构在平台拿到牌照可以同时作为招商服务商与培训服务商开展业务;另一方面服务商未来会有不同的侧重,并且在垂直赛道更有可能出现头部玩家。

图6.7 中国直播电商产业图谱

(数据来源:阿里V任务、抖音官网、快手官网和公开资料,艾瑞咨询研究院自主研究及绘制。)

3. 直播典型案例:YY直播

YY直播隶属于欢聚时代YY娱乐事业部,是国内网络视频直播行业的奠基者。目前YY直播是一个包含音乐、科技、户外、体育、游戏等内容的国内最大的全民娱乐直播平台之一,注册用户达到10亿人,月活跃用户达到1.22亿,其最早建立在一款强大的富集通信工具——YY语音的平台基础上。

YY直播内容分类主要包括才艺类(用户原创才艺展示、专业制作内容)、旅游类(用户原创户外相关内容,与旅游景区、旅游网站等合作打造的旅游节目)、游戏类(按照热门游戏设立细分频道,用户可直播游戏过程、直播游戏解说等内容)等,内容丰富,迎合各类用户的喜好。

在视频直播的竞争中,YY直播将更加倾向于布局移动直播的生态圈。相比于斗鱼、战旗这类直播平台较为"垂直",用户更加专注于游戏、电子竞技等领域,并不适合大范围的社会事件的"发酵",在进行更加细分场景化的深度搭建时存在一些天然障碍,

YY直播的综合性使其在社交上有更得天独厚的基础。

移动视频直播的兴起拓宽了其应用场景,直播不仅仅是一种表演形式,还是用户获取信息、满足需求(互动娱乐及社交等)的重要途径。因此,单一直播类型已不再能满足当前用户对于直播的全部需求,各平台通过更专业化的内容IP生产,不断吸引用户及粉丝的关注,优秀的主播及内容将成为未来平台间争夺的主要资源。线下活动资源对线上直播的关注也打开了其线下、线上传播的通路,优质活动的影响力借助直播平台进一步扩大。基于内容类型的丰富,移动视频直播原有的娱乐价值将拓展为社交价值、媒体价值、营销价值、教育价值并重。

从整体来看,不论是线上还是线下,用户更为关注与自身兴趣和需求相关的直播内容,同时为专业化知识/内容付费的意愿更强。移动视频直播不再仅仅扮演流量入口角色,更多承载了流量变现的功能。而平台中的内容及平台自身也在获取用户注意力的同时,创造了更大的影响力。

商家通过自己组织的直播来给消费者展示商品的质量和其他细节,如服装试穿、化妆品的实际使用等,直观地证明商品的质量,同时有些商家在直播中还会做一些相对具有技术性的讲解,这都有助于消费者下单。在渠道选择上,直播更多呈现在移动端,因为移动端更加方便和适用,对于观看直播的用户来说使用也更加灵活。直播的目的是为了让消费者更直观地感受到商品的优势,从而产生购买行为,提升商家的销量。

在新经济快速发展的背景下,"直播带货"尤其是"网红带货"成了电商新风口。直播带货指的是通过视频直播平台,进行现场直播卖货的模式,目前带货平台以淘宝、快手、抖音为主。

直播带货有一个完整的链条,其中包含的角色有:平台、电商公司、直播机构、资源整合者。

① 平台:平台方指的是直播平台,直播不是新鲜事物,2016年就已经有直播了,但是真正意义上直播带货的元年是2019年。

② 电商公司:电商公司是直播带货的核心参与者,既是受益者,也是金主。2019年"双十一"期间,淘宝直播1小时成交额超过了2018年"双十一"直播1天的销售额,这为每一个商家都指明了新的方向。直播有流量、有转化、有利润,快速吸引了大批卖家进入。不管是年销售额过亿的品牌店,还是刚刚上线淘宝的夫妻小店,都或者纷纷开始了自己的直播,或者找网红直播,而他们的目的只有一个:多卖货。

③ 直播机构:直播机构指的是孵化直播网红的机构,有些是MCN机构转型,有的是直接招募网红做直播带货。它们各有各的玩法,但都往带货方向发展。

④ 资源整合者：直播带货过程中，一方是直播网红机构，一方是电商卖家，两者不一定能对接到一起。这就诞生了资源整合者，也就是中介，从而连接大批网红资源和想要花钱推广的厂家。

目前电商进行直播带货有以下两种玩法：

① 自建直播间，培养自己的带货主播。

优点：成本低，可控性强，是电商的主流玩法。参与"双十一"的电商中，有一半都搭建了自己的直播间，在直播间进行直播的是商家的普通员工。

缺点：流量少，带货效果不佳。直播带货是个新鲜事物，各方都来尝试，但做得好的很少。一是因为不熟悉平台规则，不知道如何获得流量和吸引关注；二是因为缺乏销售技巧，带不动销量提升。风险与机遇并存，能否取得成功就看公司的运营水平了。

② 找网红达人带货，付费推广。

优点：见效快，分分钟卖断货。带货主播或网红的类型，要根据商家的产品来选择。

缺点：投入高，效果无法保证。既然是做推广，多花钱是无法避免的，尤其是在直播带货的市场还不太透明的当下，价格虚高、数据作假的情况不少。

【微思考】 列举你常用的直播APP，它们有什么不同之处？

小习题

一、单选题

1. 中国十大网商深圳大石企业博客营销案例、五粮液干邑葡萄酒博客营销战略案例这些案例都属于（　　），能够全面揭示互联网时代口碑的力量，充分感受博客体验营销和一对一营销的魅力。

　　A. 博客营销　　　　　　　　　　B. 邮件营销
　　C. 搜索引擎营销　　　　　　　　D. 短视频营销

2. 常用的网络营销定价策略不包括（　　）。

　　A. 产品组合定价策略　　　　　　B. 个性化定价策略
　　C. 自动调价，议价策略　　　　　D. 声誉定价策略

3. （　　）的传播不受时间和空间的限制，它通过国际互联网络把广告信息24小时不间断地传播到世界各地。

　　A. 网络广告　　　　　　　　　　B. 报纸广告
　　C. 传统广告　　　　　　　　　　D. 电视广告

4. (　　)是指厂商通过网络短片、低调的网络活动或是电子邮件信息的方式在全球网络社群发动营销活动,利用口碑传播成为与消费者交流强有力的媒介形式。

　　A. 搜索引擎排名　　　　　　　　B. 交换链接

　　C. 邮件收发　　　　　　　　　　D. 病毒营销

5. 博客营销的本质不包括(　　)。

　　A. 以网络信息传递形式表现个人思想

　　B. 以网络信息传递形式表现个人体验

　　C. 以网络信息传递分享个人知识资源

　　D. 以网络信息传递分享个人交流乐趣

二、多选题

1. 电子邮件营销的特点有(　　)。

　　A. 电子邮件营销是一种许可营销

　　B. 电子邮件营销的客户有效反应更高

　　C. 电子邮件营销具有很强的互动性

　　D. 电子邮件营销是一种低成本的营销方式

2. 商家希望将产品放在网上商城中的原因有(　　)。

　　A. 商城有硬件系统的可靠性和快速修理硬件故障的能力

　　B. 商城的交流量很大,人们在此可以找到满足不同需求的产品

　　C. 加入商城既能从技术上受惠,又能获得订单,直接产生利润

　　D. 商城在提升技术版本时,费用由众厂分摊

3. 网络顾客服务策略有(　　)。

　　A. 页面FAQs(Frequently Asked Questions)的设计与使用

　　B. 即时通信工具的反馈交互

　　C. E-mail工具的反馈交互

　　D. 整合企业的营销管理

4. 企业博客营销的基本形式有(　　)。

　　A. 利用第三方博客平台的博客文章发布功能而开展的网络营销活动

　　B. 企业网站自建博客频道,鼓励公司内部有写作能力的人员发布博客文章吸引更多的潜在客户

　　C. 有能力个人运营维护独立博客网站的个人,可以通过个人博客网站及其推广,达到博客营销的目的

D. 将博富内容投放在博客网站上,以作为博客广告

5. 博客营销的基本特征有(　　)。

A. 博客营销以博客的个人行为和观点为基础

B. 企业的博客营销思想有必要与企业的网站内容策略相结合

C. 合适的博客环境是博客营销良性发展的必要条件

D. 博客营销应正确处理个人观点与企业立场的关系问题

淘宝二楼夜市开张,新型营销流量入口

昨晚很多人的朋友圈和微博都被刷屏了(见图6.8),很多人即使在夜里两点钟看完都忍不住在社交网络上和大家分享这种喜悦。

据记者了解,此为淘宝新开辟的一个内容平台,名为"淘宝二楼",首播的是一档名叫《一千零一夜》的栏目,目前仅在夜晚时段(22:00~次日7:00)才可进入,每期会有一个短片来介绍一个源自淘宝的优质商品。

这也是淘宝今年在内容营销上最重要的一次尝试,可能会对整个电商行业的运营模式产生重大影响。早在2016年年初,阿里巴巴集团CEO张勇就强调:"现在出现了崭新的推荐方式:因为对人的关注,而对内容进行关注,进而关注内容当中所含的商品元素,最后带来消费机会。"

从好故事到好商品,故事暖心,美食暖胃,食物与人物之间是有关联的,而《一千零一夜》显然也具备这样的消费关联度,虽然在视频本身内容的呈现上,并没有任何的品牌出现,但在视频下方,有真实的淘宝商品故事,同时通过点击"我要吃"按钮,就可以进入对应的主题营销活动,这里汇集的是由美食专家、消费者、淘宝汇吃小二等多方角色挖掘出来的好商品。

图6.8 淘宝二楼夜市界面

"先看故事,再赏货,可能对于消费者的触动就完全不同了。"淘宝汇吃类目运营专家冯宵翔说,"当你本身带着情怀去购买商品时,购买的已不仅仅是商品本身,而且自己也进入商品的故事里去了。"

的确,对消费者来说,这既是一次舌尖上的饕餮,也是一次全新的挖掘好商品的方式。

对于商家来说,显然他们也很兴奋。"丸子妹食品"作为参与这次活动的商家之一,用"惊喜"形容了这次创新。"一直以来,消费者都认为在淘宝网站淘的是便宜实惠,而商家在淘宝网站上基本以价格进行竞争。我们作为坚持自身商品独特和卡通设计创作的商家,一直希望能找到共鸣的消费者。《一千零一夜》不再是单纯卖货的营销活动,更多的是将美食作为一个治愈点,通过内容和故事包装,和消费者产生共鸣,由此创造的消费黏性,相信也是不容小觑的。"

据悉,"丸子妹食品"专营各类高品质肉丸,参加本次活动的产品为潮汕牛肉丸,由于店铺风格独特,并坚持精品原则,被淘宝汇吃小二挖掘出来。未来,淘宝会更加趋向于具有自身风格、小而美的商家发展。

作为淘宝的首档视频栏目,《一千零一夜》算是一次试水,此后还将有其他栏目来接档。淘宝二楼也会考虑全天候开放,成为内容营销新玩法的阵地,它将承载更多的好商家、好商品。

(资料来源:新浪网.淘宝二楼夜市开张,新型营销流量入口[EB/OL].(2016-08-11). http://zj.sina.com.cn/finance/xfgz/2016-08-11/detail_f-ifxuxnai9923932.shtml.)

问题:

1. 案例中运用的网络营销策略有哪些?
2. 案例中的网络营销形式是什么?
3. 你觉得做好网络营销的关键是什么?

熟悉网络营销策略。

一、实训目的

熟悉网络营销的主要策略。

二、实训内容

分析两家淘宝网皇冠级卖家店铺使用的网络营销策略及方法,并进行比较分析。

三、实训要求

请把相关内容制作成PPT并进行汇报。

网络营销是指借助于互联网、电脑通信技术和数字交互式媒体来实现营销目标的一种营销方式。网络营销是以现代营销理论为基础,以互联网为中介媒体,对产品的售前、售中、售后各环节进行追踪服务,寻找新客户、服务老客户,最大限度地满足客户需求,以达到开拓市场、增加盈利为目标的经营过程。产品策略、价格策略、渠道策略、促销策略需要灵活使用。通过本章的学习,应掌握搜索引擎营销、微信营销、博客营销、网络广告、E-mail营销、病毒式营销、事件营销、短视频营销、直播营销等多种营销形式,学会使用不同方法实施网络营销。

参考文献

[1] 白东蕊. 电子商务基础[M]. 北京：人民邮电出版社，2015.

[2] 司爱丽. 新编电子商务实用教程[M]. 西安：西安电子科技大学出版社，2010.

[3] 万守付. 电子商务基础[M]. 4版. 北京：人民邮电出版社，2015.

[4] 杨荣明，吴自爱. 电子商务实用教程[M]. 2版. 合肥：安徽大学出版社，2014.

[5] 许应楠. 电子商务基础与实务[M]. 北京：高等教育出版社，2021.

[6] 秦绪杰. 移动电子商务教程[M]. 合肥：中国科学技术大学出版社，2021.

资源链接

[1] 百度百科　http://www.baike.baidu.com.

[2] 新浪网　http://www.sina.com.cn.

第 7 章　移动电子商务

知识目标

- 掌握移动电子商务的基本概念、架构及特点；了解移动电子商务的主要应用模式；了解移动电子商务在中国的发展现状与趋势。

能力目标

- 学会使用移动电子商务平台进行信息交换和在线交易；掌握日常生活中基本的移动电子商务应用。

思政目标

- 让学生感受到移动电子商务在我国经济社会发展中的重要地位，增强学生的国家自豪感；采用任务驱动式教学方法，通过案例导入、微思考、大讨论、小实训等培养学生的劳动意识、自主探究和实践创新精神，提高学生的职业素养。

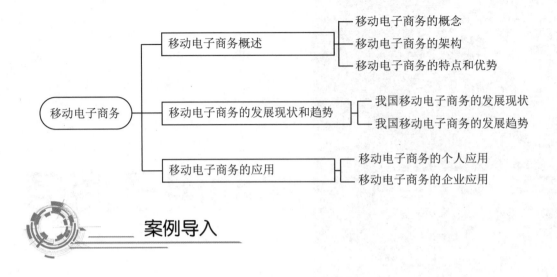

案例导入

陕西移动"寻秦集"电商平台为精准扶贫再添新翼

"寻秦集"APP是中国移动通信集团陕西有限公司2017年自建的一款电商购物平台,以"最有陕西味道的电商平台"为品牌定位,重点服务省内贫困地区的企业,融合线上线下推广渠道,平台交易以农副、零食、生鲜、果蔬等产品为主,全力打造"B2C+O2O+精准扶贫本地化"的电子商务交易平台。通过引入线下本地商户产品、供销产品,逐步丰富线上特色产品,持续完善积分兑换、电子券专区、团购、自提、秒杀、签到、邀请等功能,为客户提供便捷的购物方式和平台体验。通过话费、流量、账单、积分兑换等自有业务查询和办理导流,吸引注册客户316万。

1. 线上线下齐发力

"寻秦集"专门开设了扶贫专区,在产品拓展、业务融合、营销推广、专项扶贫四个方面不断创新,已承载产品12个大类、43个小类、1638种。积极对接贫困地区扶贫企业和产品,开展"惠农新服务,农资双扶持""成长建功 携手扶贫"等专项帮扶活动,扶贫产品交易量达2553万元,2019年上半年扶贫产品交易额达135万元。

为将贫困商户的农产品多频次、高密度地推向市场,电商扶贫团同步开展了丰富多样的线下农产品销售活动,每周五在陕西移动举办一县一品助农日,全省39个贫困县的商品轮流销售;2018年,在渭南、宝鸡、商洛、榆林、铜川等分公司也开展了多期一县一品助农日(见图7.1)。面向合作伙伴,在华为西安研究所、西安软件园、中软国际西安公司举办扶贫产品展销会和年货节等活动,受到广泛欢迎,十余场展会农产品销售额达50多万元。

图7.1 "寻秦集"APP界面截图与陕西移动"一县一品"助农日

2. 扶贫救急出实招

陇县北坡村主要种植油桃,种植面积超过1平方千米,年产量2700多吨。但果农销售渠道单一,主要依靠外地客商批发收购,好产品卖不上价格,销售一直是果农的头疼事。电商扶贫团及时出手,组织油桃上线"寻秦集"平台,并采取油桃预售、资源补贴、企业集采等方式刺激销量,帮助农户销售油桃60000余斤(见图7.2)。

图7.2 陕西移动"寻秦集"扶贫活动

2019年7月19日,电商扶贫团接到周至县集贤镇黑布林滞销的助力邀请函。电商扶贫团立即到实地了解情况,得知周至县1000万斤黑布林严重滞销。"寻秦集"迅速上线宣传,并联系陕西西楚数码科技有限公司和陕西宜昌商会及湖北商会等企业集采。短短92个小时,总计销量达8万余斤。

3. 消费扶贫有新招

"电商+旅游+扶贫"模式能够吸引城里的家庭走进农村,与农户亲密接触,以旅游消费的方式,助力贫困地区休闲农业和乡村旅游发展。

惠家村民郭倩是"寻秦集"电商平台的优质商户,在当地政府的支持下,她成立了长武县倩倩工艺品专业合作社、惠家村电商扶贫中心,成为长武县电商领头人,通过陕西移动"寻秦集"电商平台帮助农户销售商品,带领大家共同脱贫致富。惠家村组织的这些活动都是由她承办的,负责协调住宿、餐饮、农活、土特产售卖。郭倩说:"陕西移动这次扶贫消费活动很接地气,广大贫困农户认可度很高。4次活动带来120多人,覆盖贫困户30多家,为大家带去收入4万多元。"

回看陕西移动"寻秦集"5年多的运营历程,"电子商务+产业扶贫"的模式大有可为。未来"寻秦集"将继续积极推广客户参与的"帮扶直通车模式",与贫困县区开展产业扶贫深度合作,集中销售政府推荐的扶贫产品,为脱贫攻坚做出更大的贡献。

(资料来源:西北信息报.陕西移动"寻秦集"电商平台为精准扶贫再添新翼[EB/OL].(2019-08-26). http://xbxxb.joyhua.com/xbxxb/20190826/html/index_content_000.htm.)

提出任务

当前国家脱贫攻坚战略已进入关键期,网络电商扶贫的重要性也得到越来越多的认可。伴随扶贫政策的推动,互联网平台发挥出巨大的优越性,不仅能在短时间内引起社会广泛的关注,还能充当起市场和产品之间的媒介。与传统的在线电子商务平台相比,移动端购物平台具有操作简单、方便快捷等诸多优点,让用户随时随地享受购物的即时体验。可以说在扶贫工作中,应用移动电子商务是一种新的扶贫模式,且这种模式是在移动电商行业快速发展并对我国经济的促进作用增大的背景下诞生的。

尽管2020年全国爆发了新冠肺炎疫情,但移动设备在各行业和全球经济中的影响力仍在进一步增强,许多初具雏形的新兴移动行为依旧呈爆发式增长,《2021年移动市场报告》显示,移动市场的应用下载量、应用商店用户支出、用户人均使用时长、广告支出均有所增长。仅在2020年第四季度,全球商务应用的使用时长就同比增长了275%(见图7.3)。我们不禁感叹,移动电子商务给人们的生活带来了变革,给社会产业带来了变革。移动设备的便携性和移动智能终端的普及开创了电子商务新模式,移动电子商务因其灵活、方便、简单等优势,已经成为电子商务发展的新方向,也必将成为后疫情时代全球经济新的增长点。

什么是移动电子商务?它有什么特点?随着人工智能、AI、5G等新一代数字技术的发展,未来移动电商会呈现什么样的发展趋势?当前移动电商在日常生活中又有哪些典型的应用?

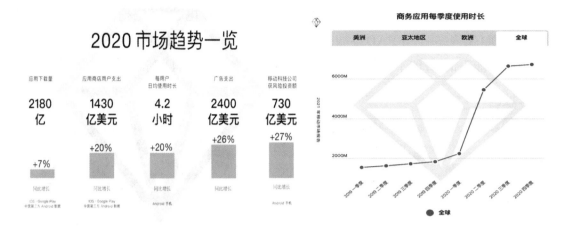

图7.3　2021年移动市场报告:市场趋势一览图、商务应用季度使用时长图

任务7.1　移动电子商务概述

7.1.1　移动电子商务的概念

在认识移动电子商务的含义之前,我们还需要了解另外两个重要的概念,即移动电子商务的网络基础设施——移动互联网,以及移动电子商务的载体——移动智能终端。

移动互联网作为PC互联网发展的产物,是移动通信和互联网的结合体,可以从"移动"和"互联网"两个层面来理解这个概念,"移动"层面具有随时、随地、随身的特性,由运营商提供无线接入,由互联网企业提供各种成熟的应用,可同时启动话音、传真、数据、图像、多媒体等高品质电信服务;"互联网"层面则体现出开放、分享、互动的优势,以宽带IP为技术核心,搭建起一个全国性的新一代开放电信基础网络。总的来说,移动互联网是一种借助智能移动终端、采用移动无线通信方式开展在线交易和获取信息服务的新兴业务,包含终端、软件和应用三个层面。

移动智能终端是能够连接移动互联网,根据用户的需求,通过搭载Linux、Windows CE、Symbian OS、iPhone OS等各种操作系统以实现特定功能的计算机设备,其具有普通设备难以达到的移动性、实时性、人机互动性等特征,一般包括以下几类:以Android、 iOS等系统为代表的智能手机;便捷式笔记本电脑;平板电脑、条码扫描器、RFID读写器、POS机(销售终端)等PAD终端;具备GPS定位、车辆导航故障判断等功能的车载智能终端;智能眼镜、智能手环、智能戒指等可穿戴设备,如图7.4所示。

图7.4 智能手机、笔记本电脑、平板电脑、RFID读写器、车载计算机

移动购物作为数字经济时代的一种新型消费趋势,与传统购物有明显的区别,主要包括以下三点:第一是便捷化。移动购物可随时进行,消费者可以利用出行乘车等零碎时间做出购物决策,不需要去实体店或在计算机前浏览专门的网站点击鼠标进行购物;第二是智能化。基于移动设备上GPS定位功能,消费者通过手机就可以看到距离自己最近的卖家,方便找到自己需要的商品;第三是持续性。移动购物发展空间大,伴随互联网和移动设备的普及,通过移动终端购物的用户数不断增长。

根据艾媒咨询数据,2013~2020年中国移动电商用户规模不断扩大。2013年为2.15亿人,而2020年最高达到7.88亿人,增长了2.7倍(见图7.5)。《第47次中国互联网络发展状况统计报告》显示,截至2020年12月,我国手机网络购物用户规模达7.81亿,较2020年3月增长7309万,占手机网民的79.2%(见图7.6)。

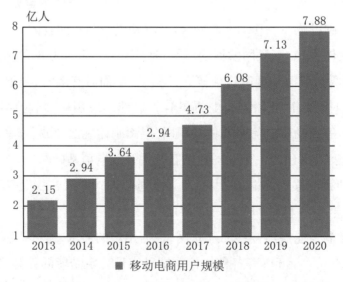

图7.5 2020年中国移动电商用户规模

单位：万人

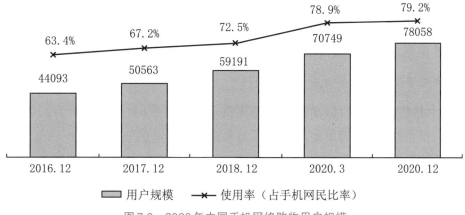

图 7.6　2020 年中国手机网络购物用户规模

1. 移动电子商务的概念

移动电子商务（Mobile Business，MB 或 Mobile Commerce，MC），也称无线电子商务（Wireless Business，WB），是在无线平台上实现的电子商务，就是利用手机、平板电脑等无线终端进行的 B2B、B2C 或 C2C 电子商务。它将因特网、移动通信技术、短距离通信技术等结合起来，使人们可以在任何时间、任何地点进行各种商贸活动，实现随时随地的线上线下购物与交易、在线电子支付等。

移动电子商务的体系中包括商家、电子商务提供商、消费者等商务主体，还包括电信运营商、移动终端设备厂商、金融及支付服务商、物流商和其他类型的服务提供商。各主体通过信息流、资金流和物流进行交互与联系，完成商务活动，如图 7.7 所示。

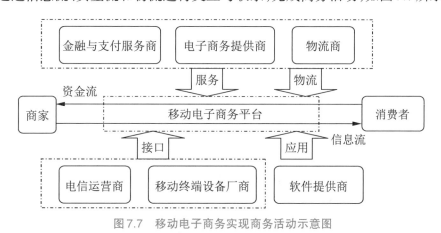

图 7.7　移动电子商务实现商务活动示意图

2. 移动电子商务的内涵

由移动电子商务的概念可以看出，要实现移动电子商务活动，需要满足以下条件：

① 在互联网信息技术和移动通信技术的支撑下运行。
② 在手机等移动通信终端之间,或移动终端与PC等网络信息终端之间传输。
③ 通过移动商务解决方案,在移动状态下进行便捷的、大众化的、具有快速管理能力和整合增值能力的商务实现活动。

3. 移动电子商务必须走出五大概念误区

① 技术替代说。认为移动技术的特征就是移动商务的特征,这种看法忽略了移动电子商务的价值链,仅仅简单地从技术层面考虑商务活动的实现。

② 加号说。将移动电子商务简单等同于"移动技术+商务",这种概念不能把移动电子商务的整合能力体现出来。

③ 等同说。将移动电子商务与电子商务混为一谈,这种看法的误区在于忽视了移动电子商务具备即时、有效、安全、个性、便捷等优点。

④ 唯一说。认为移动电子商务仅是两个手机之间进行的商务活动。这种看法对移动电子商务活动的理解太过片面,忽视了移动电子商务体系中的主体、平台和运营商,仅仅局限于移动终端设备上,显然是不科学的。

⑤ 现象说。仅将移动电子商务作为一种便捷的商务活动。这种说法没有体现出移动电子商务的发展优势。

7.1.2 移动电子商务的架构

尽管不同厂商提供的移动电子商务系统解决方案有所不同,但它们在基本结构上是一致的,即从下到上包括了移动网络设施、移动中间件、移动用户设施和移动商务应用四个功能层。其中移动用户设施就是支持电子商务的移动终端,包括手机、PDA等,移动网络设施、移动中间件和移动商务应用将在下文进行具体介绍。

1. 移动网络设施

移动网络设施是支持移动商务的网络和设备,其主体就是蜂窝移动通信网。基于电路交换的GSM网络能提供的最高接入速率为9.6 kbit/s,制约了基于WAP技术的移动商务的开展。而2.5G的GPRS和CDMA1X网络支持分组数据交换,最高接入速率的理论值都在150 kbit/s以上,推动了移动电子商务的发展。此外,移动网络设施还包括无线局域网(使用802.11标准协议的局域网又称为Wi-Fi)和蓝牙、卫星通信网络等。

2. 移动中间件

移动中间件是连接电子商务与不同的移动网络和操作系统的软件实现层,如ExpressQ、WAP等。ExpressQ是一种移动消息接发中间件,可将非IP应用程序提供给移动用户,完成用户脱离服务区时的信息存储和用户处于服务区时的信息转发。WAP(无线应用协议)用来将互联网上的应用和服务引入移动终端。由于传统的HTMLWeb内容难以在小尺寸的移动终端屏幕上有效地显示,因此WAP采用WML(无线标记语言)作为信息标记语言。

由于未来的Web内容要求能在任何时间、任何地点以任何方式实现接入,万维网联盟(W3C)制定了几个扩展现有互联网标准的规范,使得无线装置完全能够接入Web及其信息库。这些规范包括使用对语义更加丰富的XML语言;应用改进型层叠样式表和扩展式样式表语言,进一步将内容与图片分离开;定义独立于语言的API文档对象模型,使应用程序能够访问和改进文档的结构、内容和覆盖范围。

3. 移动商务应用

移动电子商务不仅提供电子购物环境,还提供一种全新的销售和信息发布渠道。从信息流向的角度,移动电子商务提供的业务可分为以下三个方面:

① "推(Push)"业务。主要用于公共信息发布,应用领域包括时事新闻、天气预报、金融市场、出行订票、交通路况信息、招聘信息和网络广告等。

② "拉(Pull)"业务。主要用于信息的个人定制接收,应用领域包括服务账单、电话号码、团购、在线点餐、旅游信息、行业产品信息等。

③ "交互式(Interactive)"业务。应用领域包括电子购物、游戏、在线竞拍等。

7.1.3 移动电子商务的特点和优势

(1) 移动电子商务的特点

移动电子商务和传统电子商务比,具有自身的特点,归纳起来可以总结为移动性和个人性。

① 移动性。移动电子商务允许用户在任何时间、任何地点使用,且这种移动性主要体现在移动应用上。例如,用户可以通过微信将拍的照片在任意时间、地点发送到朋友圈、微信群等,还可以通过手机淘宝、美团、携程、12306等手机APP随时随地购物、订餐、订票等。

② 个人性。每人一部的移动设备都拥有唯一的身份识别号码,正因为这种唯一性,使得识别用户并且收集用户的个人信息、个人消费习惯,读取地理位置等信息成为可能,用户借此可以享受更加个性化的服务体验。

(2) 移动电子商务的优势

近年来中国移动电子商务发展迅猛,快速增长的移动电商对实体商业产生了一定程度的"替代效应",相较于传统电子商务,其具有以下六点明显的优势:

① 不受时空限制。与传统电子商务相比,移动电子商务的一个最大优势就是移动用户可随时随地获取需要的服务、应用和信息。

② 面向用户的个性化服务。利用数据库、数据采集、数据抓取等信息技术收集大量活跃移动用户的信息,并据此推送文字、图片、视频等个性化的信息流广告,开展精准化的营销服务。

③ 技术集成性。对于常见的移动应用程序,它的界面边框多采用HTML5语言,界面皮肤采用CSS3.0文件语言,逻辑处理则由JavaScript语言的jQuery来定义,以此形成了手机APP交互性强、功能丰富、操作简单、信息化程度高等特性。同时,移动电商的发展促进了"LBS+O2O"商业模式的变革,该模式下通过LBS无线电通信网络的定位服务功能,可以为用户提供精准营销,借助O2O的线上、线下交易一体化,可以满足日趋人性化的消费体验需求,而移动支付技术的精准匹配则规范了电商平台的广告行为,只对有需要的用户做广告,从而给消费者带来更多的便利,促进移动电商平台更好地发展。

④ 信息获取更为及时。移动用户可以随时随地查询接收信息,这种灵活、高效、准确的信息搜索方式就意味着获取信息的及时性。

⑤ 基于位置的服务。不管身在何处,GPS都可以识别电话所在地,从而为用户提供相应的服务。

⑥ 多样化的在线支付服务。移动用户可以在任何网络下使用任何一部手机完成在线支付业务,且支付系统可应用于所有离线和在线的商店,并满足客户和商家对安全性的要求。

【微思考】 在新冠肺炎疫情的背景下,社会心理服务体系建设的重要性和紧迫感日益凸显,大学生校园心理健康服务微信公众平台应运而生,结合实际应用和所学知识谈谈移动电子商务的特点对大学生心理服务微信公众平台的建设有何意义?

任务7.2 移动电子商务的发展现状与趋势

7.2.1 我国移动电子商务的发展现状

我国互联网和移动通信的迅猛发展,使得手机上网成为现代人们生活中一种重要的上网方式,人们正逐渐利用手机等移动智能终端设备进行网上支付、个人信息服务、网上银行业务、网络购物、手机订票、娱乐服务等,这种移动终端设备参与商业经营的移动电子商务正在迅速崛起。

移动电子商务是移动信息服务和电子商务融合的产物。随着5G商用的提速,人们的消费理念和商家的传统理念都在不断转变,移动电子商务已经成为一种新型的商务模式,与人们的生活密切相关,其发展前景广阔,对新冠肺炎疫情后我国经济的恢复具有重要的意义。但移动商务迅速发展的背后也存在一系列新的问题,如移动网络安全性、移动技术难题等,这些都亟须进一步探索和解决。

1. 我国移动电子商务的现状

随着电商行业步入调整期,移动购物已成为电子商务重要的增长点,智研咨询统计数据显示,随着智能手机和网络的普及,我国手机及网络购物使用率均呈增长趋势,2020年我国手机网络购物使用率达到79.2%。并且,由于移动购物不受互联网光缆的限制,也不受接入点的限制,用户可以随身携带手机、PDA等移动通信设备随时随地进行购物,因此,近年来,我国手机网络购物用户规模占比不断增大,2020年我国手机网络购物用户规模达到7.81亿人,占网络购物用户规模的99.87%(见图7.8)。

新冠肺炎疫情影响下,移动电商的发展势头依然十分强劲,移动智能终端的普及加速了我国移动电子商务用户消费习惯的形成,传统电商巨头纷纷布局移动电商,拼多多、有赞、我买网、京东、云货优选、特卖多、得物等众多新型移动电商购物平台不断涌现。

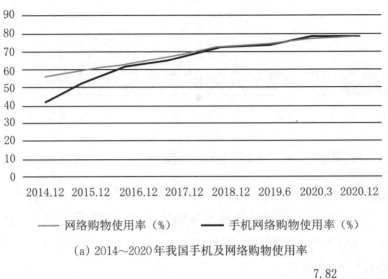

(a) 2014~2020年我国手机及网络购物使用率

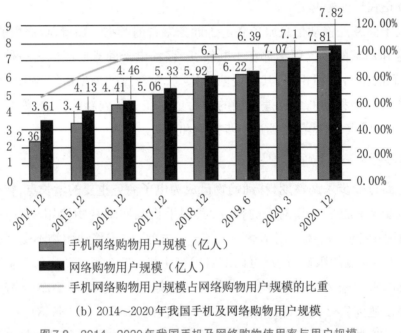

(b) 2014~2020年我国手机及网络购物用户规模

图7.8　2014~2020年我国手机及网络购物使用率与用户规模

(1) 手机网民的规模不断扩大

2020年2月3日中国互联网络信息中心（CNNIC）在京发布的第47次《中国互联网络发展状况统计报告》显示，截至2020年12月，我国手机网民规模为9.86亿，较2020年3月新增手机网民8885万，网民中使用手机上网的比例为99.7%（见图7.9）。网络环境的逐步完善和手机上网的迅速普及，使得移动互联网应用的需求不断被激发。新冠肺炎疫情也使个体更加倾向于使用互联网连接，用户手机上网意愿、上网习惯加速形成。网民个体利用流媒体平台和社交平台获取信息，借助手机网络购物、网上外卖解决日常生活所需,通过手机在线政务应用和健康码办事出行,不断共享移动互联网带来的数字红利。

图7.9　2016~2020年我国手机网民及其占网民比例

即时通信、搜索引擎、网络新闻、网络购物、网上外卖、网络支付、网络游戏、网络音乐、网络文学、在线教育等个人应用也日益丰富。其中,手机网上支付增长尤为显著,截至2020年12月,我国网络支付用户规模达8.54亿,较2020年3月增长8636万,占网民整体的86.4%;手机网络支付用户规模达8.53亿,较2020年3月增长8744万,占手机网民的86.5%(见图7.10)。

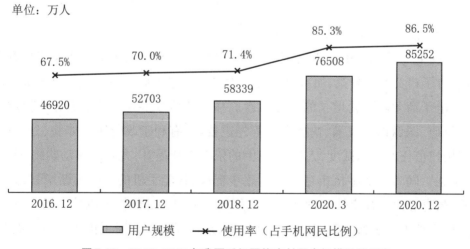

图7.10　2016~2020年我国手机网络支付用户规模及使用率

(2)"直播电商带货"模式兴起

2020年突如其来的新冠肺炎疫情打破了市场的有序发展,许多行业举步维艰,而直播电商行业却进入井喷期,其作为移动电商时代衍生的新兴产物,迎来了前所未有的大发展。"直播带货"随之成为时下最新的经济增长模式,不仅被众多实体企业用作应对疫情冲击、开辟线上市场的重要手段,也被各行各业视为竞争的主赛道。网经社数据显示,2017~2020年我国直播电商市场交易规模增长迅速,2020年交易规模达到12850亿元,预测2021年交易规模达到23500亿元,同比增长82.87%。其中,2018年增长率高达589.46%,2019~2020年增长率分别为227.7%、189.57%,保持3位数的增速(见图7.11)。目前,我国直播电商市场主要有三大巨头(淘宝、抖音和快手),2020年三大直播电商巨头占据了我国直播电商行业99.7%的份额。

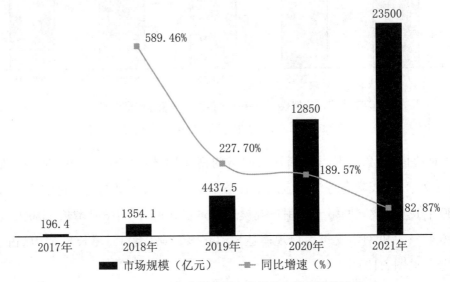

图7.11　2017~2020年我国直播电商行业市场规模及增速

(3) 移动电子商务的应用不断创新

在4G网络广泛使用和5G网络逐渐普及的同时,手机终端的功能大幅度提升,政府部门也出台了相关利好政策,所有这些都是促进移动电子商务应用创新的内部驱动力,也是移动电子商务新一轮增长的重要因素。移动通信技术与移动电商相互促进、相辅相成,二维码、图像识别技术、快捷支付等先进技术,有利于改善用户体验、分析用户行为、提高用户信任度和忠诚度,人们对APP的依赖不断提升,尤其对移动购物APP的偏好有所增强。随着智能手机市场的红利逐步释放、智能手机的性能不断增强,购物、餐饮、娱乐、教育、出行、社交等移动上网应用层出不穷,与此同时,手机的市场价格却在不断走低,极大地提高了移动智能终端的使用率,从而促成了普通手机用户向手机上网用户的转化。

2. 我国移动电子商务存在的问题

相比于传统的电子商务来说,移动电子商务可以随时随地为用户提供所需的信息、应用和服务,同时满足用户及商家安全、社交及自我实现的需求,其优势明显。但是,移动电子商务发展体系并不完善,仍然面临许多问题,如移动网络安全问题、移动支付机制问题、移动电子商务的技术支持问题、移动电子商务法律问题和用户与传统商家的观念问题等。

(1) 移动网络安全问题

安全性是影响移动电子商务发展的关键问题。移动电子商务虽然以电子商务为基础,但是其通过移动终端上网的特性决定了它有着和普通电子商务不同的安全性隐患。由于移动支付行为基于移动终端绑定的银行卡完成,或者基于手机SIM卡与POS机近距离完成,如果遇到移动终端丢失或者密码破解、信息复制、病毒感染等情况,那么可能会造成重大的损失。另外,移动商务平台运营管理漏洞也是影响移动电子商务安全的一个方面。如今用于上网的移动终端主要有笔记本电脑、手机、平板电脑等,保障这些移动设备本身的安全以及在使用这些设备时遵循安全操作规范是移动电子商务安全保障的一个前提。

(2) 移动支付机制问题

随着互联网技术的广泛应用和智能终端的普及,移动支付已经成为电子支付方式的主流方向和市场竞争焦点,但仍存在一些支付机制的问题。在支付公司方面,近年来涌现了众多的支付公司,但部分支付公司的盈利状况出现下滑,有的甚至连基本的生存都成问题。在银行方面,飞速发展的互联网彻底颠覆了银行的传统服务思维,使之变得更加电子化、便捷化和个性化。网上银行打开了银行的电子通道,但是这些电子通道的承载能力、安全保障能力、产品易用性、资费定价方式等需要大幅优化,只有优化才能满足用户急速膨胀的消费需求。另外,各大银行的分支机构为了存款或其他竞争性资源,近乎"无底线"地放宽接入限制、调低接入价格,在良莠不齐的电商和第三方支付公司得到相当可观的交易规模的同时,也透支了这些电子渠道的生命力,特别是安全性得不到可靠的保障。某些公司的技术漏洞可能会影响使用同一类通道的所有同行,因此,移动支付机制问题可能会波及整个生态环境的安危。优秀的电商、支付公司与银行之间,要一起重新梳理和规划银行电子渠道的接入和使用规范,并划定出合适的成本空间来作为银行升级和创新的动力。

7.2.2　我国移动电子商务的发展趋势

随着移动智能终端的普及,我国移动电子商务用户消费习惯逐渐形成,传统电商巨头纷纷布局移动电商,众多新型移动电商购物平台不断涌现。前瞻产业研究院数据显示,从2013年的2679亿元到2019年的67580亿元,我国移动电商市场交易额持续增长。2011~2020年,手机网络购物用户规模呈爆发式增长,经历两轮快速发展期:第一阶段是2011~2018年,主要由淘宝"双十一"、京东"618"等年度优惠活动驱动;第二阶段从2018年开始,由直播、小程序等新型购物模式引爆消费者需求,截至2020年6月底,我国手机网络购物用户规模达7.47亿人,手机网络应用使用率高达79.7%(见图7.12)。2020年,全网用户对移动互联网依赖度进一步加深,从APP月均使用时长和使用次数来看,移动购物排行前列,月均使用时长和次数分别为545.1分钟和162.3次。

图7.12　2011~2020年手机网络购物应用用户规模及使用率

在新冠肺炎疫情影响下,直播电商带货的模式在2020年的发展势头更加迅猛。直播电商领域的快速发展,使"双十一"各大电商平台均加大力度布局电商直播,品牌商家目光也纷纷投向电商带货。同时,社交、电商、视频娱乐及支付等领域的TOP1 APP在行业渗透率均超5成,由此可见移动互联网已渗透到人们生活的各个方面。从行业活跃用户规模来看,即时通信、综合电商分别为10.77亿人和9.92亿人排名前列(见图7.13)。

(1) 基于移动社交和自媒体的去中心化模式

传统电子商务是通过一个平台集合所有商户和流量的中心化模式,随着移动社交平台的发展,企业和个人越来越热衷于依托微信、微博等自媒体的粉丝经济模式,通过分享传播来获得粉丝,由此形成了去中心化的电子商务模式。也正是在这种碎片化的社交场景中,消费者的购买需求会被随时激发出来。比如"贝贝网"开设的红人街频道,融合了社交、内容以及直播等新型营销方式,借助穿搭达人的服饰搭配分享、与粉丝的交流沟通来引导消费者购物。

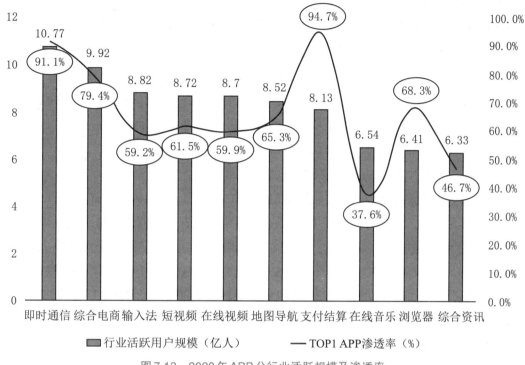

图7.13 2020年APP分行业活跃规模及渗透率

(2) 基于大数据技术的精准化营销和个性化服务

根据美国互联网数据中心提供的信息,互联网上的数据以每年50%的速度持续增长,正是由于互联网计算处理技术的不断革新,大数据的应用随处可见。尽管移动电商的红利期已逐渐过去,但大数据或将成为下一个利益的推动点。未来移动电商借助数据收集、数据存取、基础架构、数据处理、统计分析、数据挖掘、模型预测等大数据技术,能够详细追溯每一位顾客的来源,包含顾客在网上购物的周期性,购买商品的关联性、重复性,购物路径、搜索和收藏购买行为等,并通过这些数据建造顾客行为分析模型,据此提供给顾客更加精准化的推荐和个性化服务。

(3) 基于线上、线下融合的全渠道发展

随着移动电商时代的蓬勃发展,市场的网购环境开始呈现开放性、交互性、共享性的态势,导致人们的网购习惯和网购需求发生了巨大的变化,消费者希望能够在任意的时间、任意的地点检索到自己想要的信息、购买到自己想要的商品、获取自己想要的服务,而单一线上或线下渠道发展的增量空间不大,商品的需求小于商品的供给,因此,为有效满足线上购物便利与线下消费体验的双向需求,不论是实体商业还是纯网商都开始加速线上线下融合，追求全渠道发展。

(4) 基于场景化、内容化、粉丝化的引流新方向

随着移动电商应用的不断深入和创新发展，消费者对平台中推荐和搜索内容的精准性要求越来越高，电商市场开始由增量时代转变为存量时代，消费者的消费习惯和消费路径也逐渐由"购物需求产生流量"转变为"内容推荐产生流量"，如移动电商平台根据消费者当下的场景提供适宜的商品和服务，或者借助直播、短视频、软文推广等形式开展优质的内容传播，从而激发用户的兴趣和购买力，消费者也越来越喜欢关注一些意见领袖(KOL)和明星网红并与他们互动，从而得到一些消费建议。由此，形成了场景化、粉丝化、内容化的新型引流方式。

(5) 基于多应用场景的移动支付新方式

近年来，移动支付在业务量上呈现几何倍数的爬升，已基本取代了现金支付，而支付场景的不断扩大、支付方式的不断创新仍在不断激发新的移动支付潜能。新冠肺炎疫情爆发后，无接触式和便捷性的移动支付在普及率、使用频率和交易规模上再度提升。目前移动支付领域中，占比较高的三家平台分别是支付宝、微信支付、银联商务。由于支付场景的不同，移动支付呈现出多种多样的支付方式，最常见的是扫码支付和密码支付，其中扫码支付是现阶段普及度最广、最受商家欢迎的支付方式之一，用户只需打开扫码入口或出示付款码即可完成收付；密码支付则往往需要验证码进行二次验证，以确保大额资金转账安全。此外还有刷脸支付、指纹支付、语音支付、虹膜支付、NFC接触式支付等方式，由于对硬件设备和支付环境要求较高，它们在日常生活中的普及度较低。

总之，移动电子商务作为一种新型的电子商务方式，利用移动无线网络的优点，对传统电子商务做了有益补充。当然，这并不意味着以PC作为WEB客户机的传统电子商务将停步不前，未来电子商务将同时支持这两种电子商务运作方式。而且移动电子商务将进入"以人为本"的全新电商时代，每个人既是读者又是媒体，既是用户又是渠道，既是消费者又是品牌，销售主要靠人与人之间的推荐，品牌则靠人与人之间的口碑传播。可以预见，移动电子商务作为未来电子商务领域的主力军，将呈现出社交化、内容化、场景化等新态势。

> 【微思考】 当代大学生作为新时代中国特色社会主义事业的建设者和接班人，应当如何适应和促进移动电子商务的发展？可以从生活、工作、学习等方面展开讨论。

任务7.3　移动电子商务的应用

国民经济的飞速发展和科学技术的日新月异推动着移动互联网的进步,微信、微博、移动客户端以及各类门户网站等新兴网络媒体已逐渐渗透到人们日常生活的方方面面,并且潜移默化地影响着企业的经营管理和人们的消费模式,不可否认的是,我们正加快行走在移动互联网时代的新道路上。移动电商应用是移动电子商务在新时期、新发展阶段的创新探索和成功实践。因此,如何借力移动互联网促进移动应用的普及和技术创新变得至关重要。

随着互联网和智能手机的普及,移动电子商务的发展带来了社会产业的变革和人们生活方式的改变。目前移动电子商务能够提供移动信息、移动营销、移动商务、移动支付、移动办公、移动娱乐等多个领域的服务。未来随着时间的推移、技术的改进、管理水平的提高,移动电子商务服务还会被应用到更多的领域。从功能上可将移动电子商务分为个人应用、企业应用两个领域。

7.3.1　移动电子商务的个人应用

1. 移动通信服务

随着移动互联网技术的成熟,即时通信(Instant Messaging,IM)成为人们最常用的通信工具之一。用户通过手机终端(如QQ、微信、钉钉、新浪邮箱、网易邮箱、易信等)方便地与他人在任何时间、任何地点以短信、邮件、移动因特网来进行简洁、快速、即时的信息交流。通信系统的核心业务是联系人管理,包括查询联系人、删除联系人、添加联系人几部分,能够有效满足用户的社交和通信需求,在使用过程中用户通过提供密码,以保证数据传输的安全可靠。QQ、微信、钉钉、新浪邮箱、易信即时通信手机客户端如图7.14所示。

图7.14　即时通信手机客户端

2. 移动信息服务

（1）移动搜索服务

移动搜索引擎是搜索技术在移动电子商务平台上的一种延伸，是为用户提供检索服务的系统。移动搜索引擎根据一定的策略，运用特定的计算机程序搜集互联网上的信息，并对信息进行逻辑组织和处理，最后借助移动客户端将处理好的信息展示给用户，从而方便用户及时地从移动网络空间获得其所需要的信息。但社会交往的加速推进使得通用搜索引擎已不能满足用户的一些需求，特别是当用户急需搜索到某一专业领域内的信息时，垂直搜索引擎能够更有效地解决这种问题，它是针对于某一领域的专业搜索引擎，其工作原理是先下载跟该领域相关的网页，从中提取出用户需要的信息，经过进一步的处理再呈现给用户。百度、今日头条、人民网、新华网、搜狐网等门户网站手机客户端如图7.15所示。

图7.15　搜索引擎手机客户端

（2）移动翻译服务

移动翻译主要是为留学、跨国旅游、访外等出国人群提供一种基于手机或掌上电脑的移动翻译系统。它可以通过自动扫描、同声传译、语音识别或文字输入等手段，自动地将某种外语对话翻译成中文，也可以将中文翻译成外语，以满足用户口语练习、出国旅游、日常交流、翻译学习等需求，随手翻译、腾讯翻译君、英文翻译器、多语言翻译手机客户端如图7.16所示。

图7.16　翻译系统手机客户端

3. 移动支付服务

移动支付服务，即用户使用手机、掌上电脑、移动POS机等移动电子终端对所消费的商品或服务进行账务支付、银行转账等操作的商务交易活动，服务流程如图7.17所示。移动支付的工具包括支付宝余额、微信钱包、云闪付、快捷支付(从借记卡或信用卡账户中扣除)、苏宁支付、京东金融等。

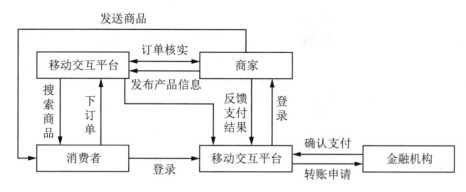

图7.17　移动电子商务支付服务流程示意图

4. 移动生活服务

（1）移动购物应用

消费者可以借助移动设备和应用软件,随时随地了解新品信息、参与享受各类活动优惠、查看即时物流、评价和分享喜欢的商品,并通过咨询、加入购物车、下单、支付等操作来购买所需的商品或服务。移动购物其自身所具有的低成本和高交互性的特点给电子商务市场带来了前所未有的重要机遇,越来越多消费者开始转变消费模式,利用移动端搜索物美价廉的产品或收集数字优惠券。新冠肺炎疫情的环境下,移动端购物软件的使用率大幅度提高。

（2）移动出行应用

乘客可以便捷地通过手机发布拼车、租车、代驾、专车、打车等信息,并立即和抢单司机直接沟通,大大提高了出行效率。目前,移动出行以O2O应用为主,具体行业细分如图7.18所示,其中打车类应用覆盖率最高,专车和拼车类次之,租车和代驾类用户量较少。

图7.18 出行O2O移动应用行业图谱

(3) 移动金融应用

依托无线互联技术,利用移动终端来处理金融企业内部管理及对外产品服务的解决方案。这里的移动终端泛指以智能手机为代表的各类移动设备,其中智能手机、平板电脑和无线POS机目前应用范围较广。近年来,银行和金融业加快调整,以适应移动应用行业的数字变革,新冠肺炎疫情的影响进一步推动了银行和金融业的转型,其中数字银行和在线支付类应用因其便捷、低成本的优势,会话量出现了显著的增长;选择通过信贷类应用或新生代银行贷款服务进行"金融科技贷款"的用户数量激增;投资类应用的整体安装量也大幅度提升。Adjust数据显示,2020年上半年,银行类应用会话量增长26%,支付类应用会话量增长49%,投资类应用平均每日会话量提升88.14%。

5. 移动办公服务

移动办公服务也叫移动OA,又称为"3A办公",即办公人员可以在任何时间(Anytime)、任何地点(Anywhere),处理与业务相关的任何事情(Anything)。图7.19所示为移动办公服务软件。

图7.19 移动办公服务软件

6. 移动娱乐服务

(1) 移动游戏服务

一般是指将移动终端与游戏产品相结合,为消费者提供方便、易携带的游戏服务。图7.20所示为移动游戏服务软件。

图 7.20　移动游戏服务软件

(2) 移动音乐服务

一般指通过移动信息网络和终端提供的数字音乐服务。无线音乐服务一般包括手机铃音、彩铃、手机音乐点播、音乐下载和在线收听音乐服务等。图7.21所示为移动音乐服务软件。

图 7.21　移动音乐服务软件

(3) 移动视频业务

一般指利用具有操作系统和视频功能的智能手机观看视频的业务,属于流媒体服务的一种。信息技术的发展使得视频内容的载体经历了从电视到PC再到移动端的变化,移动视频APP成为了新的流量入口,其在移动应用市场的覆盖率一直位居前列。如今各大在线视频平台依靠其体系优势和媒体差异,也在尝试踏足电商领域,以丰富流量变现模式,并通过多渠道布局以增加广告收入来源。图7.22所示为移动视频软件。

图 7.22　移动视频软件

7.3.2　移动电子商务的企业应用

1. 移动营销服务

移动营销服务作为网络营销的延伸,涉及移动通信技术和市场营销,是以市场营销为基础在移动通信网络上实现的营销活动,具有灵活性、实时性、经济性、丰富性、检测

性等特点,可以实现个性化、精确化的营销,其运行模式主要包括以下三种:

① Push模式:主要是指企业主动向用户推送网络广告信息,进行商品营销的形式。

② Web模式:主要是企业通过建立WAP网站或者与其他WAP网站合作进行企业品牌宣传与推广的模式。如当移动手机用户使用网络运营商提供的服务时,手机中会出现咪咕视频、咪咕快游、和包等网络运营商自带软件。

③ 内嵌模式:主要是指产品的信息直接嵌入到手机内,可以通过屏保、铃声、游戏、应用程序等多种形式进行,也可以手机生产厂家直接植入手机内部。例如,小米手机中内嵌小米视频、小米钱包、小米商城应用,如图7.23所示。

图7.23 小米手机在手机出厂时内嵌的应用程序

2. 移动商务服务

移动商务服务将移动通信技术、网络硬件设备和企业软件平台进行有效的整合,实现企业之间、企业与客户之间的双向、实时性的商务活动,可以将企业移动商务应用的体系结构分成五层,如图7.24所示。

图7.24 移动电子商务服务体系结构

在这种体系结构下,企业通过无线网络可以随时随地访问公司网站或其他无线应用,开展移动商务办公活动,如汇总销量、价格信息,处理订单、查询当前库存、回复电子邮件、安排会议等,并搭建具有自身特色的移动信息化平台,通过平台监控管理中心可以实现网络推广管理、在线销售管理、物流配送管理、在线支付管理等功能。消费者可以通过下载企业移动客户端软件,进行下单、支付、信息查询、沟通与投诉等活动,也可以选择多种个性化服务,如移动电子商务使得客户能在价格优惠或取消时立即得到通知,也可以预付物流费用或临时更改;移动银行服务能够帮助客户随时随地完成安全支付活动等。

随着社会文明的进步、科学技术的改进、管理水平的提高,移动电子商务服务将被广泛应用到更多的领域,也将为社会和人们生活提供更多的方便。

【微思考】 请同学们结合自己的实际使用体验,说出一个自己最喜欢或最常用的手机APP软件及原因,并尝试分析该软件的主要功能和在同类软件中的优势。

小习题

一、判断题

1. 移动广告、二维码营销、LBS 营销、H5营销等均属于微营销的常见方法。( )

2. LBS可以为PC端用户提供需要的与位置相关的服务。( )

3. 移动电子商务的快速发展让软件和硬件商家的界限更加明显。( )

4. 移动广告一般采用"广撒网"模式,这种模式可以使广告获取更多用户的关注,起到良好的营销推广效果。( )

5. 数据统计与分析的过程主要有数据识别、数据收集、收集分析、数据评价以及收据改进五个步骤组成。( )

6. 第五代通信技术简称5G,5G的性能目标是高数据速率、减少延迟、节省能源、降低成本、提高系统容量和大规模设备连接。( )

二、单选题

1. 属于移动购物应用的是( )。
   A. 淘宝、天猫、京东　　　　　　　B. 头条、苏宁、快手
   C. 微信、微博、抖音　　　　　　　D. 腾讯视频、优酷

2. 不属于移动电商在运营中发展趋势的是( )。
   A. 内容化　　　B. 场景化　　　C. 粉丝化　　　D. 跳跃化

3. 今日头条、网易新闻、豆瓣网等社交应用属于( )移动社交平台。
   A. 即时通信类社交平台　　　　　　B. 内容垂直类社交平台
   C. 电子商务交易平台　　　　　　　D. 客户服务平台

4. 在对APP营销的效果进行检测时,启动指标是一个很重要的指标,它不包括(　　)。
   A. 新增用户　　　　　　　　　　B. 评论用户
   C. 活跃用户　　　　　　　　　　D. 留存用户

5. 生物特征技术是移动商务中常用来进行个人身份鉴定的技术,属于行为性生物特征识别技术的是(　　)。
   A. 笔迹识别　　　　　　　　　　B. 虹膜识别
   C. 人脸识别　　　　　　　　　　D. 指纹识别

三、多选题

1. 生活中使用到的移动支付方式有(　　)。
   A. 手机客户端方式　　　　　　　B. 二维码支付
   C. 短信支付　　　　　　　　　　D. NFC支付

2. 移动支付系统的主要安全问题有(　　)。
   A. 移动支付信息的机密性　　　　B. 移动支付信息的完整性
   C. 移动支付多方身份的认证性　　D. 移动支付的不可否认性

3. 属于内容营销原则的是(　　)。
   A. 内容的趣味性　　　　　　　　B. 内容的实用性
   C. 内容的相关性　　　　　　　　D. 内容的无序性

4. 属于直播火爆原因的是(　　)。
   A. 参与难度高　　　　　　　　　B. 技术加持
   C. 资本助力　　　　　　　　　　D. 内容丰富

5. 二维码营销中,常见的二维码通常被用作(　　)。
   A. APP下载　　　　　　　　　　B. 进行关注
   C. 移动付费　　　　　　　　　　D. 维护客户关系

6. 移动商务业务范围包含(　　)。
   A. 金融　　　B. 娱乐　　　C. 旅游　　　D. 信息

移动互联网对当代高职教育的影响

近些年,随着信息时代的到来,人工智能、大数据、云计算和物联网等新兴产业迅速发展,互联网技术已然深入到人们的生活和工作领域当中,移动互联网也以一种辅助教学的身份潜移默化的影响着高职的教育,逐渐进入高职的教学课堂中。职业教育现代化为教育现代化的核心,高职院校需要快速适应新发展观念,结合移动互联网技术提高教学质量、深化办学体制改革,培养出高素质的优秀人才,为社会服务、适应社会需求。移动互联网的应用将会最大限度的提高教学效果和效率,让学生不受时空限制随时获得信息,通过这个过程培养学生利用移动互联网自我学习的能力。移动互联网与传统教育相结合的新型教学模式不仅仅是一次教育的升级和优化,更肩负着如何通过"互联网+教育"把中国建设成为强大的人力资源国和学习型社会的重任。

这种新型教学模式引发了一场翻转课堂改革浪潮,倡导学生自主性、个性化学习,改善了传统教学方式,由传统教师在课堂传授学生知识转变为学生可以在课堂外学习,也促使了资源多样性的形成,目前最受欢迎的模式有以下几种。

1. 微课程

这是当下流行度最高的一种教育传播方式,是将原有的知识体系进行细化,把一个教学内容分解为许多小的知识点,通过简短的在线视频呈现给学生。这些视频的特点是:短,平均播放时长大概在5~10分钟;细化,每个视频具体到只是一个概念或者一道题目;便于理解,由于其内容讲解具体,使得学生容易掌握,极大鼓舞了学生的学习动力。

2. 视频公开课

视频公开课最中具代表性的就是可汗学院,这是一个由麻省理工和哈佛商学院毕业生可汗创立的一家教育非营利组织。目前已经录制了上千段视频,共播放了上万次,旨在免费帮助全球的学习者,其中包括金融、宏观经济学、微观经济学、数学、艺术、天文、历史等各个学科内容。2013年之后,可汗学院的课程已被20所公立学校采用,这也打破了传统学校对教育的垄断,使得更多学习者获得了自己所需的知识。

3. MOOC

在中国,MOOC是一种新型教学模式,吸引教育界的关注,被称为虚拟学校,将传统的教学模式搬到互联网上,在互联网上建立了一所学校。MOOC教学模式和传统教学模式一样,具有统一的教学安排,学生可以根据课程内容来选择自己上课进度;观看教师的视频后,完成线上作业并提交;学习计划完成后进行考试,甚至能够取得相应的学历认证和技能证书。尽管与传统的教学模式一致,但是MOOC拥有更广泛的学习者,并且教学环境、教学时间更自由。

4. 辅导资料、学习题库

这一类平台可以作为传统教育的辅助工具,按照学生的需求提供相对应的教育服务。例如高职学生可以在上面寻找到一些专家教授的理论知识讲解,或者下载一些课本之外的学习资源;在考试之前可以下载相对应学科的模拟考试题目进行练习,甚至还可以通过拍照来搜索相关知识和内容。

翻转课堂重点是培养学生自主学习,因此对学生的自律性和学习意志力有一定的要求。而传统课堂具有团队意识和严肃性,能使学生具有很好的定力,避免其他事物的干扰。不仅如此,在资源种类、受教育者范围、教学环境等方面,两个模式都可以进行互补。翻转课堂的应用,将从优化高职的教学内容、课堂形式、课程设计和扩充课堂容量等方面来达到更好的教学效果。同时教师可以通过移动设备来获取学生信息、地理位置、出勤率、考试情况,学生的档案也一目了然。通过互联网上的各种软件布置作业,学生可以通过互联网随时提交作业,教师进行实时批改,如果学生家庭作业有问题,也可以第一时间询问教师,减少学生互相抄袭作业的现象。

(资料来源:桂文龙,刘晶."互联网+"环境下MOOC在高职教育中的应用策略研究[J].产业与科技论坛,2022,21(2):146-148.)

问题:

1. 阅读资料中提到移动互联网与高职教育的结合是教育的一次升级,请结合自身实际谈谈高职教育在应用移动互联网的过程中还存在哪些问题,并尝试分析其原因?

2. 中国大学MOOC是一种目前流行的移动教育软件,它有哪些电子商务功能?

3. 你还了解哪些移动互联网教育平台?

小实训

熟悉移动电子商务相关应用。

一、实训目的

了解一些移动电商应用的功能、使用方法和优劣势。

二、实训内容

分别针对购物、餐饮、娱乐、教育几大领域,在手机上下载1~2款常见的、使用率较高的APP,详细了解各款软件的主要功能和特点,并尝试使用这些移动电商软件。根据实际的使用体验思考:各移动应用APP的服务对象是哪些群体?各自具有哪些优势和劣势?

三、实训要求

请把相关内容和使用情况制作成PPT并进行汇报,APP的优劣势需采用列表格的形式进行汇总。

任务总结

移动电子商务作为电子商务的一种新兴业态,拓展了传统电商的渠道,促进了电子商务模式的成熟和发展,实现了线上资源和线下资源的有序衔接,帮助用户实现了完整的闭环体验。移动电子商务的出现与发展同时也对企业线下服务提出了更高的要求,使得人们的生活更加便捷,为产品和服务企业创造了更多的机会,对社会文明进步作出了巨大贡献。通过本章内容的学习,我们可以更加深入地理解移动电子商务的概念、内涵、特点,把握移动电子商务的发展趋势,熟悉移动电子商务的应用领域,为持续推进移动电商的数字化变革,学生应积极参与移动电商领域的教学实践,不断拓展移动电商专业知识,提升移动电商专业技能,以成为国家和社会需要的创新性人才。

参考文献

[1] 王红蕾. 移动电子商务[M]. 北京:机械工业出版社,2016.

[2] 成都职业技术学院电子商务教研室. 移动电子商务[M]. 北京:人民邮电出版社,2015.

[3] 张国文,马涛. 移动电商[M]. 北京:人民邮电出版社,2015.

[4] 胡敏. 决战移动电商[M]. 北京:电子工业出版社,2014.

[5] 梁晓音. 基于移动电子商务的农产品营销策略研究[J]. 全国流通经济,2021(32):9-11.

[6] 麦志坚. LBS+O2O商业模式在移动电商平台中的应用与创新[J]. 商业经济研究,2019(6):85-87.

[7] 汪莉. 移动互联网对高职教育的影响研究[M]. 北京:北京邮电大学,2019.

[8] 桂文龙,刘晶. "互联网+"环境下MOOC在高职教育中的应用策略研究[J]. 产业与科技论坛,2022,21(2):146-148.

[9] 卢艳婷. 移动电商发展趋势分析[J]. 全国流通经济,2017(35):14-15.

[10] 高进锋. 探索我国电子商务未来的发展趋势[J]. 电子商务,2017(7):13-14.

资 源 链 接

［1］艾瑞咨询网　http://www.iresearch.com.cn.

［2］中国互联网络信息中心　http://www.cnnic.net.cn.

［3］百度百科　https://baike.baidu.com.

［4］前瞻产业研究院　http://f.qianzhan.com.

第 8 章　电子商务法律及税收

知识目标

- 掌握电子商务法的概念、电子商务法律关系及我国电子商务基本法律法规。

能力目标

- 学会识别和分析电子商务相关的法律和税收问题。

思政目标

- 帮助学生了解基本的法律知识,树立基本的法律思维、培养法律意识,并学会运用法律维护自身的合法权益。

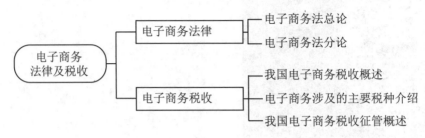

 案例导入

2021年6月1日,杭州互联网法院召开新闻发布会,介绍电子商务案件特征与趋势,并发布十大典型案例。

据介绍,2018~2020年,浙江省杭州互联网法院受理电子商务类案件6695件,审结6826件。其中产品责任纠纷数量骤降,而网络购物合同纠纷与网络服务合同纠纷案件数量猛增,电子商务类案件的核心部分发生明显改变;网络购物合同纠纷中除了交易传统实物商品,出现越来越多的虚拟商品,如游戏账户、虚拟装备、电子货币等商品的纠纷。网络服务合同纠纷内容则更为庞杂,涉及消费者或商家对电商平台介入纠纷的调查处理结果不满从而起诉电商平台,消费者要求电商平台披露商家信息,因推广商品分享佣金与平台产生的纠纷等。除了淘宝、京东等传统电商平台,社交电商、跨境电商、引流电商、农场电商等新电商平台纠纷也频繁出现。随着供给质量提升、居民收入增长、电商消费规模扩张、品质升级,在电商类案件中,相当数量的案件标的为服装箱包、食品生鲜、日化用品、家用电器、数码产品,消费者不再单单纠结于能否"买得到",而更关注于"买得好"。涉及健康、旅游、教育文化和娱乐等服务类,如家电、通信器材和名牌化妆品、医疗保健等消费升级类商品的案件增速较快。涉及个人信息保护的案件逐渐出现并呈现增长趋势,对个人信息不当收集、滥用、泄露而导致消费者权益受损的案件时有发生,越来越多的消费者在享受电商平台服务时,也开始注意对个人信息的保护。经过我国电子商务行业的蓬勃发展,传统的大型电商平台经营者也陆续在平台内部建立起在线争议解决机制或者网上争议解决中心,而且通过长时间的实践,电商平台在线纠纷解决机制日益成熟,化解纠纷的能力不断增强,表现在消费者针对平台的电商诉讼案件数量逐年递减,平台内经营者因不服平台调处争议而起诉平台的网络服务合同案件逐年递增,但胜诉率逐年下降。这反映出平台内对其产生的纠纷化解能力较强,化解成效越来越大。

(资料来源:中细软知识产权.十大典型案例:互联网法院发布涉电子商务平台典型案例[EB/OL].(2021-06-08). https://baijiahao.baidu.com/s?id=1701960134106171541&wfr=spider&for=pc.)

提出任务

从上述案例中可以看到,随着电子商务的深入发展,电子商务涉诉案件不断增加,纠纷的种类、侵权主体的类型、各类电商主体的利益诉求也在不断发生变化。从电子商务监管层次看,一个完整的业态离不开法律的保驾护航,因为法律不仅能保护行业和规范行业,同时还能促进行业的创新与发展。从电子商务参与者层次看,消费者只有认识、理解、学会运用电子商务法,才能更好地在电子商务活动中保护自己的合法权益;经营者只有运用电子商务法明确自己的法律义务,规范自己的市场行为,才能共同维护一个良性健康、可持续的电子商务市场环境。

解决问题

任务8.1 电子商务法律

8.1.1 电子商务法总论

1. 我国电子商务法的发展

法律在调整一定的社会关系的同时,也能够反映一定的社会关系。20世纪90年代初,在网络刚刚被应用于商业交易领域之时,电子商务领域在法律方面面临的最大挑战就是数据电文形式的商业活动的合法性问题。紧接着,联合国国际贸易法委员会开始了电子商务领域的立法实践:1996年通过的《电子商务示范法》界定了电子商务的概念,并认可了数据电文的法律效力、有效性和可执行性,成为世界各国电子商务立法的示范文本;2001年提交并由联合国大会通过的《电子签名示范法》是对《电子商务示范法》中电子签名效力的补充规范。我国电子商务发展之初,电子合同的效力也被认为是电子商务立法中的法律问题之一,我国立法机关采取的是"合同法+电子签名法"的立法模式,1999年3月全国人大通过的《中华人民共和国合同法》(以下简称《合同法》)认可了数据电文作为合同订立的书面形式之一,2004年8月全国人大常委会通过的《中华人民共和国电子签名法》(以下简称《电子签名法》)认可了电子签名的法律效力,基本解决了电子通信形式应用于商务领域所引发的法律不确定性问题。

电商行业的迅猛发展也伴随着层出不穷的电商治理危机,产品质量、网络售假、网络刷单、大数据杀熟等问题,不仅严重损害了网络消费者和其他相关权利人的合法权益,更限制了电商从业者乃至整个行业的良性健康发展。然而,除了《电子签名法》,一直以来,我国专门针对电子商务运行的法律环境并不完善,不管是处于电子商务生态系统中的个人和企业,还是处于中立地位的司法机关、仲裁机构和相关社会团体等,仍然只能依赖传统的民商事法律和各部委、地方政府制定的电子商务规范来维护各自的权益或是定纷止争。在世界各国的电子商务立法实践中,的确存在仅在传统立法中融入电子商务规制条款的立法模式,但是电子商务活动的虚拟性、信息不对称性等特点使其更强调对知识产权、个人信息、消费者权益的保护,传统的民商事法律远远不能妥善解决电子商务领域中不断推陈出新的各种新型的法律纠纷。2013年12月7日,全国人大常委会召开《中华人民共和国电子商务法》(以下简称《电子商务法》)第一次起草组的会议,正式启动了《电子商务法》的立法进程。在万众期盼之下,2018年8月31日,十三届全国人大常委会第五次会议表决通过《电子商务法》,自2019年1月1日起施行,《电子商务法》的出台为我国电子商务的发展奠定了一个基本的法律框架。

2020年5月28日,十三届全国人大第三次会议表决通过了《中华人民共和国民法典》(以下简称《民法典》),并将从2021年1月1日起正式施行。《民法典》的编纂全面整合民事单行法律,延续了《合同法》等法律有关电子商务的立法精神,同时对网络合同、网络侵权和网络隐私保护作了更细化的规定。作为我国民商事领域的基础性法律,《民法典》确立了我国电子商务法律治理的风向标。

近年来,电子商务中的知识产权保护以及数据安全和个人信息保护问题日益成为社会关注的焦点。在知识产权保护领域,新修订的《中华人民共和国商标法》于2019年11月1日起施行,新修订的《中华人民共和国专利法》和《中华人民共和国著作权法》于2021年6月1日起施行,重点加强了对专利权人合法权益的保护,加大侵权赔偿力度,加大对网络版权产业的保护。在数据安全和个人信息保护方面,我国于2021年9月1日起施行《中华人民共和国数据安全法》,2021年11月1日起施行《中华人民共和国个人信息保护法》,不断加强和完善电子商务相关法律的保护力度。

2. 电子商务法的概念

电子商务法,即调整电子商务活动的法律。目前大部分组织和企业对"电子商务"一词的一般理解是:通过互联网等信息网络进行商品交易或者服务交易的活动。故电子商务法是调整通过互联网等信息网络进行商品交易或者服务交易的活动的法律。

狭义的电子商务法仅指《电子商务法》这部法律,该部法律规定了电子商务是指通过互联网等信息网络销售商品或者提供服务的经营活动,但是不适用金融类产品和服务,利用信息网络提供新闻信息、音视频节目、出版以及文化产品等内容方面的服务。

广义的电子商务法包括所有与电子商务相关的法律,而其实自电子商务在我国大范围应用后,20多年来,很多传统的民商事法律都修订了其内容,增加了与电子商务有关的内容。总体而言,电子商务法主要由两大方面的内容构成,即电子与商务。前者解决的是商务活动电子化的法律效力问题,主要由《民法典》《电子商务法》《电子签名法》等规制;后者解决的是电子通信环境中的商务纠纷,如电子支付、公平交易、消费者权益保护、快递物流、知识产权、数据和个人信息保护、电子商务的司法救济、跨境电子商务等内容,因而广义的电子商务法也包括《中华人民共和国消费者权益保护法》(以下简称《消费者权益保护法》)《中华人民共和国知识产权法》《中华人民共和国产品质量法》等法律规范。为了便于学生更加完整地了解电子商务法的内容,本书采用广义的电子商务法概念。

3. 电子商务法的特征

(1) 私法性

目前学者对电子商务法属于部门法并没有太大异议,但是在电子商务法归属于哪个法律门类上产生了分歧。有的学者认为电子商务法应属于民法特别法,理由是电子商务法不仅调整商事主体之间的法律行为,同时也调整自然人之间的交易行为;有的学者认为电子商务本质上是商务,当归属于商务行为范畴,故电子商务法也应归类于商法范畴;还有的学者认为电子商务法具备公法的属性,因为在我国大量的规范互联网和信息的法律文件中,有很多强制性的行政规范;在世界范围的互联网立法中有的甚至还纳入了刑法的内容,如德国的《多媒体法》,我国的刑法中也包含了和计算机犯罪相关的罪名。

在当前商业创新层出不穷的时代,仍然按照传统的部门法划分方法来区分电子商务法的性质没有太多的意义。从公私法划分来说,电子商务法属于私法的范畴,根据《电子商务法》第一条有关立法宗旨的规定("为了保障电子商务各方主体的合法权益,规范电子商务行为,维护市场秩序,促进电子商务持续健康发展,制定本法"),电子商务法调整的是参与电子商务活动的各方主体之间的法律关系,既可以是商事主体之间的法律关系,也可以是自然人之间偶发的交易行为。电子商务法中虽然有很多强制性的规范,但这也与商法既维护私法自治,又与维护市场秩序的价值相吻合,不应改变其私法的本质属性。

(2) 综合性

电子商务归根结底仍是商业交易活动,是实物、服务或信息的交易,即使搭载了电子的形式,但本质上仍逃不开人与人之间的社会关系。此类社会关系具体成行为即是贯穿于商事活动的一个个法律行为,如合同缔结与履行、物流服务的委托、支付服务的委托等。各种电子商务法律行为又能衍生出具体的社会关系,如消费者与经营者之间的关系、网店与电商平台之间的关系、电子支付服务提供者与接受者之间的关系、快递物流服务提供者与委托者之间的关系、电子商务经营主体之间互相竞争与合作的关系等。这些社会关系当然适用传统的民商事法律,然而在电子商务环境下,交易手段和交易方式的改变所产生的特殊的民商事法律问题则要依靠电子商务法来调整,如网络交易的虚拟性和信息获取的不对称性导致消费者的权益更难得到落实,因此需要对电子商务消费者进行特殊的保护。

(3) 自治性

电子商务是信息时代的必然产物,对于我国市场经济建设来说是一个巨大的考验。市场经济重视商业道德和信用体系建设,强调市场主体的行业自律和自治。《电子商务法》更是把制定平台服务协议、交易规则、知识产权保护规则,健全信用评价制度作为电子商务平台经营者的一项义务。从实践角度来看,我国的电商企业在近年来的商业实践中逐渐摸索制定出一套网规,有些已经得到了同行的认可,成为了行业规范,甚至影响了国家和地方的电子商务立法。如2010年9月淘宝网发布淘宝规则,对在淘宝网进行的交易做了一系列规定;国家工商总局于2014年3月出台的《网络交易管理办法》就吸收采纳了淘宝规则中的消保金、经营者审查验照、信用评价、针对规则制定变更的公示及告知等多项制度。

[案例8.1]

法院据平台规则判售假网店赔偿京东平台百万违约金案

2017年,某商家与京东公司签订在线服务协议,约定其在京东商城开设网络店铺,出售某国际知名化妆品,并同时约定商家承诺不在京东平台销售假冒商品,否则京东有权要求商家支付人民币100万元或该店铺全部累计销售额10倍的金额(以高者为准)作为违约金。经营期间,京东公司对某商家出售商品进行抽检,经鉴定为假冒产品,遂以其严重违约为由,要求商家下架、关店并缴纳100万元违约金。2019年,该商家将京东公司起诉至法院,商家认为京东公司制定的违约金条款明显单方加重了商家的违约责任,双方的纠纷是服务合同纠纷,不是商家和消费者之间的纠纷,不适用《消费者权益保护法》中惩罚性赔偿的法律精神,且京东公司制定的服务合同只单方面针对商家做出了违约金规定,并没有约定京东公司的违约责任,合同显失公平。

针对京东公司主张的违约金能否获得支持的问题,法院审理认为,平台设定的违约金条款和"售假处罚百万"规则,关涉平台、商家和消费者三方之间的关系,系平台履行自律管理权利的体现,与传统意义上的违约金制度存在一定区别。京东平台有大量商家入驻,京东在平台治理过程中,针对不同的商家违规行为,采取不同的信用和违约金惩罚措施。长久以来,平台自治管理的模式已逐渐获得商家认可,在平台与商家的共同努力下,京东得以维护平台良好的商誉并吸引消费者。而平台规则就是平台经营的生命线,在平台规则已有明确约定的情况下,京东有必要严格执行规则,以实现平台的权威治理,更好地管理商家、维护网络环境。据此法院一审判定售假商家向京东公司赔偿违约金100万元。

注:本案的裁判文书可详见(2019)京0115民初3823号"厦门某公司与北京京东世纪贸易有限公司等服务合同纠纷"一审民事判决书。

(4) 国际性

在电子商务活动中,传统的地理上的国界已不复存在。有人认为,网络天然具有国际性,电子商务规则天然就是国际规则,如今跨境电子商务的蓬勃发展更加印证了这样的观点。跨境电子商务涉及产品质量、关税、国际运输等方面的法律规则,国内的电子商务规则与国际惯例、外国立法相衔接并趋同成为未来电子商务立法发展的一大趋势。在程序法上,网络空间全球性和跨区域等特点也决定了各国应寻求制定统一的国际公约以解决网络争议的管辖权问题。近年来,我国也积极参与电子商务领域国际规则的制定,在我国已签署和正在谈判的区域和双边自由贸易协定中都加入了电子商务的内容,2021年11月1日,我国还正式申请加入《数字经济伙伴关系协定》(Digital Economy Partnership Agreement, DEPA),就数字贸易展开深入的国际合作。

4. 电子商务法的作用

(1) 规范电子商务行为,保护电子商务主体的合法权利

电子商务法通过设立法律规范,对电子商务活动参与主体的行为进行引导和约束,使主体的行为符合法律规范所设定和表达的行为模式的基本要求;为行为人提供行为指引,使其权利的行使有法可依。

(2) 维护电子商务的行业秩序,促进行业发展

一方面,电子商务法协调和解决电子商务中的矛盾和纠纷,鼓励诚实信用、公平竞争等合法行为,打击和惩治侵害权益、信息滥用、恶性竞争等违法行为,为电子商务运行营造安全的环境,保障电子商务行业的安全和良性健康的可持续发展;另一方面,多年较为宽松的管制鼓励了电子商务的行业创新,从而促进了行业的发展。

5. 电子商务法律关系

电子商务法律关系是指电子商务法调整的范畴,是通过调整电子商务关系而形成的权利和义务关系。所有的民事法律关系都由主体、客体和内容三大要素构成,电子商

务法律关系也不例外。

(1) 电子商务法律关系的主体

电子商务法律关系的主体是指参加电子商务法律关系、享受权利和承担义务的人。电子商务法律关系的主体一般包括电子商务经营者、电子商务消费者和电子商务第三方服务提供者。

① 电子商务经营者是指通过互联网等信息网络从事销售商品或提供服务的经营活动的自然人、法人和非法人组织,包括电子商务平台经营者、平台内经营者和通过自建网站、其他网络服务销售商品或者服务的电子商务经营者。

② 电子商务消费者是指为生活消费需要通过互联网等信息网络购买、使用商品或者接受服务的个人和单位。电子商务消费者是《消费者权益保护法》所保护的消费者在电子商务环境中的延伸,既受电子商务相关法律法规的保护,也受《消费者权益保护法》的保护。

③ 电子商务第三方服务提供者包括快递物流服务提供者和电子支付服务提供者等主体,一般不单独与电子商务经营者或电子商务消费者产生法律关系,其与另外两类电子商务当事人之间的法律关系依赖于它们彼此之间的基础电子商务法律关系而存在。

(2) 电子商务法律关系的客体

电子商务法律关系的客体是主体权利和义务所指向的对象,在传统民商事领域客体包括物、行为、知识产权、人身利益等;在电子商务领域,客体还包括信息等。

(3) 电子商务法律关系的内容

电子商务法律关系的内容是指主体的权利和义务,是一种民事的权利与义务,是电子商务各方参与主体的权利和义务。我国《电子商务法》统一规定了电子商务经营者的义务,并对电子商务平台经营者的义务做了单独的规定。

① 电子商务经营者的义务

电子商务经营者应当依法办理市场主体登记,依法履行纳税义务,依法需要取得相关行政许可的,应当依法取得行政许可,不得滥用市场支配地位排除、限制竞争,依法保护消费者的各项合法权益,遵守法律和行政法规有关保护数据安全和保护个人信息的规定。

[案例8.2]

网络交易平台的从业资质

2015年3月15日,京东商城提供的医疗器械信息涉嫌直接撮合医疗器械罗康全活力型血糖仪网上交易,京东公司被北京市食品药品监督管理局依据《互联网药品信息服务管理办法》第二十四条规定,处以罚款的行政处罚。

依照国家药监局2005年颁布并实施的《互联网药品交易服务审批暂行规定》,只有同时具备《互联网药品交易服务资格证》和《互联网药品信息服务资格证》的互联网企业才能开展网络售药,仅有《互联网药品信息服务资格证》只能进行药品信息展示,不得开展交易,且提供的药品信息也不得直接撮合药品网上交易。京东商城没有取得相应的网上药品交易资质,不得进行直接撮合药品网上交易。

② 电子商务平台经营者的义务

我国立法强调在保护电子商务公平竞争、维护市场秩序方面,政府监管部门和电子商务交易平台应共同治理,且电子商务交易平台应具有一定的监管义务。电子商务平台经营者是指在电子商务中为交易双方或者多方提供网络经营场所、交易撮合、信息发布等服务,供交易双方或者多方独立开展交易活动的法人或者非法人组织。

电子商务平台经营者应履行的主要义务包括:

第一,经营者核查管理和报送义务。电子商务平台经营者对平台内经营者的信息有核查管理义务,并应按照规定向市场监管部门和税务部门报送平台内经营者的身份信息和相关监管事项。

第二,网络安全保证和报告义务。电子商务平台经营者应当保证平台网络安全,运行稳定,防范网络违法犯罪活动,保障电子商务交易安全。

第三,交易信息记录和保存义务。《电子商务法》明确要求电商平台对商品和服务交易信息的保存时间自交易完成之日起不少于三年。

第四,制定电子商务规则的义务。电子商务平台经营者应当制定平台服务协议、交易规则和信用评价制度,并保证规则制定与修改的公开、公平、公正。

第五,知识产权保护的义务。电子商务平台经营者应当建立知识产权保护规则;在接到权利人的通知后未及时采取必要措施的,对侵权损害的扩大部分与侵权人承担连带责任;知道或应当知道平台内经营者侵权而未采取必要措施的,也要与侵权人承担连带责任。

[案例8.3]

电商平台的知识产权保护义务

原告欧某于2009年12月获得国家知识产权局授权的一种计步器的外观设计专利,该专利产品自投放市场以来,深受广大消费者喜爱。后来,原告搜索淘宝网,发现了大量的假冒其专利的产品,他按照淘宝网的知识产权投诉程序进行了两次投诉,但是淘宝网在受理后均以"被投诉方提供反通知或原告已撤诉"为由表示"审核不通过",而且并没有将被投诉方提供反通知的内容以任何形式反馈给原告，于是欧某以淘宝网侵犯其外观设计专利为由一纸诉状将运营淘宝网的公司诉至深圳市中院。庭上淘宝网辩称它只是提供交易平台的网络服务提供商，所有的信息均系卖家上传，淘宝网并没有销售侵害原告专利权的行为。

法院认为，根据《中华人民共和国侵权责任法》第三十六条第二款规定：网络服务提供者接到通知后所应采取必要措施包括但不限于删除、屏蔽、断开链接。"必要措施"应根据所侵害权利的性质、侵权的具体情形和技术条件等综合确定。本案涉及专利侵权，被告作为电子商务网络服务平台的提供者，鉴于其对专利侵权纠纷判断的主观能力、互联网领域投诉数量巨大、投诉情况复杂以及避免损害被投诉人合法权益等因素的考量，并不必然要求在受理投诉后对被投诉商品立即采取删除或屏蔽措施，但是将受理的投诉材料转达给被投诉人并通知其申辩当属被告应当采取的必要措施之一。被投诉人申辩后，被告应将其认可的申辩意见反馈原告并给予其反驳的机会。本案中，原告在网络投诉平台上进行了两次投诉，被告受理后均以"被投诉方提供反通知或原告已撤诉为由"审核不通过，却并未将其所称的反通知内容以任何方式反馈原告，亦未有原告撤回投诉的任何证据。若被告不必采取反馈措施，则前述模棱两可、官僚格式化的回复可轻易将任何有效投诉拒之门外，被告依法应当采取的其他必要措施也将形同虚设，此种作法明显与侵权责任法第三十六条第二款之规定相悖。综上，被告在受理原告的投诉后未及时采取必要措施，对损害扩大的部分应承担连带责任。

注：本案的裁判文书可详见最高人民法院裁判文书网(2015)深中法知民初字第1272号"欧某与浙江淘宝网络有限公司侵害外观设计专利权纠纷一审"民事判决书。

6. 我国电子商务的立法情况

电子商务法调整社会关系的综合性和复杂性决定了我国的电子商务法律法规是一个庞大的立法体系，既包括电子商务专门立法，也包括传统民商事法律规则中的电子商务部分。据不完全统计，与互联网和电子商务相关的法律、法规、规章和其他规范性文件等约有500多部，下面将摘取其中重点的法律文件进行介绍。

(1) 法律

①《民法典》。"合同编"规定合同订立的书面形式包括数据电文(以电子数据交换、电子邮件等方式能够有形地表现所载内容，并可以随时调取查用)，同时还明确了采用数据电文形式订立的合同的成立时间和成立地点，通过互联网等信息网络订立的电子合同的商品和服务的交付时间。"人格权编"规定自然人享有隐私权以及自然人的个人信息受法律保护。"侵权责任编"对网络用户和网络服务提供者网络侵权责任的划分做了具体的规定。

②《电子商务法》。2018年8月31日,十三届全国人大常委会第五次会议表决通过《电子商务法》,自2019年1月1日起施行,《电子商务法》共七章八十九个条文,是我国电子商务领域第一部专门性的法律,进一步明确了电子商务经营者包括平台经营者和平台内商家、消费者、支付和物流等三方机构各自的权利和义务,对于电子合同的订立和履行、个人信息保护、平台监管职责、知识产权保护、电子商务监管和争议解决等内容都有了更加明确具体的规定,有利于进一步促进电子商务的健康发展。

③《电子签名法》。该法于2005年4月1日正式颁布实施,它规定了可靠的电子签名与手写签名或者盖章具有同等的法律效力,标志着我国第一部真正意义上的信息化法律正式诞生,开启了我国的电子商务立法。

另外还有很多传统的民商事法律在制定和修订中也都规定了与网络和电子商务相关的内容,如《消费者权益保护法》在2013年的修改中赋予了网络消费者七天无理由退货权等,在此不一一列举。

(2) 行政法规

①《信息网络传播权保护条例》,2006年5月由国务院公布,2013年1月修订,在我国法律体系中提出了网站责任的"避风港"原则,规定了网络服务提供者的免则情形,为网站"松了绑"。

②《中华人民共和国市场主体登记管理条例》,2021年7月27日由国务院发布,于2022年3月1日实施,确认电子商务经营主体同为市场主体,应按照规定办理登记,特别规定了电子商务经营主体的经营场所登记、营业执照公示等问题。

(3) 部门规章

① 商品交易与服务领域主要部门规章。2007年3月6日商务部发布的《关于网上交易的指导意见(暂行)》,界定了网上交易及其参与方的相关概念,对网上交易参与方的网上交易行为提出了一系列指导意见和要求。

《电子商务法》于2019年实施以后,2014年原国家工商行政管理总局颁布的《网络交易管理办法》中与电子商务相关的概念和规定不再适用,2021年3月3日,国家市场监督管理总局发布《网络交易监督管理办法》作为《电子商务法》在网络交易领域全新的配套部门规章,对法律的部分规定进行解释和细化。

有关特殊商品的网上交易规范,如国家食药监局发布的《互联网药品信息服务管理办法》(2004年7月8日颁布实施,2017年11月修正)和《互联网药品交易服务审批暂行规定》(2005年9月20日颁布实施),分别对取得互联网药品信息服务和交易服务资质做出了规范。

② 电子支付领域主要部门规章。中国人民银行于2010年6月14日发布的《非金融

机构支付服务管理办法》,明确了非金融机构开展网络支付业务须取得《支付业务许可证》,以及第三方支付机构的审慎经营义务。

③ 市场竞争领域主要部门规章。一是《出版物市场管理规定》。2016年5月31日,国家新闻出版广电总局与商务部修订了《出版物市场管理规定》,其中第二十六条规定:为出版物发行业务提供服务的网络交易平台应向注册地省、自治区、直辖市人民政府出版行政主管部门备案,接受出版行政主管部门的指导与监督管理。对在网络交易平台内从事各类违法出版物发行活动的,应当采取有效措施予以制止,并及时向所在地出版行政主管部门报告。

二是《互联网广告管理暂行办法》。2016年7月4日,国家工商总局颁布了《互联网广告管理暂行办法》,以规范互联网广告活动,保护消费者的合法权益,促进互联网广告业的健康发展,维护公平竞争的市场经济秩序。

三是《关于平台经济领域的反垄断指南》。2021年2月7日国务院反垄断委员会发布,根据《反垄断法》专门界定了平台经济领域的垄断行为,以预防和制止平台经济领域垄断行为,保护市场公平竞争,促进平台经济规范有序创新健康发展,维护消费者利益和社会公共利益。

④ 个人信息保护领域主要部门规章。2013年7月16日工信部颁布的《电信和互联网用户个人信息保护规定》,明确了信息收集和使用的规范,要求互联网信息服务提供者制定用户个人信息收集和使用规则、用户个人信息保护投诉处理机制,建立用户个人信息安全管理制度,防止用户个人信息泄露、毁损、篡改或者丢失。

(4) 地方性法规和地方政府规章

部分地方政府,尤其是发达地区的省级和市级政府根据地方电子商务发展需要,制定了地方性法规和地方政府规章,如《上海市促进电子商务发展规定》《浙江省电子商务条例》《汕头经济特区跨境电子商务促进条例》《杭州市跨境电子商务促进条例》等。

(5) 行业规范

一些部门还出台了全国性的行业规范,如商务部发布的《第三方电子商务交易平台服务规范》,成为电子商务运行的良好指引。

[案例8.4]

一份援引了"行业自律规范"的判决书

上海大摩网络科技有限公司(以下简称"大摩公司")研发了一款名为"ADSafe"的净网大师软件,用户在下载安装该软件后,可以开启"看片不等待"功能,以过滤视频网站播放视频前的等待广告。2015年11月,乐视网将大摩公司诉至法院,认为其侵害了乐视网及其广告客户的正当权益,要求其立即停止不正当竞争行为并赔偿经济损失17万元。

法院在认定乐视网免费加广告的经营模式是否具有法定利益和约定利益应给予法律保护时,引用了《互联网终端软件服务行业自律公约》第十九条的规定:认为乐视网投放的商业广告,明显有别于恶意广告等非法内容,故其推出的"免费加广告"观看视频的经营模式虽未有法律规定加以明确保护,但应视为用户与乐视网达成了一份观看视频节目的协议,双方应当受其约束,基于该模式视频网站经营者与用户产生的约定利益,他人不得加以损害。大摩公司运营的涉诉软件损害了乐视网的合法利益,属于不正当竞争行为,应当承担侵权责任。

注:本案的裁判文书可详见(2015)闵民三(知)初字第1770号"乐视网信息技术(北京)股份有限公司与上海大摩网络科技有限公司其他不正当竞争纠纷"一审民事判决书。

【微思考】 电子商务法律体系的构建涉及哪些方面的新规范、新规则?

8.1.2 电子商务法分论

1. 电子商务交易法

(1) 合同与电子合同

商事活动的核心是契约,电子商务活动的核心是电子合同。世界最早产生的一批电子商务立法,其宗旨就是为了明确电子合同与传统纸质合同具备相同的法律效力。

根据《民法典》"合同编"第四百六十四条规定:合同是民事主体之间设立、变更、终止民事法律关系的协议。电子合同则是民事主体之间通过电子信息网络,以电子数据交换等形式所订立的旨在设立、变更、终止财产性民事法律关系的合同。电子合同与传统合同的根本区别不仅在于其通过互联网通信手段达成合同,而且在于记载合同内容的形式发生了变化。

与传统合同相比,电子交易合同的买卖双方在交易过程中互相不见面,交易对象广泛且不特定,交易次数频繁。在第三方交易平台上,平台经营者往往使用格式合同与用户约定双方的权利义务,用户注册成为平台会员即表示对服务协议和商品交易协议的确认;电子交易的即时性和瞬时性的特点使得电子形式的要约与承诺很难撤销和撤回;表示合同生效的传统的签字盖章形式被电子签名和密码认证形式所替代,电子签名是指数据电文中以电子形式所含、所附用于识别签名人身份并表明签名人认可其中内容的数据。

(2) 我国电子商务交易立法现状

目前,我国关于电子合同和电子签名的法律规定主要见于《民法典》《电子商务法》和《电子签名法》。

《民法典》延续原来《合同法》的立法思路,原则性地确立了电子合同的法律地位。它借鉴联合国贸易法委员会发布的《电子商务示范法》的立法思路,规定了数据电文(电报、电传、传真、电子数据交换和电子邮件等)作为合同订立的书面形式,同时规定了采用此种形式订立的合同的成立时间和成立地点。

《电子签名法》进一步规范了电子签名行为,确立了电子签名的法律效力,初步建立起数据电文、电子签名、电子认证服务三项制度。

《电子商务法》第三章"电子商务合同的订立与履行"设专章规范电子商务合同,涉及订立电子商务合同的当事人的民事行为能力,电子商务合同的订立,电子商务合同的当事人包括电子商务经营者、快递物流服务提供者、电子支付服务提供者和用户各自的权利和义务等关键性问题。

(3) 电子合同的订立

① 电子合同订立的当事人。根据传统合同法,合同各方当事人必须具有相应的民事行为能力,合同才能发生效力。然而由于在电子商务的虚拟环境下无法确认对方的身份,法律通常推定当事人在电子商务活动中具有相应的民事行为能力且意思表示真实,但有相反证据足以推翻的除外。

② 电子合同成立的要件。根据传统合同法,缔结合同一般要经过要约与承诺两个步骤。要约是希望与他人订立合同的意思表示,承诺是受要约人同意要约的意思表示,承诺生效时合同成立。然而在电子商务交易环境下,要约和承诺往往是瞬时发生的,甚至以电脑自动信息系统代替人来接收订单收付钱款。因此,《电子商务法》规定,电子商务经营者发布的商品或者服务信息符合要约条件的,用户选择该商品或者服务并提交订单成功,合同成立。当事人另有约定的,从其约定。同时需要注意的是,在此种高效快捷的交易环境中,合同条款往往是由电子商务经营者预先制定好的格式条款,电子商务用户下单付款即表示对格式条款的遵守,电子商务用户不能对格式条款进行修改。故《电子商务法》也对电子商务经营者规定了更加严格的义务,以贯彻民法公平公正的基本原则,如电子商务经营者不得以格式条款等方式约定消费者支付价款后合同不成立,如有约定,则该内容无效。电子商务经营者应当清晰、全面、明确地告知用户订立合同的步骤、注意事项、下载方法等事项,并保证用户能够便利、完整地阅览和下载。

③ 电子合同有效的要件。根据《民法典》的规定,如果一项电子合同的签订双方当事人具有民事行为能力且意思表示真实,合同内容不违反法律或社会公共利益,就应当认定其是有效的。

2. 电子商务交易市场秩序保障法

(1) 公平竞争

任何市场经济模式和交易环境都应当鼓励和保护公平竞争行为。电子商务远远超过一个细分行业的容量,未来的趋势是几乎所有的传统商业都可以上线运营,线上线下将整合为一个整体,参与者数量众多使得正当竞争成为电子商务环境中一个不可忽视的法律问题。

电子商务环境中的不正当竞争行为主要包括如下几个方面:

一是侵犯知识产权行为,包括侵犯著作权、侵犯商标权等,如擅自使用与他人域名主体部分、网站名称、网页等知名商业标识相同或者近似的商业标识,误导公众,导致市场混淆等。

目前我国已建立起较为完备的电子商务领域知识产权保护法律法规体系。在法律层面,主要包括《民法典》《专利法》《商标法》《著作权法》《电子商务法》《反不正当竞争法》等。在行政法规层面,主要包括《专利法实施细则》《商标法实施条例》《著作权法保护条例》《计算机软件保护条例》《信息网络传播权保护条例》等。在部门规章层面,主要有《网络交易管理办法》等。在地方性法规和规章层面,还包括《上海市促进电子商务发展规定》《深圳市电子商务可信交易环境建设促进若干规定》等。

[案例8.5]

阿里巴巴电子商务知识产权保护实践

基于现行的法律制度,以阿里巴巴、苏宁、京东为代表的中国主流电子商务平台均已建立起一套完整的规则体系,涵盖了平台内经营主体之间的各类型关系,其中尤为重要的就是知识产权保护规则。在这样的体系下,平台管理者通过信用评价体系、违规处罚体系、技术数据应用等方式,实现平台有效调控和管理,保证平台经营秩序和管理秩序的高效运转。

以阿里巴巴为例,目前,其已建立起一套以"出售假冒商品认定和处罚规则"为核心的知识产权保护规则,其旗下天猫平台的《天猫市场管理规范》第十九条规定,一旦出现出售假冒商品的情形,立即对商家予以屏蔽监管并清退出平台;淘宝平台《淘宝网市场管理与违规处理规范》第二十四条规定"出售假冒商品"是全平台唯一的一个C类违规(淘宝平台最严重的违规类型);1688、天猫国际等旗下平台也将假冒等知识产权侵权行为作为平台内经营者的"高压线",引导平台内经营者合法经营,并对售假者"售假必办、有责必究"。

2002年,阿里巴巴已着手建立知识产权维权通道,权利人可通过邮件发送知识产侵权投诉通知。2008年和2011年,阿里巴巴先后上线了针对速卖通、阿里巴巴国际交易市场和1688商家进行投诉的Aliprotect,以及针对淘宝和天猫商家进行投诉的TaoProtect两个知识产权保护举报投诉平台。2016年,阿里巴巴将上述两个平台进行功能整合升级,统一由阿里巴巴知识产权保护平台(ipp.alibabagroup.com)受理旗下全部电商平台对侵犯商标权、著作权、专利权,以及与知识产权保护相关的肖像权、不正当竞争等行为的投诉。同时,2015年,阿里巴巴基于互信高效理念,推出了诚信投诉机制,为符合条件的权利人提供更快捷的维权处理体验。2017年,阿里巴巴上线"知产快车道"项目,以技术驱动知识产权保护效率提升。2018年,在"知产快车道"基础上,建立平台与品牌权利人双向反馈通道,并通过优化维权指引、推出多维数字化看板、升级账户管理系统等方式,不断进行知识产权保护的数字化改造与机制创新,为权利人和社会公众提供更加便捷、高效的维权渠道。数据显示,2018年,阿里巴巴知识产权保护平台96%的知识产权投诉在24小时内得到处理,品牌权利人投诉量较2017年下降32%。2019年4月23日,阿里巴巴发布了视频版权保护计划,这是阿里巴巴与权利人合作,针对电影开展的知识产权保护项目。

(资料来源:国家知识产权局知识产权发展研究中心.中国电子商务知识产权发展研究报告[R].北京:国家知识产权局,2019.)

二是损害信用评价行为,包括以虚构交易、删除不利评价、有偿或者以其他条件换取有利评价等形式,为自己或者他人提升商业信誉;以违背事实的恶意评价来损害他人商业信誉;骚扰或者威胁交易对方,迫使其违背意愿做出修改、删除商品或者服务评价;篡改或者选择性披露电子商务经营主体的信用评价记录;发布不实信用评价信息等其他违反法律法规以及客观、公正、合理原则的信用评价等行为。

三是排除和限制竞争行为,包括电子商务平台经营者通过书面、口头、数据、算法、平台规则等方式达成和实施横向或纵向垄断协议;滥用因技术优势、用户数量、对相关行业的控制能力等而具备的市场支配地位,排除和限制竞争,如采取不正当手段强迫中小商家在平台间"二选一";电子商务经营者集中;行政机关和法律、法规授权的具有公共事务职能的组织滥用行政权力,排除、限制平台领域市场竞争等。

[案例8.6]

外卖平台美团"二选一"行为被罚

2021年4月,国家市场监督管理总局依据反垄断法对美团外卖平台在中国境内网络餐饮外卖平台服务市场滥用市场支配地位行为进行立案调查。经查,美团自2018年以来滥用在中国境内网络餐饮外卖平台服务市场的支配地位,促使平台内商家与其签订独家合作协议,并采取多种惩罚性措施保障"二选一"实施,以获取不正当竞争优势,构成《中华人民共和国反垄断法》第十七条第一款第(四)项禁止的"没有正当理由,限定交易相对人只能与其进行交易"的滥用市场支配地位行为。2021年10月8日,国家市场监督管理总局作出行政处罚决定,责令美团停止违法行为,并处以其2020年中国境内销售额1147.48亿元的3%的罚款,计34.42亿元。针对以上处罚,美团发布公告称,将诚恳接受,坚决服从。

【微思考】 阿里、美团的"二选一"行为属于何种行为?

四是其他恶性竞争行为:包括假冒链接、混淆链接等不正当链接;攻击或入侵其他经营者的网络系统,恶意访问、拦截、篡改其他经营者的网络店铺,影响其正常经营活动;擅自使用政府部门或者社会组织电子标识,引人误解;利用服务协议等手段,限制交易、滥收费用或者附加不合理交易条件等法律、法规规定的其他不正当竞争行为。

3. 电子商务消费者权益保护法

电子商务消费者权益保护法是调整经营者和消费者进行电子交易时发生的、为保护消费者权益而形成的社会关系的法律规范的总称,并不是一部具体的法律文件。首先,只有发生于电子商务经营者和消费者之间的消费关系才能适用与电子商务消费者权益保护相关的法律法规,若双方均为经营者或均为个人,如供上下游企业之间批发采购用的电商平台或二手买卖平台中的参与者之间发生的交易关系则不适用电子商务消费者权益保护法。其次,电子商务消费者权益保护法是消费者权益保护法的特别法,经营者与消费者之间的消费关系首先适用于电子商务立法的特殊规定,特别法没有规定的,再适用《消费者权益保护法》。

根据《消费者权益保护法》,消费者享有9项权益,包括:人身安全不受损害权、知情权、选择权、公平交易权、求偿权、结社权、受教育权、人格尊严和民族风俗受尊重权、监督检举权。在电子商务领域,消费者同样享有前述权益,只是权利的内容和实现方式有如下区别:

① 知情权和选择权。电子商务经营者应当全面、真实、准确地披露商品或者服务的信息,保障消费者的知情权和选择权,并不得以虚构交易、编造用户评价等方式进行虚假或者引人误解的商业宣传,欺骗、误导消费者。

② 安全权。电子商务消费者在购买、使用商品和接受服务时除了享有人身、财产安全不受损害的权利外,还享有信息安全权。网络商品、服务的经营者对在经营活动中收集的消费者个人信息必须严格保密,不得泄露、出售或者非法向他人提供,并且应当采取技术措施和其他必要的措施,确保信息安全,防止信息泄露和丢失。

③ 自主选择权。电子商务消费者享有自主选择商品或者服务的权利。电子商务消

费者的自主选择权除了自主决定购买或者不购买任一商品,接受或者不接受任一服务外,还包括接受或不接受经营者向其发送商业性电子信息。

④ 公平交易权。电子商务消费者在购买商品或者接受服务时,同样有权获得质量保障、价格合理、计量正确等公平交易条件,然而电子商务的虚拟性和低体验度往往导致消费者购买的商品或服务的理解与实际商品或服务之间存在差异。因此,法律赋予了电子商务消费者在一定期限内可以无条件解除消费者合同并退货的权利。我国2013年修订的《消费者权益保护法》即赋予了电子商务消费者七天的无理由退货权。

⑤ 求偿权。消费者通过网络交易平台购买商品或者接受服务时,其合法权益受到损害的,可以向商品生产者、销售者或者服务提供者要求赔偿。为了保障网络消费者该项利益的顺利实现,我国法律规定电子商务经营者应当在其首页显著位置,持续公示营业执照信息、与其经营业务有关的行政许可信息。网络交易平台提供者不能提供销售者或者服务者的真实名称、地址和有效联系方式的,消费者也可以向网络交易平台提供者要求赔偿;网络交易平台提供者作出更有利于消费者的承诺的,应当履行承诺。网络交易平台提供者赔偿后,有权向销售者或者服务者追偿。

4. 电子商务交易法律救济法

(1) 争议解决方式

电子商务交易领域发生的纠纷和争议可以采取和解、调解、仲裁、诉讼等方式解决。国家鼓励电子商务各方主体建立电子商务在线争议解决机制(Online Dispute Resolution,ODR),ODR机制在发展初期主要是为了解决当事人距离遥远、小额的电子商务纠纷,以节约当事人的成本,高效便捷地解决纠纷。随着电子商务的迅猛发展,与网络交易相关的网络支付纠纷、网上小额贷款纠纷等都开始运用ODR机制,如淘宝网就发展了一套大众评审团模式的纠纷解决平台,平均每年解决六七十万件纠纷。目前,全球已有100多家ODR机构,2010年2月,美国向美洲国家组织提交了一揽子解决方案,旨在为跨境电子商务ODR提供国际统一规则,其核心文件为《跨境电子商务消费者纠纷的电子解决草案(示范法/合作框架)》。美国政府代表认为,建立一个全球性的、与现有司法体系并行的ODR体制,既能实现巴西、加拿大提议为消费者提供保护的初衷,又能避免跨国诉讼所伴随的管辖不明、成本过高等问题。

(2) 争议解决难点

① 管辖问题。在网络空间中,由于地域性的消融,一旦发生纠纷,司法管辖的确定便成为难题。对于跨国电子商务而言,应该由哪个国家的法院审理?对于国内电子商务而言,应由哪一地、哪一层级的法院管辖?

因合同纠纷提起的诉讼,根据我国《民事诉讼法》的规定,应由被告住所地或合同履行地人民法院管辖。民诉解释第二十条规定：以信息网络方式订立的买卖合同，通过信息网络交付标的的，以买受人住所地为合同履行地；通过其他方式交付标的的，收货地为合同履行地。因侵权纠纷提起的诉讼，根据我国《民事诉讼法》的规定，应由侵权行为地或被告住所地的人民法院管辖。民诉解释第二十五条规定：信息网络侵权行为实施地包括实施被诉侵权行为的计算机等信息设备所在地，侵权结果发生地包括被侵权人住所地。在司法实践中，我国正在探索互联网案件互联网审理的司法活动，先后在杭州、北京和广州三地设立了互联网法院，集中管辖全市辖区内特定类型涉互联网的第一审案件，推动新型互联网案件的公正审理。

② 证据问题。几乎所有的电子商务纠纷或网络纠纷都必然涉及数据电文或计算机数据能否与传统证据一样，被法院接受为合法证据采用。一些国家已经制定了电子证据法规及电子证据的证据形式和证据效力，联合国贸易法委员会的《电子商务示范法》也明确了数据电文可以作为一种证据形式。《电子签名法》第七条规定：数据电文不得仅因为其是以电子、光学、磁或者类似手段生成、发送、接收或者储存的而被拒绝作为证据使用。

在司法审判实践中，法院通常承认电子数据的证据形式，但是由于电子数据具有即时性、易篡改性等特点，取证方式比较复杂。当事人在向法院提交电子证据时通常会申请公证处做电子证据保全；中国版权协会还推荐当事人使用人民法院TSA电子证据固化系统对电子合同、电子化的购货凭证或服务单据、交易数据等电子数据进行电子签名和加盖时间戳，以保障电子数据凭证的唯一性和难篡改性。我国《电子商务法》在证据责任分配方面也更有利于消费者，规定电子商务经营者应当提供原始合同和交易记录，否则将承担不利后果。

[案例8.7]

电商平台的购买协议中的协议管辖条款是否有效？

网民汤某因与乐视商城发生网络购物合同纠纷将后者起诉至广州市增城区人民法院。被告乐视商城认为消费者通过商城网页购物时，在提交订单前需要确认一份购买协议，该份名为《乐视商城在线购买协议》的合同第十五条约定了管辖条款，在协议履行过程中发生争议协商不成的，"任何一方可向北京市朝阳区人民法院提起诉讼"，据此向受诉法院提出了管辖权异议。原审法院接受了被告的意见裁定由朝阳区法院管辖。

汤某不服裁定，遂向广州市中级人民法院提起上诉。二审法院经审查后认为，上述购买协议属于格式合同，在发生争议时，法院需要对其中的协议管辖条款进行考量，以排除不合理的协议管辖条款。首先，该协议管辖条款夹杂在大量繁琐资讯中，使用户难以注意到其具体内容,不能认为被上诉人已经采取了合体方式提请上诉人注意;其次,该协议管辖条款是对消费者不公平、不合理的规定,严重不合理地加重了消费者在管辖方面的负担,可能导致消费者的诉权无法实现。据此法院认为该协议管辖条款无效,应适用民诉解释第二十条的规定:以收货地即广州市增城区为合同履行地,故原审法院对本案有管辖权。

注:本案的裁判文书可详见(2016)粤01民辖终2380号"汤某与乐视电子商务(北京)有限公司网络购物合同纠纷"二审民事裁定书。

任务8.2　电子商务税收

8.2.1　我国电子商务税收概述

在电子商务发展之初,很多人存在这样的认识误区,"在网上点点鼠标就能开店,不需要和线下门店一样去办理营业执照,也不需要缴税。"

2007年,上海市普陀区法院审理了"全国首例网上开店偷税案"。张某开设网店半年销售近290万元的商品,采用不开票、不记账的方式,不向税务机关申报纳税,偷逃税款11万余元,最终张某被以偷税罪判处有期徒刑2年,缓刑2年,并处罚金6万元。

2008年8月1日,北京市施行《关于贯彻落实〈北京市信息化促进条例〉加强电子商务监督管理的意见》,规定除了出售、置换自用物品,且不以营利为目的的个人外,北京市其他机构和个人必须经登记注册领取营业执照后,方可从事网上经营活动。这是第一次以地方政府规章的形式,明确了网上经营也要进行注册登记。

2010年6月1日,国家工商行政管理总局公布了《网络商品交易及有关服务行为管理暂行办法》(该暂行办法几经修改,现已被2021年3月国家市场监督管理总局发布的《网络交易监督管理办法》取代),第一次从国家层面明确了网络销售必须向网络交易平台登记真实身份,并在自己的网站上公布。网络交易平台负有身份审查义务、身份信息和交易数据保存义务以及向工商执法机关配合调查义务。

2018年8月,《电子商务法》正式通过,明文规定电子商务经营者应当依法办理市场主体登记,依法履行纳税义务,并依法享受税收优惠。个人销售自产农副产品、家庭手工业产品,个人利用自己的技能从事依法无须取得许可的便民劳务活动和零星小额交易活动等不需要办理市场主体登记的电子商务经营者在首次纳税义务发生后,应当依照税收征收管理法律、行政法规的规定申请办理税务登记,并如实申报纳税。

因此,从国家税收征管的角度看,电子商务的经济形式同其他经济形式并没有本质区别,电子商务的相关参与主体同样需要依据《税收征收管理法》《企业所得税法》《个人所得税法》等传统税法进行纳税申报和缴纳税款。

8.2.2 电子商务涉及的主要税种介绍

尽管对于电子商务税的讨论沸沸扬扬,我国当前仍然与经济合作与发展组织(OECD)保持一致的观点,即目前尽量使用现行税制,不开征新税,税收不应妨碍电子商务的发展,但后者也不能因此侵蚀税基和妨碍税收行政。我国电子商务法和税法并未针对电子商务领域设立新的税种,电子商务各相关参与主体依法纳税涉及的税种主要包括以下几类税种。

1. 增值税

增值税是我国最主要的税种之一,增值税的收入占我国全部税收的60%以上,以商品在流转过程中产生的增值额作为计税依据而征收的一种流转税。增值税实行凭增值税专用发票抵扣税款的制度,因此对纳税人的会计核算水平要求比较高。考虑到实际情况中有众多纳税人达不到这一要求,我国增值税暂行条例把纳税人按其经营规模大小以及会计核算是否健全划分为一般纳税人和小规模纳税人。一般纳税人当期应纳税额为当期销项税额抵扣当期进项税额后的余额,小规模纳税人当期应纳税额按照销售收入来计算。

2. 增值税附加税

增值税附加税是附加税的一种,是相对于增值税的"正税"而言的,是以增值税的存在和征收为前提和依据的,通常包括城市建设维护税、教育费附加和地方教育附加等。

3. 印花税

印花税是对书立应税凭证、进行证券交易的单位和个人征收的一种税,其中应税凭证包括合同、产权转移书据和营业账簿。于2022年7月1日生效的《中华人民共和国印花税法》将"个人与电子商务经营者订立的电子订单"作为免征印花税事项,但是对除此以外的纳税人以电子形式签订的各类应税凭证仍然要按照规定征收印花税。

4. 企业所得税

企业所得税是对企业每一纳税年度的收入总额减除不征税收入、免税收入、各项扣除以及允许弥补的以前年度亏损后的应纳税所得额征收的税。同时,国家对重点扶持和鼓励发展的产业和项目给予企业所得税优惠政策,很多从事诸如高科技研发销售等的电子商务经营者就可以按规定享受企业所得税优惠。

5. 个人所得税

个人所得税是对居民个人的所得征收的税,包括工资薪金所得、劳务报酬所得、稿酬所得、经营所得、利息股息红利所得等。属于个体工商户的电子商务经营者、通过网络从事有偿服务的个人等取得的经营所得就属于需要缴纳个人所得税的事项。

6. 关税

海关对我国准许进出口的货物、进境物品征收进出口关税,进口货物的收货人、出口货物的发货人、进境物品的所有人,均是关税的纳税义务人。因此,使用跨境电商服务的经营者和消费者就需要缴纳关税,电子商务企业、电子商务交易平台或物流企业可以作为消费者的代收代缴义务人。

8.2.3 我国电子商务税收征管概述

根据我国税收征收管理法和税务局的实际工作流程,我国的税收征管流程分为纳税登记、凭证管理、纳税申报、税款征收、税务检查五个步骤。

1. 纳税登记

所有的电子商务经营者应当自领取营业执照之日起30日内,持有关证件向税务机关申报办理税务登记。根据《电子商务法》不需要办理市场主体登记的电子商务经营者在首次纳税义务发生后,也应当向税务机关申请办理税务登记,并如实申报纳税。我国《电子商务法》在这一环节还引入了"平台共治"的立法思路,要求电商平台向税务部门报送平台内经营者的身份信息和与纳税有关的信息,并应当提示依法不需要办理市场主体登记的电子商务经营者依照规定办理税务登记。

2. 凭证管理

发票是税务机关征收税款的主要依据,税收征收管理办法规定单位、个人在购销商品、提供或者接受经营服务以及从事其他经营活动中,应当按照规定开具、使用、取得发票。我国电子商务市场长期以来突出而普遍的问题就是开票难,这造成了巨额税款的流失。国家税务总局从2012年开始在全国推广使用网络电子发票,电子发票同纸质发票一样由税务部门统一发放,发票号码全国统一编码,采用统一防伪技术,促进了电商的规范化运营。

3. 纳税申报

从事电子商务经营活动的纳税人必须按照法律、行政法规规定的申报期限、申报内容如实办理纳税申报,报送纳税申报表、财务会计报表以及税务机关根据实际需要要求纳税人报送的其他纳税资料。

4. 税款征收

纳税人按照法律、行政法规规定的或税务机关确立的期限,缴纳税款。纳税人因有特殊困难,不能按期缴纳税款的,经省、自治区、直辖市国家税务局、地方税务局批准,可以延期缴纳税款,但是最长不得超过3个月。纳税人未按照规定期限缴纳税款的,税务机关除责令限期缴纳外,从滞纳税款之日起,按日加收滞纳税款万分之五的滞纳金。

5. 税务检查

税务机关对从事生产、经营的纳税人的纳税情况依法进行税务检查,发现纳税人有逃避纳税义务行为,并有明显的转移、隐匿其应纳税的商品、货物以及其他财产或者应纳税的收入的迹象的,可以采取税收保全措施或者强制执行措施。

【案例8.8】

税务大数据,如何逮住"薇娅"?

2021年12月20日,浙江杭州税务部门发布通报,头部网络主播黄薇(网名:薇娅)偷逃税被罚共计13.41亿元。调查显示,黄薇在2019年至2020年期间,通过隐匿个人收入、虚构业务转换收入性质虚假申报等方式偷逃税款6.43亿元,其他少缴税款0.6亿元,依法对黄薇作出税务行政处理处罚决定,追缴税款、加收滞纳金并处罚款,共计13.41亿元。

税务部门是如何发现薇娅逃税的呢？那就是税务大数据。有关专家透露,只需要四个步骤,就可基本确定哪些主播存在偷逃税的情况。第一,通过网络对主播每场直播销售的数据进行监测;第二,结合每件商品的销售提成进行测算,便可大致预计出网络主播的单场销售收入与应缴税款;第三,结合税务系统打通后可查询获得的真实缴税记录,对比具体纳税主体的应缴税款与实际缴税额度,如果两者之间出现较大的收入差距,便可基本确定存在偷逃税情况的"问题主播";第四,针对"问题主播"开展针对性调查,进行银行系统间资金额度等财务数据进行审核,如果资金情况与纳税比例严重不符,且无合理理由陈述,便可基本确定该人员是否存在偷逃税行为。

跨境电商亚马逊平台"封店"事件

亚马逊是全球电商霸主,在全球拥有17个站点,连接海外3亿多活跃付费用户。中国卖家可以通过注册"亚马逊全球开店"平台开设店铺,入驻包括美国、英国、法国、加拿大、澳大利亚、新西兰、日本、印度、沙特、阿联酋等站点,享受比其他同类电商平台覆盖面更广的国际客户群,拥有更加完善的仓储和物流服务。截至2021年初,在亚马逊的头部卖家中,来自中国的卖家数量已达到42%,营业额仅仅排在亚马逊的大本营美国之后。

然而,从2021年5月开始,因为发现部分企业涉嫌虚假刷单、好评返现等问题,亚马逊根据平台规则,封闭了超过5万家中国卖家的店铺,并冻结其账户资金,预估将造成行业内近千亿元的损失。7月22日,商务部正式回应了亚马逊"封店"事件。商务部新闻发言人指出,亚马逊封店事件并不是美国的阴谋,是因为部分中国企业违反了亚马逊的平台规则,由于各国法律、文化、商业习惯不同,企业在出海时也会碰到各种风险与挑战。这是外贸新业态发展中出现的问题,是阶段性的水土不服,是成长的烦恼,我们将为企业提升风控水平、加强与国际经贸规则和标准的对接提供帮助,坚决支持企业采取合理措施,保护自身合法权益。

请继续搜索相关法律法规和报道资料,并讨论:

1. 我国相关法律、行政法规和主要电商平台规则是否禁止好评返现?有无不利后果?

2. 亚马逊平台"封店"事件对我国政府、司法机关和企业分别有何启示?

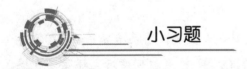

一、判断题

1. 买卖双方之间各自因违约而产生的违约责任风险应由网络交易中心承担。(　　)
2. 行为人损害他人民事权益,不论行为人有无过错,法律规定应当承担侵权责任的,依照其规定。(　　)
3. 《电子签名示范法》主要定义了数字签名的方法。(　　)
4. 目前我国暂时还没有针对电子商务方面的专门法律。(　　)

二、单选题

1. 消费者享有依法成立维护自身合法权益的社会团体的权利,称为( )。

   A. 安全权　　　B. 结社权　　　C. 自主选择权　　　D. 产品使用权

2. 电子商务交易卖方不履行合同,买方可减少支付价款、解除合同并要求损害赔偿和( )。

   A. 继续发货　　B. 不支付货款　　C. 理赔　　　　D. 要求赔偿损失

3. 消费者基本权利中不包括( )。

   A. 安全权　　　　　　　　　　B. 自主选择权

   C. 公平交易权　　　　　　　　D. 产品保护权

4. ( )是指公民在网上享有的私人生活安宁与私人信息依法受到保护。

   A. 网上隐私权　　B. 域名　　　C. IP地址　　　D. 知识产权

5. 电子商务的核心问题是数据信息,知识产权法律制度作为保护信息为内容的知识产权的法律手段,应当成为( )法律问题研究中的重要课题。

   A. 网络交易　　　B. 电子商务　　C. 内联网　　　D. 电子汇款

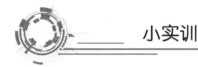

小实训

一、实训目的

学会运用电子商务法律知识分析电子商务实际问题。

二、实训内容

在"中国裁判文书网"注册新用户并登录,搜索本章节出现的任一裁判案例并进行下载阅读,根据案件事实介绍,分析其中的电子商务法律关系,找出主体、客体与内容分别是什么。

三、实训要求

请把相关内容制作成PPT并进行汇报。

任务总结

电子商务法是调整通过互联网等信息网络进行商品或服务交易活动的法律。其作用是用于规范电子商务行为,保护电子商务主体的合法权利,促进行业发展;我国已经出台多个与电子商务相关的重要法律法规,明确电子合同、数字签名等有效性;在电子商务实践中必须熟悉网络知识产权法律问题、消费者权益保护的法律问题以及电子商务税收法律问题。

参考文献

[1] 齐爱民.电子商务法原论[M].武汉:武汉大学出版社,2010.

[2] 高富平.中欧电子合同立法比较研究[M].北京:法律出版社,2009.

[3] 齐爱民.电子商务法原理与实务[M].武汉:武汉大学出版社,2009.

[4] 高富平.电子商务法学[M].北京:北京大学出版社,2008.

[5] 薛军.电子商务法:立法路径解析[N].中国工商报,2016-12-17(3).

[6] 薛军.加强电子商务立法,规范电子商务秩序[J].中国人大,2017(2):35-36.

[7] 王融.关于我国电子商务法立法定位的思考与建议[J].现代电信科技,2015(2)33-39.

[8] 齐爱民,崔聪聪.论电子商务法的地位与学科体系[J].学术论坛,2006(2):118-122.

[9] 高富平.从电子商务法到网络商务法:关于我国电子商务立法定位的思考[J].法学,2014(10):138-148.

[10] 龙飞.中国在线纠纷解决机制的发展趋势[EB/OL].(2016-06-28).http://finance.sina.com.cn/sf/news/2016-06-28/144335120.html.

[11] 曹海生.电子商务税收征管体系[D].上海:东华大学,2012.

第 9 章

客户关系管理与数据挖掘

知识目标

- 掌握客户关系管理、数据挖掘的基本概念及作用。

能力目标

- 会进行客户关系管理,会对店铺后台数据进行分析。

思政目标

- 让学生深刻了解商业道德的基本点是正直诚信。既有着过硬质量,又有着家国情怀的企业才能被历史记住,伟大的商业必然是取之于民、造福于民的。

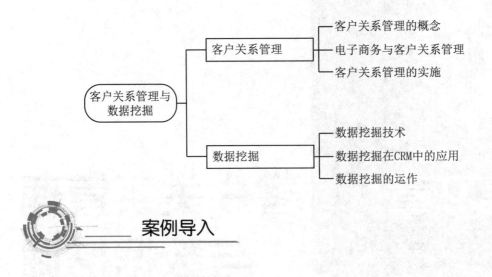

案例导入

胖东来如何构建用户信任

在运营客户关系这件事上,河南许昌的于东来先生和他的胖东来做得特别好。胖东来全称为胖东来商贸集团,总部位于河南省许昌市。外地消费者可能并不熟悉胖东来,因此,在网上介绍其案例时很多人需要加上"零售界的海底捞"这样的描述,来证明其地位和服务水准。

对于许昌市和新乡市的消费者来说,吊牌上标注成本价与零售价、超市里满足六种年龄段需求的购物车、便利视力不便人士查看价格的放大镜、宠物寄存处等是许昌人逛超市的基本配置。已售过期的商品可无条件退货、雨天会主动为顾客的电瓶车/自行车套防水布,超市内含有免费的充电宝、直饮水、一次性杯子以及便利整洁的母婴室、无性别卫生间等,这是许昌人逛超市的日常体验。极致的舒适体验,曾让许昌人感慨"胖东来,是许昌的骄傲"。

当地人笑称,整个许昌只有周二不堵车,因为那天胖东来不营业,同时也会有很多外地企业都前往胖东来考察学习,人多的时候需要"一大巴一大巴的接送",前来学习的人群中不乏中国知名的企业家,小米的董事长雷军也专门去考察过,称胖东来是中国零售业当中"神一般的存在"。

胖东来的成功,与自采为主导的采购模式有关,与内部员工考评机制有关,但核心是做到极致的服务体验和极佳的客户关系。有人曾采访于东来先生:"你的经营秘诀是什么?"于东来说:"很简单,你对老百姓好一点,就啥都有了。"

客户与胖东来之间的关系,是深度的信任和信任后的坚定选择,这份信任与选择偏爱,来源于人的朴素情感。每一位企业管理者都渴望打造胖东来这样的品牌,但确实不易实现。现在消费者的选择非常多,消费的注意力也很分散,能够成为被消费者主动且坚定选择的品牌,可以说是每位品牌操盘者的"终极"目标。

(资料来源:腾讯网.被雷军称为"神一般的存在",胖东来如何构建用户信任?[EB/OL].(2022-02-21). https://xw.qq.com/amphtml/20220221A06XMY00.)

提出任务

随着信息技术的提高,电子商务行业迎来了越来越广阔的发展空间。在电商企业发展壮大的过程中,客户关系管理是企业管理工作中的必经之路。客户关系管理主要帮助企业改善与客户之间的关系,让企业更了解客户,从而提供更符合客户需求的产品和服务,赢得客户口碑,最终使企业获得盈利。什么是客户关系管理?如何通过数据挖掘进行有效的客户关系管理呢?

解决问题

任务9.1 客户关系管理

9.1.1 客户关系管理的概念

客户关系管理(Customer Relationship Management,CRM)是一套完整的、崭新的管理理念和思想,同时也是一套能够实施的具体操作方案。客户关系管理的思想最早诞生于20世纪80年代,已经有约40年的发展历程,随着客户关系管理的不断发展,已经形成了一套较完整的管理理论体系。

1. CRM的产生

客户关系管理思想来源于企业的经营管理活动及企业的市场营销活动,从本质上说,其来源于企业对利润最大化的不断追求及对企业竞争力的提高的不断追求,是企业发展的需要。有研究表明,发现和争取1位新客户的成本是保持1位老客户的成本的5倍;企业80%的利润来自于企业20%的客户;把客户的满意度提高5%,可使企业的利润翻倍;1位非常满意的客户的购买意愿比1位满意的客户高出6倍。因此,在以产品为中心的商业模式向以客户为中心的商业模式转变的情况下,众多的企业开始将客户视为其重要的资产,不断地采取多种方式对企业的客户实施关怀,以提高客户对本企业的满意度和忠诚度。可以看到,现在越来越多的企业提出了这样的理念:想客户所想,客户就是上帝,客户的利益至高无上,客户永远是对的,等等。

从管理科学的角度来考察,客户关系管理源于市场营销理论;从解决方案的角度考察,客户关系管理是将市场营销的科学管理理念通过信息技术的手段集成在软件上,从而在全球大规模地普及和应用。

最早发展客户关系管理的国家是美国,在1980年初美国便有所谓的"接触管理"(Contact Management),专门收集客户与公司联系的所有信息;到1990年则演变成支持资料分析的客户关怀(Customer Care)。客户关系管理是伴随着互联网和电子商务的大潮进入中国的。

2. CRM的定义

虽然客户关系管理已形成了较完整的管理理论体系,但由于其涉及企业经营理念、现代信息技术和企业流程等因素,不同的机构、专家站在不同的角度对CRM的定义并不一致,因此目前CRM尚没有一个统一、完整的定义。

在1999年率先提出CRM概念的世界著名IT系统项目论证与决策机构高德纳咨询公司(Gartner Group)认为:客户关系管理是企业的一项商业战略,它根据客户的分割情况来组织企业的资源,加强以客户为中心的经营行为,并实现以客户为中心的业务流程,通过这些手段来提高企业的利润、收入以及客户的满意度和忠诚度。

德勤咨询有限公司(Deloitte Consulting)认为:客户关系管理是用来提高客户与公司之间的关系价值的一个过程。客户关系管理的成果意味着客户对企业更有价值,企业对客户也更有价值。

美国著名技术战略咨询公司赫尔维茨(Hurwitz Group)认为:CRM的焦点是自动化,同时也是改善与销售、市场营销、客户服务和支持等领域的客户关系有关的商业流程;CRM既是一套原则制度,也是一套软件和技术。它的目标是缩减销售周期和销售成本、增加收入、寻找扩展业务所需的新市场和渠道以及提高客户的价值、满意度和忠实度。

可以看出,CRM是通过管理客户信息资源、提供客户满意的产品和服务,是与客户建立起长期、稳定、相互信任、互惠互利的密切关系的动态过程和经营策略。

3. CRM的内涵

首先,CRM是一种管理理念,其核心思想是将企业的客户(包括最终客户、分销商和合作伙伴)作为最重要的企业资源,通过完善的客户服务和深入的客户分析来满足客户的需求,保证实现客户的终生价值。

其次,CRM是一种旨在改善企业与客户之间关系的新型管理机制。它实施于企业的市场营销、销售、服务与技术支持等与客户相关的领域,通过向销售市场和客户服务的专业人员提供全面、个性化的客户资料,以及强化跟踪服务、信息分析的能力,使他们能够协同建立和维护一系列与客户、生意伙伴之间卓有成效的"一对一关系",从而使企业能够提供更快捷和周到的优质服务,提高客户的满意度,吸引和保持更多的客户,增加营业额。

再次,客户关系管理也是一种管理技术。它将最佳的商业实践与数据仓库、数据挖掘、一对一营销、销售自动化以及其他信息技术紧密结合在一起,为企业的销售、客户服务和决策支持等领域提供一个业务自动化的解决方案,使企业有一个基于电子商务的面对客户的前沿,从而顺利实现由传统企业模式到以电子商务为基础的现代企业模式的转化。

最后,我们不能简单地把客户关系管理等同于单纯的信息技术或管理技术,它更是一种企业商务战略。其目的是使企业根据客户划分进行重组,强化使客户满意的行为,并连接客户与供应商的过程,从而优化企业的可营利性,增加利润并提高客户的满意程度和忠诚度。

9.1.2 电子商务与客户关系管理

1. 电子商务与 CRM 的关系

电子商务平台是企业与客户(包括最终用户、分销商、供销商和合作伙伴)通过互联网或 EDI 进行商业交易的平台。电子商务与 CRM 的关系主要可以从如下两方面分析。

一方面,客户是企业最重要的资源,无论是传统商业模式还是电子商务模式的企业,都面临着如何发展新客户、保持老客户、提高客户满意度、增加客户价值等问题。在企业、品牌、产品的生命周期越来越短,目标消费群体越来越小,产品及品牌的感觉价值降低等原因迅速导致价格低落的今天,良好的客户关系是提高企业核心竞争力的关键因素。CRM 作为一种旨在改善企业和客户之间关系的新型管理理念,必将成为企业经营管理的核心理念。所以,无论将电子商务理解成一种平台还是一种商业模式,只要企业在实施电子商务的过程中以 CRM 为指导理念,就能够保证企业在电子商务模式下充分发挥电子商务的优势,满足客户个性化的需求,提高客户忠诚度和满意度,使客户价值最大化。

另一方面,CRM 软件作为一个旨在通过先进的信息技术实现统一客户资源管理,帮助企业建立良好客户关系的先进管理软件,是电子商务系统中 CRM 薄弱环节的有效补充。CRM 软件与电子商务系统的有机整合,能够促进 CRM 系统和电子商务系统充分发挥各自优势,帮助企业建立良好的客户关系。

鉴于以上两点,对于正在实施和将要实施电子商务的企业,以CRM理念指导企业电子商务的实施,将CRM软件与电子商务系统整合,既是电子商务企业实施CRM战略的基本条件,也是企业成功实施电子商务和长期生存下去的重要保证。

2. 电子商务对CRM产生的影响

在电子商务时代,经济活动从过去的以企业为中心转变为以客户为中心,客户的需求结构变得日益复杂,企业产品的质量已不再是决定企业能否在市场竞争中生存下去的唯一因素。因此,企业应该构建电子商务平台,在生产时应该时刻以客户为中心,抓住客户满意度和企业价值这两个重要因素,与此同时,企业要注意管理内部资源和外部资源,打造更好的品牌,提供更优质的服务,从而拥有更多的客户资源。在企业的战略管理中,企业都希望能有自己的核心竞争力,CRM就是其中一个要素。

(1) 电子商务为CRM提供技术支持

网络技术和信息技术的发展使电子商务的功能更加强大,在电子商务技术支持下,CRM可以在网络中实现同步操作,利用大型数据库来管理客户的一些信息。企业的营销、销售和技术等部门和模块之间可以共享数据,可以利用数据挖掘和数据库技术对海量的客户数据和商业数据进行智能化分析。企业和客户之间的交互基于分布式系统,安全性有了提高,部分实现了营销和销售的自动化,企业能真正面向客户提供产品和服务。客户信息的搜集转变为数据挖掘和智能分析,CRM各个流程结合得更加紧密,而且可以和MIS或ERP系统集成,按照客户需求及时提供个性化产品或服务。

(2) 电子商务环境可以帮助提高客户价值和客户满意度

当今,许多企业都在自己的电子商务网站中增加了一系列的功能和服务,如建立客户资源管理系统,以方便客户使用,其目的是为了获得尽量多的客户资源,并让客户愿意购买产品或服务。这些功能主要有在线提供产品质量保证书、换退货证明等,让客户放心购买;提供一些电子目录和电子文档,通过搜索引擎来协助客户进行有关产品的搜索,使客户能在短时间内确定是否购买产品;通过在线交易系统、在线支付系统等避免了客户在现实生活中进行交易时的排队等待问题;通过在线商品中介功能,为客户提供有关产品中介、协商、沟通、比价、议价等服务,使客户不必花很多时间和精力进行产品的选择,优化客户的选择。由此可见,电子商务环境下,企业可以提供自助式服务,从而提高客户的满意度和忠诚度,降低客户付出的成本,使企业能够吸引更多的客户。

在企业实施电子商务的过程中,企业可以很容易做到为客户主动服务,改变原先的被动服务的状态。企业还可以提供很好的售前、售中和售后服务。售前服务指企业可以利用网络进行宣传;售中服务主要帮助企业完成与客户之间的咨询洽谈、网上订购、网上支付等商务过程,甚至直接提供产品或服务试用的机会;售后服务可使企业花很少的人力和费用就可以很快解决客户的问题,并帮助客户解决难题、提供升级服务、接收客户反馈信息等。在电子商务平台中,企业可以提供及时的、多样化的客户关怀服务。企业将客户浏览网页的记录提供给服务人员,服务人员可以通过不同的方式来服务客户,如电话交流、视频聊天等方式,使企业可以与客户进行交流和互动。因此,电子商务环境可以大大提高客户的满意度和忠诚度,使企业拥有更多忠实的客户。

9.1.3 客户关系管理的实施

1. CRM 系统

实施客户关系管理的工具是CRM软件,其实质是一个应用系统。

按软件的功能特点主要可将CRM软件分为三种类型,即:操作型(Operational CRM)、分析型(Analytical CRM)和协作型(Collaborative CRM)。操作型CRM主要关注业务流程、信息记录,提供便捷的操作和人性化的界面;分析型CRM往往基于大量的企业日常数据,对数据进行挖掘分析,找出客户、产品、服务的特征,从而修正企业的产品策略、市场策略;协作型CRM的特点是有客户的参与协作。早期的CRM软件基本上是操作型CRM系统。

(1) 操作型CRM系统

操作型CRM系统也叫运营型或营运型CRM系统,它的主要作用是为企业的客户提供一个统一、方便的客户交流平台,只要客户与公司发生联系,企业就可以利用这个平台实现信息的内部共享,其中包括客户信息、客户的联系记录、客户与企业的联系情况等。操作型CRM为客户提供各种联系方式,包括网络连接、呼叫中心等,使用户能够方便、快捷、安全地获取企业的信息,选择客户喜爱的购买方式和付款方式,反馈消费意见和建议以及联系技术支持和服务等。有些操作型CRM系统甚至可以做到跟踪营销过程中与客户的各种联系,例如,可以进行活动安排的定时提醒、在客户生日时予以祝贺等,以增加客户对企业的好感。

总而言之,操作型CRM系统的主要目的就是加强企业与客户之间的联系和交流,通过企业各部门的协调与运作,将来自市场营销、客户服务、销售、技术支持等部门的信息加以汇总、加工,形成企业的客户信息中心。企业各部门通过共享客户资源,保持信息畅通,把企业变成一个单一的"虚拟个人"出现在客户印象中,从而大大减少客户与企业在接触过程中产生的种种麻烦和不便。

(2) 分析型CRM系统

分析型CRM系统与操作型CRM系统不同在于,分析型CRM系统的用户不需要直接与客户打交道,而是利用操作型CRM产生的大量客户信息和交易信息建立数据库,从大量数据中挖掘出有价值的信息。例如,客户的消费习惯分析、客户的价值分析、客户的分布分析、销售情况的分析等,同时还可以对将来的趋势做出合理的预测。可以说,分析型CRM系统是一种重要的企业决策分析和支持工具。在证券业、银行业、保险业以及电信业等行业,分析型CRM系统具有重要的应用价值。分析型CRM系统的应用过程如图9.1所示。

图9.1 分析型CRM系统应用过程

分析型CRM系统在开始运作的时候,主要需要收集两种类型的信息:一种是企业与客户内部的各种资料信息和交易信息;另一种是企业的外部环境信息。通过收集这两种重要的信息,并对这两种信息进行整理和融合,可以建立企业的数据库,为CRM的运作打下良好的基础。

分析型CRM系统的重点在于对大量的客户信息进行分析,这样企业就可以对客户类型、客户的购买习惯、客户的个性化需求有一个较深入的了解,从而可以更好地为客户服务。理想的分析型CRM系统需要在操作型CRM系统的密切配合下完成数据的分析和挖掘,也就是说,企业先通过操作型CRM提供多渠道的接触手段,通过分析型CRM进行深入的数据分析来了解客户,然后和客户进行有针对性的沟通,从而能够更好地为客户提供服务,建立并巩固与客户的良好合作关系。

分析型CRM系统可以对如下几个问题上给出比较科学的回答,比如最有价值和最优秀的客户是哪些?通过哪些活动或手段可以获得好的营销效果?哪些客户易于流失?采取哪些手段可以减少客户的流失?因此,通过分析型CRM系统,企业不仅可以更好地分析和了解客户资料及客户的特点,而且可以在此基础上选择恰当的沟通方式、个性化和标准化的产品和服务,以合适的方式、在合适的时间和地点,通过合适的渠道提供给客户,从而提高用户的满意度和忠诚度,提高企业利润,增强企业的竞争力。

(3) 协作型CRM系统

协作型CRM就是让企业的客户服务人员与客户一起共同完成某项活动,而在操作型 CRM 和分析型 CRM 系统中,所有活动都只需企业员工参与,而不需要客户参与。例如,企业的客户服务中心的员工指导客户维修设备,这种就是协作型 CRM 系统下的工作。

协作型 CRM 的应用目前主要有呼叫中心、传真、客户多渠道联络中心、帮助台、自动服务帮助导航以及向员工解释特定网页的内容等。在协作型 CRM 中,企业与客户进行交互,可以通过多种渠道实现。借助多媒体以及交互式语音响应和计算机集成电话等技术,客户可以在任何时间、任何地点非常方便快捷地了解企业的产品和服务,同时企业也可以收集已有客户和潜在客户的信息。具有多媒体多渠道整合能力的客户接触中心是未来协作型 CRM 的主要发展方向。

2. CRM 的实施流程

CRM 的实施顺序决定了其能否成功。如果从技术领域开始,也就是先购买或安装软件,在此基础上设计流程,然后招募员工去执行,接着制定策略,到最后企业可能会发现根本不了解客户,也从未想到客户策略。这是最典型也是最普遍的实施流程,这样的流程最终导致了超过 70% 的 CRM 项目失败。

从理解客户开始,在客户需求的基础上阐明客户策略,然后招募需要的员工,通过培训、激励以使其符合公司的总体战略,再按照以客户为中心的方法设计合理、实用的流程,最后选择合适的软件或工具来实现以上需求,这才是 CRM 正确的实施之路。也就是说,CRM 的实施要把企业自身的战略流程放在第一位,而不仅仅是依靠软件。

CRM 实施流程的具体步骤如下。

(1) 业务规划

在规划阶段,最关键的活动是定义 CRM 的整体目标,并描绘出每一种目标需求。对于企业级的 CRM,业务规划包括对公司 CRM 战略和相应项目的定义。对于部门级的 CRM,业务规划只是简单地建立一个新的 CRM 应用软件界面。

(2) 结构和设计

规划 CRM 的结构和设计是一个满足 CRM 项目需求的过程,在实施这个过程中,企业主管和项目经理往往感到难度很大,因为这打破了他们期望直接通过技术就可以获得奇迹的梦想。尽管结构和设计这一步很艰难,但很值得,因为这一步确认了 CRM 产品支持的企业流程。它列举了特定的"需要执行"和"怎样执行"的功能,最终提供一个有关 CRM 在组织和不同技术上发挥作用的崭新思路。

(3) 技术选择

如果在构建和实施设计期间已经做出了决策,理解了 CRM 对现有系统和其对新功能需求的影响,就应当在良好状态下,根据现有的 IT 环境来对各种备选的 CRM 进行优先级排序。

(4) 开发

开发者根据特定的产品特征,构建和定制CRM产品。但是,CRM开发并不只是由程序员来编写代码,它还包括用所选择的CRM产品来集成业务。

(5) 交付

交付是将企业所需求的CRM软件系统交付给企业最终用户的过程。CRM交付首先必须要做的事是对用户进行深入的培训;还要使用用户向导、工作助手或其他文档来帮助用户最大程度地利用CRM的功能。

(6) 评价

评价是开发周期的最后一步,评价的方法是:评估CRM解决现有企业问题的程度;和规划之初的成功标准进行比较,以此来确定CRM的成功度并不断补充和完善。

3. CRM实施的策略

(1) 获得高层领导的支持

CRM实施是一个整体的规划,常会涉及跨部门的业务,为了整个公司的改进,高层领导的支持是十分必要的。

(2) 专注于流程

在项目实施过程中,项目小组不应只专注于技术,还应花时间研究现有的营销、销售和服务策略,并找出存在的问题和改进方法。

(3) 技术的灵活运用

虽然很多企业的CRM实施是从单个部门开始的,但选择技术时要重视其灵活性和可扩展性,以满足未来扩展的需要。

(4) 组织良好的团队

CRM实施队伍应该有较强的沟通、协调等能力。

(5) 重视人为的因素

业务流程重组中人的因素对项目的成功很重要,如果最终用户不积极,最新、最有力的技术支持下的最合理的业务流程也会产生不理想的效果。

(6) 分步实施

一般项目规划都有3~5年的远景规划,成功的CRM项目通常会把这个远景划分成几个可操作的阶段。

(7) 系统整合

系统各部分的集成很重要。CRM的效率和有效性提高一般有终端用户有效性提高、团队有效性提高、企业有效性提高、企业间有效性提高等。

【微思考】 对于企业来说,客户关系管理仅仅是一套软件系统,这种观点正确吗?

任务9.2 数 据 挖 掘

9.2.1 数据挖掘技术

1. 数据挖掘的概念

在如今的大数据时代,信息的来源日益繁多,包括网站、企业应用程序、社交媒体、移动设备以及日益增加的物联网(Internet of Things,IOT)产生的信息。对企业来说,如何从这些信息中获得真正的商业价值变得越发重要,而数据挖掘就是数据分析过程中有针对性的一环,优秀的数据分析师会用聪明的挖掘动作,让复杂的数据变得更得心应手。

数据挖掘(Data Mining,DM),又称知识发现(Knowledge Discovery in Database,KDD),是一个从大量的、不完全的、有噪声的、模糊的、随机的实际应用数据中抽取有意义的、隐含的、以前未知的,并有潜在使用价值的知识的过程。数据分析和数据挖掘都是从数据库中发现知识的,所以我们称数据分析和数据挖掘叫做数据库中的知识发现。但严格意义上来讲,数据挖掘才是真正意义上的数据库中的知识发现。

数据挖掘是一个交叉性的学科,它涉及统计学、机器学习、数据库、模式识别、可视化以及高性能计算等多个学科,其目标是在大量的数据中发现令人感兴趣的信息。数据挖掘不同于传统的数据分析:传统的数据分析是在人们提出某种假设的前提下对数据进行分析(一般只是表层的数据分析),得出的结果往往可以预知;数据挖掘则是在没有明确假设的前提下挖掘信息,发现的知识通常是未知的、很难预料的,但对人们是非常有用的,数据挖掘是对数据进行深层的挖掘。

2. 数据挖掘的对象

根据数据的形式,可将被挖掘的原始数据主要分为结构化数据、异构化数据、半结构化数据及非结构化的数据(包括多媒体数据)等。被挖掘的数据库主要有如下几种。

(1) 关系数据库

关系数据库是以二维表的形式来存储数据的,人们可以对元组进行选择、投影、链接等一系列操作,为数据挖掘提供很好的数据形式。在对这种数据库进行挖掘时,可以通过关联分析等技术,发现数据库中潜在的信息。由于关系数据库具有良好的操作性,它已成为数据挖掘应用最多的数据库之一。

(2) 数据仓库

数据仓库是数据库技术发展的产物,它是面向主题的、集成的、内容相对稳定的、随时间变化的数据集合。数据仓库可以将多个数据库集成在一起。它与传统数据库的区别在于:数据仓库是面向主题的,其中的数据是将多个数据源的数据进行处理(如清理、去冗等)集成而来的;数据仓库具有只读性,只支持查询、检索、提取,而不能对数据进行修改或删除;数据仓库中的数据不具有实时性,但是会被定期更新。数据仓库所能提供的最有力的数据挖掘工具是多维分析方法(Multidimensional Data Analysis),也称为联机分析处理(Online Analytical Processing)。数据仓库中的数据是经过清洗、集成、选择、转换等处理的,非常符合数据挖掘的条件,因此它能为数据挖掘提供最佳的挖掘环境。

(3) 文本数据库

这一类数据库存储的内容主要是文字,信息含量大。另外,此类数据多为非结构化的或者是半结构化的E-mail邮件、Web网页等,对这类数据进行挖掘比较复杂,目前对此类数据库的挖掘也是数据挖掘领域研究的热点之一。针对此类数据库的数据挖掘主要有文本的主题特征提取、文本分类、文本聚类和文本摘要等。

(4) 复杂类型数据库

这类数据库主要指非单纯文本的数据库或能够表示动态的序列数据的数据库,主要有空间数据库、时序数据库以及多媒体数据库等。

在电子商务中可进行数据挖掘的数据源有服务器数据和客户登记信息。客户访问服务器就会在服务器上产生相应的服务器数据,这些数据可以分为日志文件和查询数据。客户登记信息是指客户通过Web网页输入的信息,其在电子商务活动中起着非常重要的作用,特别是在安全方面以及在对客户可访问信息的限制方面。客户登记信息和访问日志集成,以提高数据挖掘的准确度,从而更进一步地了解客户。

3. 数据挖掘的方法

对于不同的业务问题,人们期望挖掘出不同的模式。根据挖掘的数据模式的不同,可以将数据挖掘的分析方法划分为如下六种。

(1) 关联分析(Association Analysis)

关联分析,即利用关联规则进行数据挖掘,分析的是一种事物发生与其他事物发生的联系。若不同变量的取值之间存在某种规律性,这种规律性就称为关联。关联主要可分为简单关联、时序关联和因果关联。在Web数据挖掘中，关联规则挖掘就是要挖掘出学习者在一个访问期间从服务器访问的页面、文件之间的联系。在网络日志数据的预处理过程中，学习者访问的页面路径构成了学习者会话事务集，可以通过关联规则从中挖掘得到大量的学习者访问请求的URL之间的联系，并将挖掘出的规则按照不同的支持度和置信度进行取舍，从而得到一些有用的规则。关联分析的目的是挖掘隐藏在数据间的相互关系，其生成的规则带有可信度，例如，90%的顾客在一次购买活动中购买牛奶的同时购买了面包等。

(2) 时间序列模式分析(Time-series Pattern)

在网站服务器日志里，学习者的访问记录是以一段时间为单位记载的。经过数据净化和事件交易确认以后是一个间断的时间序列，这些序列反映了学习者的一定行为。在网络日志文件中，学习者对于每个URL浏览所耗用的时间从侧面描绘出学习者对页面上承载的知识点的理解程度和思考程度，引用时间长证明此页面承载的知识点比较难于理解，通过分析可以得出学习者对特定知识点的掌握程度。由于网路线路的原因，学习者在提出URL请求后，可能需要很长时间才能将相应的网页打开，所以这种由日志中记录的浏览时间所分析出来的各种结果并不一定真实反映学习者的学习过程。利用时间序列模式挖掘方式可预测出学习者后续要访问的页面集，可将此页面集中的URL预先下载到本地计算机的缓存中去，从而降低了页面的打开时间，也就使得浏览时间的准确性和有效性得到了很大的提高。这种Web页面的预取技术就是利用时间序列模式挖掘方法来实现的。

(3) 分类(Classification)

按照分析对象的属性和特征建立不同的类别来描述事物。在使用上，既可以用此模型分析已有的数据，也可以用它来预测未来的数据。例如，用分类来预测哪些客户会对直接邮件推销做出回应，哪些客户可能会更换他的CPU等。

(4) 聚类(Clustering)

聚类是把整个数据库中的记录分成不同的组。它的目的是使组与组之间的差别很明显，而同一个组之间的数据尽量相似。与分类不同，在开始聚类之前并不知道要把数据分成几组，也不知道依照什么变量分，因此，在聚类之后要由一个熟悉业务的人来解释这样分组的意义。很多情况下，一次聚类所得到的分组对于特定的业务来说可能并不理想，这时需要删除或增加变量以改变分组的方式，经过几次反复之后才能最终得到一个理想的结果。聚类增强了人们对客观现实的认识，它是概念描述和偏差分析的先决条件。例如，零售商将顾客分为高收入人群、中等收入人群和低收入人群，以便针对不同层次的人群采取不同的营销策略等。

(5) 预测(Prediction)

数据挖掘能自动在大型数据库中寻找预测性信息,以往需要进行大量人工分析的问题,如今可以迅速直接由数据本身得出结论。例如,当面临市场预测问题时,数据挖掘可使用过去有关促销的数据来寻找未来投资中回报最大的用户,其他可预测的问题包括预测破产以及认定对指定事最可能做出反应的群体等。

(6) 偏差的检测(Deviation)

数据库中的数据经常会有一些异常记录,从数据库中检测出这些偏差很有意义。偏差包括很多潜在的信息,如分类中的反常实例、不满足规则的特例、观测结果与模型预测值的偏差、量值随时间的变化等。偏差检测的基本方法是寻找观测结果与参照值之间有意义的差别。例如,在银行的每100万笔交易中有500例的欺诈行为,银行为了稳健经营,就要发现这500例的内在因素,减少以后的经营风险等。

4. 数据挖掘的常用技术

数据挖掘的常用技术主要有以下七种。

(1) 关联规则挖掘

关联规则挖掘是由拉克什·阿普瓦尔(Rakesh Apwal)等人首先提出的。关联反映了一个事件和其他事件之间存在依赖或关联。如果两项或多项属性之间存在关联,那么其中一项的属性值就可以依据其他项的属性值进行预测。关联规则是描述数据之间存在关系的规则,形式为:$A_1 \wedge A_2 \wedge \cdots \wedge A_n \rightarrow B_1 \wedge B_2 \wedge \cdots \wedge B_n$。它一般分为两个步骤:一是求出大数据项集,二是用大数据项集产生关联规则。

(2) 决策树

决策树是一种常用于预测模型的算法,它通过对大量数据进行分类,从中找到一些有价值的、潜在的信息。其主要优点是描述简单、分类速度快,特别适合大规模的数据处理。最有影响和最早的决策树方法是由昆兰(Quinlan)提出的著名的基于信息熵的ID3算法,后来又出现了许多改进算法,如斯克里默(Schlimmer)和费舍尔(Fisher)设计的ID4递增式学习算法,钟鸣、陈文伟等人提出的IBLE算法等。

(3) 神经元网络技术

神经元网络技术模拟人的神经元功能,经过输入层、隐藏层、输出层等对数据进行调整、计算,最后得到结果,用于分类和回归。神经元网络技术是软计算领域内的一种重要方法,它是多年来科研人员进行人脑神经学习机能模拟的成果,已成功应用于各工业部门。

(4) 可视化技术

可视化技术是用图表等方式把数据特征直观地表达出来,如直方图,其中运用了多种描述统计的方法。遗憾的是,目前对高维数据的可视化仍有很多不足之处。

(5) 遗传算法

遗传算法是一种基于生物自然选择与遗传机理的随机搜索算法,是一种仿生全局优化方法。遗传算法具有的隐含并行性、易于和其他模型结合等性质。

(6) K近邻算法

K近邻算法是将数据集合中的记录进行分类的方法,依据"Do as your neighbors do"原则,相邻的数据必然有相近的属性或行为规律,通过发现那些接近新情况的旧情况,并假设新情况与那些旧情况(已知案例)的大多数一致,即通过K个与之最相近的历史记录的组合来辨别新的纪录。K近邻算法可以用于聚类、偏差分析等。

(7) 支持向量机

支持向量机(Support Vector Machine, SVM)是一类按监督学习方式对数据进行二元分类的广义线性分类器,其决策边界是对学习样本求解的最大边距超平面。SVM使用铰链损失函数计算经验风险,并在求解系统中加入了正则化项以优化结构风险,是一个具有稀疏性和稳健性的分类器。SVM可以通过核方法进行非线性分类,是常见的核学习方法之一。这是瓦普尼克(Vapnik)等人根据统计学理论提出的一种新的机器学习方法,是一项有代表性的数据挖掘技术。

9.2.2 数据挖掘在CRM中的应用

数据挖掘技术综合了多种先进算法,有利于在海量数据中发现新知识,是一种具有智能性的数据处理技术。数据挖掘的应用目前主要集中在电信业、银行业、保险业和超市零售等行业。这些行业有一个共同的特点,就是客户数据相对比较完整和准确,而且比较容易收集到。完整的数据仓库是有效数据挖掘的前提。电信、银行和保险业要求客户必须提供完整的个人信息才可以享受服务,而超市零售行业也可以通过会员制或抽奖等活动来促使客户提供个人的相关信息。在电商客户关系管理中,数据挖掘主要可以应用到如下十个方面。

1. 客户群体分类分析

近年来,电子商务环境下的一对一营销越来越受到企业的青睐,这意味着企业要了解每一个客户,并同其建立起持久的关系。利用数据挖掘技术可对大量的客户进行分类,从而提供有针对性的产品和服务。企业通过对电子商务系统收集的交易数据进行分析,可以按各种客户指标(如自然属性、收入贡献交易额、价值度等)将客户分类,然后确定不同类型客户的行为模式,以便采取相应的营销措施促进企业利润的最大化。

2. 客户获得

通过数据挖掘可以发现购买某种商品的消费者的性别、学历、收入、爱好、职业等，甚至可以发现不同的人在购买该种商品的相关商品后多长时间有可能购买该种商品，以及什么样的人会购买什么型号的该种商品等。在采用了数据挖掘后，针对目标客户发送的广告的有效性和回应率将得到大幅度的提高，推销的成本将大大降低。企业的增长、发展壮大需要不断维持老客户和获得新客户，而数据挖掘可以帮助企业识别出潜在的客户群，提高营销活动的响应率，使其做到心中有数、有的放矢。

3. 客户保持

数据挖掘可以将企业的大量客户分成不同的类型，在每个类型里的客户拥有相似的属性，而不同类型里的客户的属性不同。从而使企业做到给不同类的客户提供完全不同的服务来提高客户的满意度。数据挖掘还可以发现具有哪些特征的客户有可能流失，这样挽留客户的措施将具有针对性，挽留客户的费用也将下降。

4. 客户的驻留

传统客户与销售商之间的空间距离在电子商务中已经不存在了，在网络上，每一个销售商对于客户来说都是一样的，那么如何使客户在自己的销售站点上驻留更长的时间，对销售商来说是一个挑战。为了使客户在自己的网站上驻留更长的时间，销售商就应该了解客户的浏览行为，知道客户的兴趣及需求，从而动态地调整 Web 页面，以满足客户的需要。通过对客户访问信息的挖掘，销售商就能知道客户的浏览行为，从而了解客户的兴趣及需求。

5. 交叉销售

现代企业和客户之间的关系是经常变动的，对于已有的客户，企业要竭力维持这种关系，需要对其进行交叉销售，为其提供新的产品或服务。交叉销售本质上是对客户感兴趣的、可能购买的商品进行的一种组合销售策略。交叉销售策略取得成功的关键是要保证进行交叉的商品确是用户感兴趣的，这种策略的实施能够帮助企业维持与客户之间良好持久的关系。交叉销售主要应用数据挖掘寻找商品销售的最合理匹配。

6. 建立个性化服务系统

在竞争日益激烈的今天，如何留住老客户并吸引更多的新客户已成为网络营销的首要任务。这就要求企业营销站点能快速、准确地找到客户所需信息，能为不同客户提供不同的服务，允许客户根据自己的需要定制页面，能为客户提供产品营销策略信息等。客户在访问企业的站点时，其浏览信息被 Web 服务器自动收集，并保存在 Web 日志文件中。使用挖掘技术对这些日志文件进行有效的分析,不但可以充分了解客户的喜好、购买模式,设计出满足不同客户需要的个性化网站,还可以为企业制定有效的营销策略等提供依据。

7. 客户价值分析和预测

对于一个企业来讲,如果不知道客户的价值,就很难做出合适的市场策略。很显然,对于企业来讲,不同客户的价值是不同的。数据挖掘技术可以用来分析和预测不同市场活动情况下客户价值的变化,帮助企业制定合适的市场策略。

8. 客户背景分析

了解客户背景资料,有助于企业对客户进行分析,从而帮助企业更好地制定客户策略。数据挖掘可以从大量表面无关的客户信息中发现许多对商家有用的信息。

9. 客户满意度分析

分析客户对企业产品和服务的满意度,可以帮助企业改进客户营销策略,从而增加客户的满意度。数据挖掘可从零散的客户反馈信息中,分析出客户的忠诚度。

10. 客户信用分析

分析客户信用,对商家有着重要意义,如对不同信用级别的客户,采取不同的赊销方案等。数据挖掘可从大量历史数据中分析出具体客户的信用等级。

9.2.3 数据挖掘的运作

在具体的应用问题中,数据挖掘大体可按如下过程实施。

1. 明确问题的类型

首先应该明确需要解决的问题属于哪种应用类型,是属于关联分析、时序模式、分类、聚类、偏差分析以及预测,还是属于综合应用。例如,要做信用卡客户的流失分析,就应该首先明确其主要任务是分类。明确此问题之后,就可以知道所要解决的问题能否通过数据挖掘找到满意答案。

2. 选择合适的数据挖掘技术和工具

在明确了所要解决的问题属于哪一类应用问题后,就可以选择出合适的数据挖掘技术。如上文的问题,明确了其主要任务是分类,那么可以采用的技术有遗传算法、决策树和神经元网络技术等。挖掘技术和工具的选择,对于未来系统的性能和可靠性有重大影响,应该认真分析商业目的,慎重选择。

3. 准备数据

数据挖掘是建立在数据仓库基础之上的,其能否成功在很大程度上取决于数据的数量和质量。应从大量的企业客户数据中找到与分析问题有关的样本数据子集,这样可以减少处理的数据量,但必须保证其样本子集具有典型代表性。然后,对样本数据子集进行数据预处理、分析,尽可能地将问题解决的要求进一步明确化、进一步量化。按问题要求对数据进行增删或组合生成新的变量,以体现对问题状态的有效描述。

4. 建立模型和知识发现

在选择好数据挖掘的技术和工具后,就要建立模型,这是数据挖掘的核心环节。不同的技术方案产生的模型有很大不同,而且模型结果的可理解性也存在较大差异。例如用决策树方法产生模型结果就比用神经元网络技术的结果易于理解。另外,对结果的分析和描述(即进行知识发现)也很关键,不恰当的描述会产生误导。

5. 证实和评价

通过上面的处理之后,就会得到一系列的分析结果,它们是对目标问题的多侧面的描述,这时需要对它们进行验证和评价,以得到合理的完备的决策信息。可以采用的方法有直接使用原来建立模型的样本数据进行检验;另找一批数据对其进行检验;在实际运行中取出新数据进行检验等。

【微思考】"大数据时代,让数据说话",请分析这句话的意思。

小习题

一、判断题

1. 客户满意陷阱是指客户的满意度高而忠诚度低。( )

2. 会员服务是企业为提高消费者的购买欲望而提供的活动。( )

3. 良好的顾客关系是网络营销取得成效的必要条件,企业通过网站的交互性、顾客参与等方式在开展顾客服务的同时,也增进了与顾客的关系。( )

二、单选题

1. ( )是一种以客户为中心的管理思想和经营理念。
   A. CRM   B. ERP   C. JIT   D. MR

2. 流失的客户,对企业损失最大、最需要保留的是( )。

A. 非财务原因主动流失的客户　　　　B. 财务原因主动流失的客户

　　C. 非财务原因被动流失的客户　　　　D. 财务原因

3. 以下不属于会员服务的内容的是(　　)。

　　A. 通过各种媒介为会员提供各种产品和服务信息

　　B. 为会员提供产品服务的优惠待遇,如价格打折、积分统计

　　C. 经常为会员发送一些产品广告促进消费

　　D. 为会员举办社交集会性质的活动,如聚餐、旅游

4. 最初的网络会员制营销是拓展网上销售渠道的一种方式,主要适用(　　)。

　　A. 有一定实力和品牌知名度的电子商务公司

　　B. 普通的电子商务公司

　　C. 有一定实力的电子商务公司

　　D. 有一定品牌知名度的电子商务公司

5. 不是会员管理的内容的为(　　)。

　　A. 会员库建立　　　　　　　　　　B. 会员数据分析及挖掘

　　C. 分类及实时更新　　　　　　　　D. 会员资料保存

6. 会员服务是指为满足(　　)而提供的活动。

　　A. 会员的需求　　　　　　　　　　B. 消费者的需求

　　C. 厂家的需求　　　　　　　　　　D. 物流管理

7. 以销售人员为主导的企业CRM应用的关键是(　　)。

　　A. 客户分析　　　　　　　　　　　B. 销售能力自动化(SFA)

　　C. 数据库营销　　　　　　　　　　D. 提高销售人员待遇

数据挖掘中的关联规则

1. 什么是关联规则

在描述有关关联规则的一些细节之前,我们先来看一个"尿布与啤酒"的有趣故事。

在一家超市里,有一个有趣的现象:尿布和啤酒赫然摆在一起出售,但是这个奇怪的举措却使尿布和啤酒的销量双双增加了。这不是一个笑话,而是发生在美国沃尔玛连锁超市的真实案例,并一直为商家所津津乐道。沃尔玛拥有世界上最大的数据仓库

系统,为了能够准确了解顾客在其门店的购买习惯,沃尔玛对其顾客的购物行为进行购物篮分析,想知道顾客经常一起购买的商品有哪些。沃尔玛数据仓库里集中了其各门店的详细原始交易数据,在这些原始交易数据的基础上,沃尔玛利用数据挖掘方法对这些数据进行分析和挖掘。一个意外的发现是:跟尿布一起购买最多的商品竟是啤酒!经过大量实际调查和分析,揭示了一个隐藏在"尿布与啤酒"背后的美国人的一种行为模式:在美国,一些年轻的父亲下班后经常要到超市去买婴儿尿布,而他们中有30%~40%的人同时也为自己买一些啤酒。产生这一现象的原因是:美国的太太们常叮嘱她们的丈夫下班后为小孩买尿布,而丈夫们在买尿布时又随手带回了他们喜欢的啤酒。

按常规思维,尿布与啤酒风马牛不相及,若不是借助数据挖掘技术对大量交易数据进行挖掘分析,沃尔玛是不可能发现这一有价值的规律的。

数据关联是数据库中存在的一类重要的可被发现的信息。若两个或多个变量的取值之间存在某种规律性,就称其为关联。关联主要可分为简单关联、时序关联、因果关联。关联分析的目的是找出数据库中隐藏的关联网。有时并不知道数据库中数据的关联函数,即使知道也是不确定的,因此关联分析生成的规则带有可信度。关联规则挖掘发现大量数据中项集之间存在有趣的关联或相关联系。阿格拉瓦尔(Agrawal)在1993年首先提出了挖掘顾客交易数据库中项集间的关联规则问题,以后诸多的研究人员对关联规则的挖掘问题进行了大量的研究。他们的工作包括对原有的算法进行优化,如引入随机采样、并行的思想等,以提高算法挖掘规则的效率;对关联规则的应用进行推广等。关联规则挖掘在数据挖掘中是一个重要的课题。

2. 关联规则挖掘过程、分类及其相关算法

(1) 关联规则挖掘的过程

关联规则挖掘过程主要包含两个阶段:在第一阶段中必须先从资料集合中找出所有的高频项目组;在第二阶段中再从这些高频项目组中产生关联规则。

关联规则挖掘的第一阶段必须从原始资料集合中找出所有高频项目组。高频是指某一项目组出现的频率相对于所有记录而言,必须达到某一水平。一个项目组出现的频率称为支持度,以一个包含A与B两个项目的2-Itemset为例,我们可以求得包含{A,B}项目组的支持度,若支持度大于或等于所设定的最小支持度值时,则{A,B}称为高频项目组。一个满足最小支持度的k-Itemset,称为高频k-项目组(Frequent k-Itemset),一般表示为Large k或Frequent k。算法并从Large k的项目组中再产生Large k+1,直到无法再找到更长的高频项目组为止。

关联规则挖掘的第二阶段是要产生关联规则。从高频项目组产生关联规则,是利用前一步骤的高频k-项目组来产生规则,在最小信赖度的条件门槛下,若一规则所求得

的信赖度满足最小信赖度,称此规则为关联规则。例如,由高频k-项目组{A,B}所产生的规则(AB),其信赖度若大于或等于最小信赖度,则称(AB)为关联规则。

就沃尔玛的案例而言,使用关联规则挖掘技术,对交易资料库中的记录进行资料挖掘,首先必须要设定最小支持度与最小信赖度两个门槛值,在此假设最小支持度为5%,且最小信赖度为70%。因此符合该超市需求的关联规则必须同时满足这两个条件。若经过挖掘过程所找到的关联规则(尿布,啤酒)满足下列条件,(尿布,啤酒)的关联规则可接受。用公式可以描述为Support(尿布,啤酒)$\geqslant$5%,且Confidence(尿布,啤酒)$\geqslant$70%。其中,Support(尿布,啤酒)$\geqslant$5%在此应用范例中的意义为:在所有的交易记录中,至少有5%的交易出现尿布与啤酒这两项商品被同时购买的交易行为。Confidence(尿布,啤酒)$\geqslant$70%在此应用范例中的意义为:在所有包含尿布的交易记录资料中,至少有70%的交易会同时购买啤酒。因此,今后当有某消费者要购买尿布时,超市将可推荐该消费者同时购买啤酒。这个商品推荐的行为则是根据(尿布,啤酒)关联规则,因为就该超市过去的交易记录而言,支持了"大部分购买尿布的交易,会同时购买啤酒"的消费行为。

从上面的介绍还可以看出,关联规则挖掘通常比较适用于记录中的指标取离散值的情况。如果原始数据库中的指标值是连续的数据,则在关联规则挖掘之前应该进行适当的数据离散化(实际上就是将某个区间的值对应于某个值),数据的离散化是数据挖掘前的重要环节,离散化的过程是否合理将直接影响关联规则的挖掘结果。

(2) 关联规则的分类

按照不同情况,关联规则主要可以进行如下分类:

① 基于规则中处理的变量的类别,关联规则可以分为布尔型和数值型。布尔型关联规则处理的值都是离散的、种类化的,它显示了这些变量之间的关系;而数值型关联规则可以和多维关联或多层关联规则结合起来,对数值型字段进行处理,对其进行动态的分割,或者直接对原始的数据进行处理。当然数值型关联规则中也可以包含种类变量,例如,(性别="女"→,职业="秘书")是布尔型关联规则;(性别="女",→收入=2300),涉及的收入是数值类型,所以是一个数值型关联规则。

② 基于规则中数据的抽象层次,可以分为单层关联规则和多层关联规则。在单层的关联规则中,所有的变量都没有考虑现实的数据是具有多个不同的层次的;而在多层的关联规则中,对数据的多层性已经进行了充分的考虑。例如,(IBM台式机,Sony打印机)是一个细节数据上的单层关联规则;(台式机,Sony打印机)是一个较高层次和细节层次之间的多层关联规则。

③ 基于规则中涉及的数据的维数,关联规则可以分为单维的和多维的。单维的关

联规则只涉及数据的一个维,如用户购买的物品;而多维的关联规则将会涉及多个维。换句话说,单维关联规则是处理单个属性中的一些关系;多维关联规则是处理各个属性之间的某些关系。例如,(啤酒,尿布)这条规则只涉及用户购买的物品;(性别="女",职业="秘书")这条规则就涉及两个字段的信息,是两维的一条关联规则。

3. 关联规则挖掘的相关算法

(1) Apriori算法:使用候选项集找频繁项集

Apriori算法是一种最有影响的挖掘布尔关联规则频繁项集的算法,其核心是基于两阶段频集思想的递推算法。该关联规则在分类上属于单维、单层、布尔关联规则。在这里,所有支持度大于最小支持度的项集称为频繁项集,简称频集。

该算法的基本思想是:首先找出所有的频集,这些项集出现的频繁度至少和预定义的最小支持度一样。然后由频集产生强关联规则,这些规则必须满足最小支持度和最小信赖度。然后使用频集产生期望的规则,产生只包含集合的项的所有规则,其中每一条规则的右部只有一项,这里采用的是中规则的定义。一旦这些规则生成,那么只有那些大于用户给定的最小信赖度的规则才被留下来。为了生成所有频集,这里使用了递推的方法。

可能产生大量的候选集、可能需要重复扫描数据库是Apriori算法的两大缺点。

(2) 基于划分的算法

萨瓦塞雷(Savasere)等人设计了一个基于划分的算法。这个算法先把数据库从逻辑上分成几个互不相交的块,每次单独考虑一个分块并对它生成所有的频集,然后把产生的频集合并,生成所有可能的频集,最后计算这些项集的支持度。这里分块的大小选择要使得每个分块可以被放入主存,每个阶段只需被扫描一次。而算法的正确性是由每一个可能的频集至少在某一个分块中是频集保证的。该算法是可以高度并行的,可以把每一分块分别分配给某一个处理器生成频集。产生频集的每一个循环结束后,处理器之间进行通信来产生全局的候选k-项集。通常这里的通信过程是算法执行时间的主要瓶颈;而另一方面,每个独立的处理器生成频集的时间也是一个瓶颈。

(3) FP-tree频集算法

针对Apriori算法的固有缺陷,J.Han等人提出了不产生候选挖掘频繁项集的方法——FP-tree频集算法。它采用分而治之的策略,在经过第一遍扫描之后,把数据库中的频集压缩进一棵频繁模式树(FP-tree),同时依然保留其中的关联信息,随后再将FP-tree分化成一些条件库,每个库和一个长度为1的频集相关,然后再对这些条件库分别进行挖掘。当原始数据量很大的时候,也可以结合划分的方法,使一个FP-tree可以放入主存中。实验表明,FP-tree频集算法对不同长度的规则都有很好的适应性,同时在效率上较之Apriori算法有巨大的提高。

4. 关联规则发掘技术在国内外的应用

就目前而言,关联规则挖掘技术已广泛应用于西方金融行业企业中,它可以成功预测银行客户的需求。一旦获得了这些信息,银行就可以改善自身营销。现在银行天天都在开发新的与客户沟通的方法。各银行在自己的ATM机上就捆绑了客户可能感兴趣的本行产品信息,供使用本行ATM机的客户了解。如果数据库显示某个高信用限额的客户更换了地址,则这个客户很有可能最近购买了一栋更大的住宅,因此可能需要更高信用限额、更高端的新信用卡,或者需要一个住房改善贷款,这些产品都可以通过信用卡账单邮寄给客户。当客户打电话咨询的时候,数据库可以有力地帮助电话销售代表,销售代表的电脑屏幕上可以显示出该客户的特点,同时也可以显示出客户感兴趣的产品。

同时,一些知名的电子商务站点也从强大的关联规则挖掘中受益。这些电子商务网站使用关联规则进行挖掘,然后设置客户有意要一起购买的捆绑包。也有一些购物网站利用它们设置相应的交叉销售,也就是购买某种商品的顾客会看到相关的另外一种商品的广告。

但是目前在我国,"数据海量,信息缺乏"是商业银行在数据大集中之后普遍面对的尴尬局面。目前金融业应用的大多数数据库只能实现数据的录入、查询、统计等较低层次的功能,却无法发现数据中存在的各种有用的信息,若能对这些数据进行分析,发现其数据模式及特征,然后就可能发现某个客户、消费群体或组织的金融和商业兴趣,并可观察金融市场的变化趋势。可以说,关联规则挖掘技术在我国的研究与应用并不是很广泛。

京东在数据挖掘方面对推荐技术的优化

京东集团高级副总裁张晨总结:京东是一家以互联网科学引领的网络零售企业,零售是它的基因,而零售最根本的是要给用户做好服务,京东可以通过技术手段把服务体验提升更多。

物流已经成为京东的核心竞争力,在2019年618大促期间,有大量的商品实现了当日达,要让物流更快可以通过大数据的方式来实现,如对某个居住小区的消费偏好进行分析,可以预先判断哪些商品最畅销,把商品放在小区附近的配送站,当有消费者下单时,便可实现配送,这样能提升用户体验。

提升用户体验的第二个方面,是在大数据的基础上实现的精准推送。零售企业对商品是否畅销的一个判断是周转率,而京东要实现提升周转率便是对商品的精准推送,

"千人千面"产品体现的是这样的思路,京东商城研发总部推荐搜索部刘尚堃表示:"在当前推荐位的情况下,再提升40%、50%的效能是能做到的,因为京东个性化首页产品上线的时间并不长。"

张晨认为,数据量越大,后发的价值越大,因为京东的商品大多数属于自营,货品有来源、质量有保障、交易是真实的,这些让京东成为"中国互联网企业里数据最好的公司之一,用这些优质的数据反过来服务好用户,可挖的细节太多,是一件做不完的事情"。

京东的数据主要两大类,即用户行为数据和基于内容的数据。京东会根据用户的行为数据构建用户画像,比如是不是有小孩?是不是男性?在京东的生命周期怎么样?促销的敏感度如何?在家还是单位购物多?购买率的等级是什么?京东会根据用户的行为做推荐,这大多是通过离线数据计算的。此外,系统还会根据用户的实时行为进行推荐,比如判断出用户喜欢浏览牙刷的品类,喜欢电动牙刷,而且偏好声波类电动牙刷。

通过"共现矩阵"的办法,京东推荐系统可以度量商品到商品的、用户到用户的商品、商品到商品的相似指数。比如用户对某个商品的分值比较高,浏览的分值比较高,购买的分值更高。通过这些办法,可以找到比较贴近其需求和爱好的产品推荐给消费者,在这些基础算法之外,京东还会应用高级算法提升推荐的效果。

京东还会通过一些模型进行推荐,比如用户的购买力模型、周期商品购买模型、LDA模型等。例如,京东现在有大量第三方商家,会存在"一品多商"的问题,京东就会用图片相似等方法做过滤。

在排序上,京东会进行两级预估,先预估CTR(点击率),再预估CVR(转化率),由此进行排序。这是如何实现的呢?对于任何一个商品,京东都认为它具备品牌、中心词、类目、扩展属性等指标,可以用销售量来度量。每个商品和商品之间有一张购买的网,每个商品的pagerank(网页排名)也可以使用,这个指标不但考虑了数量问题,还考虑了网状关系,考量的指标还有评论数、好评度、浏览深度等。拿一个实际的例子来说,如果某用户购买产后塑身产品,那么孕妇装虽然有关联度,但这种关系会被剧烈地降低权重,因为逻辑上是先怀孕后生产再塑身。

京东个性化与排序平台部高级总监邹宇分享了对冷启动用户的处理方法。所谓的"冷启动"是指面对一个新用户,系统中没有他的行为数据。这个时候,京东做法就是根据人以群分的归类法则。比如基于社交关系推荐。当然如果没有这些归类法则,可能找更简单的人群分群的方式,比如性别、年龄、地域。当然最极端的情况下,如果完全没有归类依据,那就根据最近的热点进行类别多样化精选推荐的策略,把每一类当下最流行的商品拼在一起推荐给新用户去看,这其实是试探的过程,然后根据用户的交互反馈,慢慢向用户主信息上收敛。

京东推荐平台部总监刘思喆介绍,在推荐系统中,京东非常重视实验与监控。京东是算法和架构分离,架构可以管顶层工程,算法就是每天尝试各种各样的特征、数据、规则,以及流量最终的效果怎么样。

京东推荐的实验系统采用了外部的页面配置。流量实时生效,而且流量比例是可以任意分配的。简单修改某一个线上实验,它的流量就可以实现秒级线上更新,第二天甚至实时可以看到结果。京东的分流策略常用两种,第一种是随机,每次刷新看到的结果可能都不一样,比如10组实验,每一版都是10%的概率呈现;第二种就是相对固定,一旦看到第一次结果之后,就保证以后看到的结果都是这个样子。京东的实验系统支持版本回溯,算法工程师一旦出现误配,可以找回相关的版本和权限。

除了实时实验之外,京东实验系统同样有离线debug平台支持,输入参数可以是1个或多个SKU,也可以是类,进行不同实验的结果召回,定位不同实验的效果。这样算法工程师可以通过自测几个小的例子,迅速找到自己的算法,在没有切流量之前问题在哪,或者到底好在什么地方。

刘思喆认为,算法优化必须逐步迭代。不可能忽然上一个很厉害的算法保证效果提高50%,工程师之间的相互交流有助于提高算法优化效果。

而通过数据的挖掘,京东也会发现,某些用户从来不点任何推荐,不点任何广告,也就是对这个东西完完全全不感兴趣,那可能京东也有可能对该用户隐藏推荐系统。"用户如果能深度地参与到推荐系统里面来,当然可能是无意识的,这时推荐系统才真正做到了极致。"

邹宇认为,京东大数据的价值越来越高。举例来说,互联网展示广告的点击率通常能到千分之一就不错了,转化率更低,通常是万分之几。但京东的搜索转化率高于这种广告转化率的几个数量级,因此,京东的数据会有越来越高的价值,京东的推荐系统在推动业务成长方面的作用也将越来越重要。

问题:

1. 什么是关联规则?电子商务网站如何利用关联规则?
2. 数据挖掘在电子商务网站的应用有哪些?

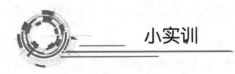
小实训

进行客户满意管理。

一、实训目的

学会如何进行客户满意管理。

二、实训内容

设计一份调查问卷(涉及产品满意和服务满意等),分析客户满意度。谈一谈如何进行电商网站的客户满意管理。

三、实训要求

把相关内容制作成PPT并进行汇报。

任务总结

电子商务与客户关系管理已成为商界目前的热门话题,我们要理解客户关系管理的内涵及其与电子商务的关系,了解客户关系管理的实施流程。数据挖掘虽然是个新生事物,但依据其自身优势,数据挖掘在客户关系管理中起到了重要的作用,因此了解数据挖掘的运作及其在客户关系管理中的应用十分必要。

参考文献

[1] 宋文官. 电子商务概论[M]. 3版. 北京:高等教育出版社,2013.

[2] 司爱丽. 新编电子商务实用教程[M]. 西安:西安电子科技大学出版社,2010.

[3] 朱孝立,罗荷香. 新编电子商务教程[M]. 2版. 合肥:中国科学技术大学出版社,2012.

[4] 杨荣明,吴自爱. 电子商务实用教程[M]. 2版. 合肥:安徽大学出版社,2014.

[5] 孙若莹,王兴芬. 电子商务概论[M]. 北京:清华大学出版社,2012.

[6] 李源彬. 电子商务概论[M]. 北京:人民邮电出版社,2012.

[7] 王悦. 电子商务概论[M]. 成都:西南财经大学出版社,2012.

资源链接

［1］艾瑞咨询网　http://www.iresearch.com.cn.

［2］亿邦动力网　http://www.ebrun.com.

［3］百度百科　http://www.baike.baidu.com.

［4］中国互联网络信息中心　http://www.cnnic.net.cn.

［5］中国软件资讯网　http://www.cnsoftnews.com.

第10章 电子商务网站规划与建设

知识目标

> 了解电子商务网站的概念及其分类；掌握电子商务网站的规划步骤；掌握电子商务网站设计的基本要素。

能力目标

> 会简单设计电子商务网站；能够正确地维护电子商务网站。

思政目标

> 将案例导入、微思考、大讨论融入课程思政内容，帮助学生进一步树立民族自豪感、自尊心和自信心。

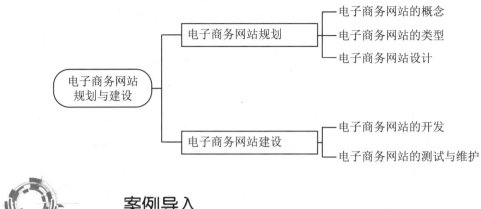

品质国货走出去，引领新时尚

近年来，在出行工具、服装家纺、电子产品等消费品领域，一些中国品牌紧跟国外市场需求，抓住机遇，走出国门，较好地提升了品牌国际知名度，有些还成为引领时尚潮流的新兴力量。

没有实体店，也能走出去？德国《明镜》周刊网站不久前报道称，新冠肺炎疫情以来，中国品牌在西方市场正加速进步，其工具便是线上商店。中国零售商更了解如何成功使用线上商店，以合适的价格和适当的内容为客户量身定制产品。

希音就是这样一家在欧美市场快速崛起的中国跨境电商品牌，其主营快时尚女装。记者打开希音欧美版网站，首先映入眼帘的是令人心动的折扣信息窗口，时髦多样的服装款式更是让人目不暇接。凭借物美价廉的产品、对客户需求的精准定位，该品牌很快受到国外年轻女孩的喜爱。据欧洲媒体报道，希音2015年的销售额为1.5亿美元，2020年已超过80亿美元。

提及在希音的购物经历，一名法国女孩在网络上写道："这个网站对喜欢漂亮衣服的年轻女孩十分友好，我会花好几个小时浏览网站，每次购物都能享受一定优惠，有种'停不下来'的感觉。"不少法国消费者也在社交媒体上表达对希音的喜爱。希音还注重通过"网红"在社交媒体上的分享来提升品牌知名度。记者观察到，该品牌的社交媒体账号十分活跃，每天会更新十几条图文，"网红"分享的试穿照片和体验，互动率很高。目前，该品牌在社交媒体上的粉丝超过25万，照片墙粉丝超过1800万，还在不同国家开设了单独账号。

奥纬咨询公司研究预测，到2030年，线上商店将占全部电子商务的50%。类似希音这样没有门店、完全依靠线上销售的中国品牌，大多拥有一条从设计到交付、全方位覆盖的强大供应链体系,不仅充分发挥了生产快、样式新、发货效率高等电商平台优势,也引领了欧美年轻群体消费的新时尚。

除了服饰,不少中国电子产品品牌也十分注重与消费者的网络互动。小米法国官网"Mi社区"人气满满,无论是产品介绍、机型对比,还是摄影比赛、线上讨论等活动,都能吸引不少法国"米粉"的积极参与。一名用户留言说:"小米社区网站让用户可以及时了解品牌的最新动态、交流使用心得,还能解决一些技术问题,十分方便。"

有分析认为,品质国货出海潮的背后,得益于中国制造业的高质量发展、与服务业的深度融合,也体现了中国品牌不断提升的自信。在国际市场的辽阔大海中,走向高端,走向时尚,中国品牌建设正踏上新征程。

(资料来源:任彦,李晓宏,刘玲玲.品质国货走出去,引领新时尚[N].人民日报,2021-03-30(18).)

提出任务

电子商务网站是指一个企业、机构或公司在互联网上建立的站点,其目的是为了宣传企业形象、发布产品信息、宣传经济法规、提供商业服务等。开展电子商务活动必须从网站规划和建设开始,把企业的商务活动需求、营销方法和网络技术结合,建立适合企业自己的电子商务网站。电子商务网站的业务以数据处理为主,是企业发布产品信息、推出服务内容的平台。电子商务网站在企业的互联网营销中发挥着重要作用,其中尤其是展示类、营销类、商城类网站,能帮助商家引流获客,增加转化。如何规划设计电子商务网站?如何设计一个让客户满意的电子商务网站?如何管理和维护电子商务网站?

解决问题

任务10.1 电子商务网站规划

10.1.1 电子商务网站的概念

1. 电子商务网络的定义

电子商务网站是指一个企业、机构或公司在互联网上建立的站点,其目的是宣传企业形象、发布产品信息、宣传经济法规、提供商业服务等。

2. 电子商务网站的功能

电子商务网站功能的设计是电子商务实施与运作的关键环节,是电子商务应用系统构建的前提。随着网络信息技术的发展和普及,各个企业都认识到了利用互联网进行品牌建设、市场拓展的重要性。由于在网上开展的电子商务业务不尽相同,所以每一个电子商务网站在具体实施功能上也不相同。企业利用互联网的形式包括B2B、B2C等电子商务形式。其中有些企业专注于电子商务,也有些企业利用电子商务作为商业运作的第二渠道。但无论是哪种企业,电子商务网站的功能都殊途同归,即充分发挥互联网信息转播范围广、传播速度快的优势,拓展线下交易,建立网上展示、交易平台。电子商务网站一般要有以下功能。

(1) 商品展示

这是电子商务网站所具备的基本且十分重要的功能。用户进入企业的电子商务网站,应该像进入现实中的超市一样,能够看到琳琅满目的商品。利用网络媒体进行产品推销,无疑为企业增加了一条很好的营销渠道。电子商务网站上的商品是经过分类的,就像超市中将商品分为服装类、副食类、家电类等一样,企业可以在电子商务网站上针对某些商品开展促销活动。

(2) 信息检索

电子商务网站提供的信息搜索与查询功能,可以使客户在电子商务数据库中轻松而快捷地找到需要的信息,这是影响电子商务网站能否使客户久留的重要因素。如果一个电子商务网站的内容非常丰富,而且产品种类繁多,要想将所提供的服务和商品信息详尽地介绍给客户,就应该使用数据库为浏览者提供准确、快捷的检索服务。这体现的是网站信息组织能力和拓展信息交流与传递途径的功能。

(3) 订购商品

当用户想购买商品时,可以将商品放入购物车。当客户填完订购单后,系统通常会回复确认信息单来保证订购信息的收悉。该功能不仅依赖于技术,更依赖于网站主体在设计的简化贸易流程、便于用户运用的构思角度。当用户发现自己感兴趣的商品时,点击该商品的链接可以看到该商品的文字、图片、视频等多种样式的描述性信息。网上订购通常会在产品介绍的页面上提供十分友好的订购提示信息和订购交互对话框,实现用户在线贸易磋商、在线预订商品、网上购物或获取网上服务等功能。

(4) 网上支付

网上支付是网上购物的重要环节。网上支付必须有电子金融的支持,即银行及保险公司等金融单位提供网上的金融服务。在网上直接采用电子支付手段可省去交易中很多人员的开销。网上支付需要更为可靠的信息传输安全机制,以防止欺骗、窃听、冒用等非法行为。目前一些新的网上支付形式仍在不断探索中。

(5) 信息管理

电子商务网站应包括销售业务信息管理功能。客户信息管理是电子商务中主要的信息管理内容。它能反映网站主体能否以客户为中心,能否充分地利用客户信息挖掘市场潜力。网络的连通使企业能够及时地接受、处理、传递与利用相关的数据资料,并使这些信息有序且有效地流动起来,为企业其他信息管理系统,如ERP、SCM等提供信息支持。

(6) 形象宣传

企业可凭借电子商务网站发布各类商业信息。企业建立自己的电子商务网站并利用其打造与树立企业形象,是企业利用网络媒体开展业务的最基本的出发点之一。与以往各类广告相比,网上的广告成本更为低廉,而带给客户的信息量却更加丰富。客户可借助网上的检索工具迅速地找到所需商品的信息,而商家可利用网络在全球范围内开展广告宣传。

3. 电子商务网站的构成要素

电子商务网站包括前台网页和后台数据库,前台网页可以接受客户的浏览、登记和注册,记录客户的有关资料。电子商务网站一般由以下几个部分组成。

(1) 网站域名

域名(Domain Name)是一串用点分隔的名字,是因特网上某一台计算机或计算机组的名称,主要用于在数据传输时标识计算机的电子位置。通俗地说,域名就相当于一个门牌号码,用户通过这个号码可以很容易地找到企业的电子商务网站地址。

比如常见的域名有:

淘宝网域名:https://www.taobao.com。

百度域名:https://www.baidu.com。

腾讯网域名:http://www.qq.com。

域名由两个或两个以上的词构成,中间由点号分隔开,最右边的词称为顶级域名,表10.1所示为几个常见的顶级域名。

表10.1 常见的顶级域名

顶级域名	分配情况
.com	商业组织
.edu	教育机构
.gov	政府部门
.mil	军事部门
.net	主要网络支持中心
.org	非营利性组织
.int	国际组织
.cn	中国

由国际域名及IP地址管理权威机构互联网名称与数字地址分配机构(ICANN)认证的域名注册服务商(Registrar)可以提供商业机构、网络服务机构、非营利性组织下的二级域名注册服务,全球通过ICANN认证的Registrar有120多家,其中只有60家是正式投入运营的Registrar。

国内注册的域名(也叫国家域名),按照我们通常的习惯是指中国国内域名,域名以".cn"结尾。此类域名由中国互联网络信息中心(CNNIC)发放登记。企业可以通过一些授权机构进行域名注册申请,如阿里云的万网(见图10.2)、腾讯的腾讯云(见图10.3),都可以提供简单快捷的服务。

图10.1 万网域名注册页面

图10.2 腾讯云域名注册页面

域名申请步骤如下：

① 准备申请资料：域名注册需要进行实名认证，个人注册者提交身份证，企业提交营业执照等资料。2012年6月3日，".cn"域名已开放个人申请注册，目前申请需要提供身份证或企业营业执照。

② 寻找域名注册网站：推荐通过万网进行域名注册（https://wanwang.aliyun.com/），由于".com"".cn"域名等不同后缀均属于不同注册管理机构所管理，如要注册不同后缀域名，则需要从注册管理机构寻找经过其授权的顶级域名注册查询服务机构。如".com"域名的管理机构为ICANN，".cn"域名的管理机构为CNNIC。域名注册查询注册商已经通过ICANN、CNNIC双重认证，则无需分别到其他注册服务机构申请域名。

③ 查询域名：在注册商网站注册用户名成功后并查询域名，选择要注册的域名，并点击域名注册查询。

④ 正式申请：设定想要注册的域名，并且确认域名为可申请的状态后，提交注册，并缴纳年费。

⑤ 申请成功：正式申请成功后，即可将新域名投入使用。

（2）网站服务器

网站服务器是指在互联网数据中心中存放网站的服务器，主要用于网站在互联网中的发布、应用，是网络应用的基础硬件设施。网站服务器可根据网站应用的需要，部署搭建ASP/JSP/.NET/PHP等应用环境。

目前流行两种搭建方法：

环境一是Linux＋Apache(Nginx)＋MySQL＋PHP，即LAMP/LNMP环境。LAMP为现在使用最广的服务器环境，它运行在Linux系统下，安全稳定，Apache是最著名的开源网页服务器，MySQL是最著名的开源关系型数据库，PHP是流行的开源脚本语言，能很好地处理用户的动态请求。

环境二是 Windows+IIS+ASP/.NET+MSSQL 环境。因其极强的易用性,获得广泛的应用,Windows 是著名的可视化操作系统,IIS 是运行在 Windows 上的 Web 服务器,可使用 ASP/.NET 两种编程语言开发,现在应用最广的就是 ASP.NET。

部署网站服务器一般都在互联网数据中心(IDC)服务商租用或者托管服务器,也可以由企业自己托管机房。部署网站服务器根据使用用户的地域分布选择合适的 IDC 域名注册查询服务商,比如网站主要用来做国际贸易、网上下单,那么就要选择有国际带宽出口的 IDC 服务商。

企业可以选择像阿里云(见图 10.4)或者百度云(见图 10.5)这样的大型服务平台,既有简单方便的注册操作,也有安全可靠的技术保障。

图 10.4　万网云虚拟主机页面

图 10.5　百度云服务器页面

(3) 网页

网页是构成网站的基本元素,是承载各种网站应用的平台。简单地理解,网站就是由多个不同的网页组成的,如果网站只有域名和虚拟主机而没有制作任何网页的话,客户是无法访问网站的。

网页是存放在服务器中,包含超文本标记语言(HTML)标签的纯文本文件,通常包含文字、图像、动画等内容,需要通过网页浏览器来解析(见图10.6)。

网页的设计应符合产品的风格,应做到使客户注册、登录的操作简便,商品分类标识明确,使客户浏览网页时如同进入大的商店,并能够迅速找到想要的商品。

(4) 货款结算

客户通过购物车选购商品,然后结算,确定付款方式、送货地点、时间等。在电子商务网页上,这些交易过程需要有安全实用的方式和比较简洁实用的操作界面。淘宝购物的流程如图10.7、图10.8、图10.9所示。

图10.6 网页的基本构成

图10.7 立即购买商品或添加商品到购物车界面

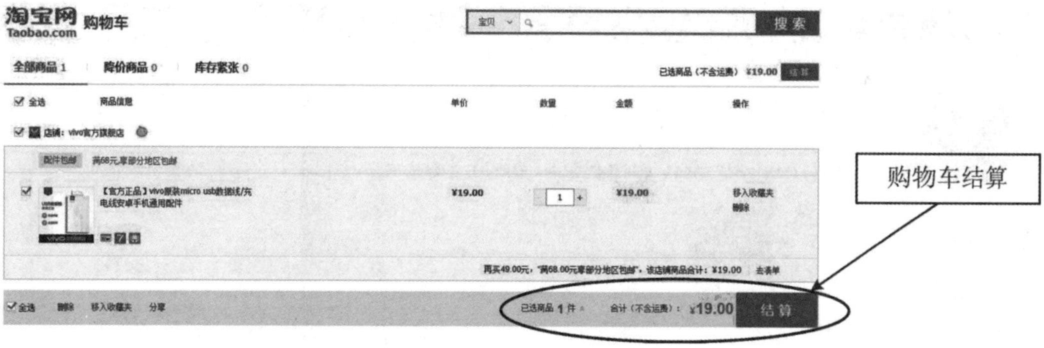

图10.8 购物车结算界面

图10.9 选择付款方式界面

(5) 客户资料管理

合理的客户管理界面,包含注册客户的姓名、通信地址、电话、电子邮件等详细信息。比如淘宝网的用户资料管理界面(见图10.10),布局简洁合理,层次条理清晰。

(6) 商品数据库管理

电子商务网站是构架在数据库技术和网络技术基础之上的,它的核心是数据库技术。从数据的管理到查询,从用户的访问到生成动态的网页以及数据挖掘等,都离不开数据库管理技术。

图 10.10　用户管理界面

　　数据库管理系统的选择和应用直接体现电子商务系统的优劣和服务质量的好坏，应根据电子商务网站的规模、功能、应用环境、投入资金和网站服务器的搭建环境等因素，选择适当的数据库管理系统。常用的数据库系统有 SQL Server、Oracle、MySQL 等。通过数据库管理系统界面，不需要用户掌握后台数据库的具体运行，就可以简单快捷地管理商品、交易和物流的信息(见图 10.11)。

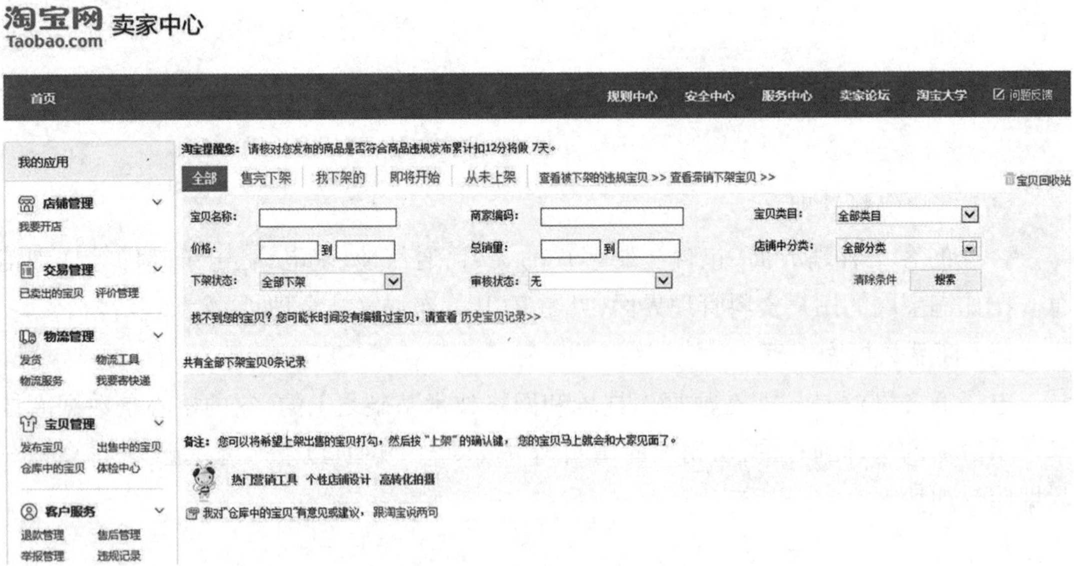

图 10.11　卖家商品管理界面

（7）商品配送

商品配送是电子商务的一个重要环节，需要通过物流配送系统将商品快速、可靠地送到客户手中。根据客户在电子商务网站上写明的详细地址，所订购的商品会通过物流系统快速送达(见图10.12和图10.13)。

图10.12　卖家物流管理界面

图10.13　买家物流管理界面

以上这些只是电子商务网站的大致结构，随着网站经营的商品及经营模式的变化，其构成要素也会有所变化。

10.1.2 电子商务网站的类型

按不同的分类方法,可将电子商务网站分为不同的类型。

1. 按照商务目的和业务功能分类

(1) 基本型电子商务网站

这类网站的特点是:商务活动型商务网站主要是通过网络媒体和电子商务的基本手段进行公司宣传和客户服务,网站可以完成一定金额要求或数量要求的交易,可以完成产品销售服务和客户管理。网站的功能比较齐全,但是硬件的规模不大。企业的商务活动仍以在现实社会开展为主,商务网站只是一个有益的补充。此种网站适合于小型企业,以及想尝试网站效果的大中型企业,网站的组建价格低廉,功能强大,性价比高,这种类型的电子商务网站多采用虚拟主机的网站实施方式,比如荣事达荣电集团网站就是一个基本型电子商务网站(见图10.14)。

(2) 宣传型电子商务网站

宣传型电子商务网站能够宣传企业的产品或服务,发布企业的动态信息、扩大品牌影响、拓展海内外市场、降低宣传成本、提高工作效率、树立良好的企业形象。它适用于各类企业,特别是已有外贸业务或准备开拓外贸业务的企业。

图10.14 荣事达荣电集团主页

宣传型电子商务网站具备基本的网站功能,着重突出企业的宣传效果,一般将网站构建在具有很高知名度和很强伸展性的网络基础平台上,以便在未来的商务运作中借助先进的开发工具和增加应用系统模块,升级为客户服务型或完全电子商务运作型网站,比如天猫商城,其主要作用就是便于企事业单位在互联网上进行产品或服务的宣传,就是一个典型的宣传型电子商务网站(见图10.15)。

图10.15　天猫商城主页

(3) 客户服务型电子商务网站

客户服务型电子商务网站通过宣传公司形象与产品,达到与客户实时沟通及为产品或服务提供技术支持的效果,从而降低成本、提高工作效率,适合各类企业。猪八戒网就是服务型电子商务平台的典型代表(见图10.16)。

(4) 完全电子商务运作型网站

完全电子商务运作型网站通过网站展现公司整体形象与推广产品及服务,并着力实现网上客户服务和产品在线销售,从而直接为企业创造效益,提高企业的竞争力,适用于各类有条件的企业。比如格力商城,就是一个全面的企业电子商务网站(见图10.17)。

2. 按照构建网站的主体分类

(1) 行业电子商务网站

行业电子商务网站是指以行业机构为主体,构建一个大型的电子商务网站,为本行业的企业和部门进行电子化贸易提供信息发布、商品订购、客户交流等活动的平台。

(2) 企业电子商务网站

企业电子商务是指以企业为主体构建网站，从而实施电子商务活动，根据企业生产的主导产品和提供的主要服务的不同，可进一步分为各种不同类型的网站。

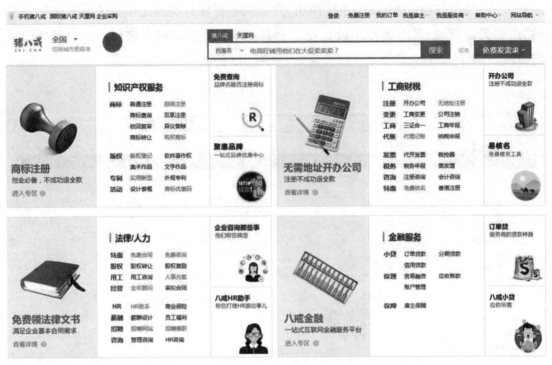

图10.16　猪八戒主页

图10.17　格力商城主页

(3) 政府电子商务网站

政府电子商务网站以政府机构为构建主体，从而实现电子商务活动，为政府面向企业和个人的税收、公共服务提供网络化交互平台。该类型的电子商务网站在国际化商务交流中发挥着重要作用,为政府税收和政府公共服务提供了网络化交流的平台。

(4)服务机构电子商务网站

服务机构电子商务网站以服务机构为构建主体,包括商业服务机构、金融服务机构、邮政服务机构、家政服务机构、娱乐服务机构等的电子商务网站等。

3. 按照网站拥有者的职能分类

(1)生产型商务网站

生产型商务网站由生产产品和提供服务的企业来提供,旨在推广、宣传其产品和服务,实现在线采购、在线产品销售和在线技术支持等商务功能。生产型企业要在网上实现在线销售,必须与传统的经营模式紧密结合,分析市场定位,调查用户需求,制定合适的电子商务发展战略,设计相应的电子商务应用系统架构。

(2)流通型商务网站

流通型商务网站由流通企业建立,旨在宣传和推广其销售的产品与服务,使顾客更好地了解产品的性能和用途,促使顾客进行在线购买。流通企业要在网络上实现在线销售,也必须与传统的商业模式紧密结合。

4. 按照电子商务网站交易对象分类

(1)企业对企业的电子商务网站

企业对企业的电子商务(Business to Business,BtoB 或者 B2B)网站,指的是商家(泛指企业)对商家进行电子商务交易的网站,即企业与企业之间通过互联网进行产品、服务及信息的交易,最典型的代表莫过于阿里巴巴1688(见图10.18)。

图10.18 阿里巴巴1688主页

(2) 企业对消费者的电子商务网站

企业对消费者的电子商务(Business to Consumer,BtoC 或者 B2C)网站,即企业通过互联网为消费者提供一个新型的购物环境——网上商店,消费者通过网络在网上购物、网上支付。

B2C 电子商务的付款方式有货到付款与网上支付,大多数企业选择物流外包的方式以节约运营成本,京东商城就是最典型的 B2C 网站(见图 10.19)。

图 10.19　京东商城主页

(3) 消费者对消费者的电子商务网站

消费者对消费者的电子商务(Consumer to Consumer,CtoC 或者 C2C)网站,是个人与个人之间的电子商务交易平台。其类似于现实商务世界中的跳蚤市场,构成要素除了包括买卖双方外,还包括电子交易平台提供商,也即类似于现实中的跳蚤市场场地提供者和管理员。淘宝网、闲鱼网都是典型的 C2C 网站(见图 10.20)。

(4) 其他类型的电子商务网站

除了上面介绍的电子商务网站类型外,还有其他类型的电子商务网站,比如 B2G 电子商务网站、O2O 电子商务网站、C2B 电子商务网站等。

图 10.20　淘宝主页

10.1.3　电子商务网站设计

在这一步中需要对网站进行整体分析，明确网站的建设目标，确定网站的访问对象、网站应提供的内容与服务及网站的域名，设计网站的标志、网站的风格、网站的目录结构等各方面的内容。这一步是网站建设成功与否的前提，因为所有的后续步骤都必须按照第一步的规划与设计来进行。

1. 网站设计规划

（1）确定网站建设目的和用户需求

企业网站的设计能够展现企业的形象、介绍企业的产品和服务、体现企业的发展战略。企业网站在设计之前必须明确设计的目的和用户需求，从而做出切实可行的设计计划，同时要根据消费者的需求、市场的状况、企业自身的情况等进行综合分析，牢记以消费者为中心。

不同性质的站点有不同的建设目的，比如电子商务站点主要是为了在企业与企业、企业与消费者之间建立更为直接和高效的商务通道；电子政务网站代表的是政府部门，所以主要通过它来宣传政府的形象、实现政务公开、向社会提供有价值的公益和导向信息以及实现网上政务等。

对于电子商务网站来说,必须清楚网站的目标市场在哪里、目标客户是谁、用户为什么会光顾这个站点、是否会再次访问;要摸清真正需要或即将需要产品/服务的是哪些人、用户的兴趣何在、怎样创建一个兴趣圈唤醒客户;思考如何用企业所提供的信息或者服务让用户受益;等等。这将是整个网站设计思想的基础,无论企业网站采用何种形式,提供什么内容,进行怎样的包装,都要以此为出发点。

(2) 结构设计

在目标明确之后,下一步要做的是完成网站的构思创意即总体设计方案,对网站的整体风格和特色进行定位,规划网站的组织结构。结构设计的主要任务是对所收集的大量内容进行有效筛选,并将它们组织成一个合理的、便于理解的逻辑结构,在这其中不仅需要为整个网站建立层次型结构,还需要为每一个栏目或者子栏目设计合理的逻辑结构。当内容框架确定后,就可以勾画网站的结构图了。结构图有很多种,如顺序结构、网状结构、继承结构、Web结构等。合理的结构不仅能给用户的访问带来极大的便利,帮助用户准确地了解网站所提供的内容和服务,使用户快速地找到自己所感兴趣的网页,而且能帮助网站管理员对网站进行更为高效的管理。

(3) 版式设计

网站网页设计要讲究编排和布局,虽然网页的设计不等同于平面设计,但它们有许多相近之处,应充分加以利用和借鉴。版式设计应通过文字图形的空间组合,表达出和谐与美。人们在浏览一个网页的时候,通常会首先注意到网页的左上角或中间的地方,然后才会浏览其他部分。这个部分通常称为焦点,所以在布局内容的时候,应该把最想传达的信息、最能吸引人的内容放在这些地方,比如网站标志和最新新闻等。

(4) 盈利模式

没有利润的企业网站肯定是无法长期维持下去的,因此,盈利模式对网站来说是十分重要的。网站的经营收入能力与企业网站自身的知名度、网站的浏览量、网站的宣传力度和广告吸引力、上网者的购买行为、对本网站的依赖程度等因素有十分密切的关系。因此,企业网站应该根据上述因素来设定本网站的盈利模式。

(5) 交易流程

网上交易流程应当尽量做到对客户透明,使客户购物方便,让客户感到在网上购物与在现实世界中购物没有太大的差别。很多电子商务网站都有"购物车""收银台""会员俱乐部"这样熟悉的词汇,不论购物流程在网站的后台操作多么复杂,其面对用户的界面必须是简单方便的。

2. 网站风格设计

网站的整体风格是指网站整体给访问者的综合感受,应根据企业的要求与具体情况体现出特色、突出特点。网站结构的一致性、色彩的一致性、导航的一致性、背景的一致性以及特别元素的一致性都是形成网站整体风格的重要因素。

(1) 网站标志。

网站的标志(logo)应尽可能出现在每一张网页上,如页眉、页脚或者背景上。标志可以是中文、英文、符号、图案,也可以将具有代表性的人物、动物、花草作为设计蓝本,再加以卡通化和艺术化。专业性网站可以用本专业最具代表性的事物作为标志物,图10.21所示为一些著名网站的logo。

图10.21 著名网站的logo

(2) 色彩搭配

网站的色彩是影响网站整体风格的重要因素,也是美工设计中最令人头疼的问题。许多网页设计者在制作网页之前往往有一个很好的想法,但是却不知如何搭配网页的颜色来实现预想的效果。网站的色彩搭配通常分为两个步骤:第一步是为整个网站选取一种主色调,第二步是为主色调搭配多种适合的颜色。主色调指的是整个网站给人印象最深的颜色。不同的颜色给人的感受是不一样的,所以选取主色调的一个最基本的原则就是保证所选的颜色与网站的主题或者形象相符,能够通过这种颜色加深用户对网站的印象。第二步为网站内各单元选取与主色调相适应的辅色调,网站内各单元的色彩不能过多,文字的链接、背景、边框色彩尽量与网站主色调一致,给人以整体统一的感觉。

(3) 设计标语

网站的标语可以是一句话或者一个词,类似实际生活中的广告语。比如Intel的"给你一颗奔腾的心",天猫网站的"理想生活上天猫",京东商城的"多、快、好、省"等标语(见图10.22),主题突出,个性鲜明。将这些标语放在首页醒目的位置,能取得相当好的宣传效果。需要说明的是,电子商务网站整体风格的设计并不是一次就能完成的,但需要在第一次设计时做好定位,然后在网站运行与管理的实践中再逐步强化和调整。

图10.22　著名网站的宣传标语

3. 网站内容要求

电子商务网站内容设计是网站建设的重点。企业要在互联网上展示自己的形象,宣传企业文化,开展商务活动,网站内容的设计是决定成败的关键。网站内容设计一般从以下几个方面考虑。

(1) 信息内容要有特色

网站内容是客户最为关注的,客户访问网站的目的就是为了发现自己感兴趣的信息。因此,网站内容是否新颖、专业、精炼是能否吸引用户访问、提高网站效益的关键。网站规划者与设计者应把网站内容的特色放在第一位考虑。其次,内容的及时更新也至关重要。网页的内容应是动态的,可随时进行修改与更新,以紧紧抓住用户。

(2) 操作简单,使用方便

电子商务网站主要是用来实现网上商务贸易活动,因此需要其易上手、易操作。所以电子商务网站在内容上要提供方便易行的交互功能,包括留言簿、反馈表单、在线论坛或者社区等;要提供强大的搜索与帮助功能,方便客户检索与交易;要能为客户提供个性化的服务,满足不同客户的需求;贸易流程要清晰流畅,减少客户商务贸易活动中的信息干扰等。只有当客户能方便地在网站上进行信息交流,实现网络商务贸易活动时,网站才能吸引客户,企业才能与客户建立良好的互动关系。

(3) 安全可靠、速度快

如果网站内容能吸引人,但打开网页的速度很慢,也会让人失去耐心,最终会影响网站的访问量。因此,一方面,网站必须具备良好的硬件与软件环境,网页设计也要简洁明快,以提高访问速度。另一方面,设计网站时,要充分考虑客户获取信息的便捷性,如果客户想了解某种型号产品的相关信息,一般要能够在3次点击之内看到,也就是网站首页有指向产品网页的链接,产品网页有指向各型号产品网页的链接,型号产品网页有指向更为详细介绍信息的链接。在电子商务交易过程中,应该尽可能地保证服务器不发生死机、病毒入侵等问题,以避免造成客户的交易中断、信息丢失等问题。

任务10.2 电子商务网站建设

10.2.1 电子商务网站的开发

1. 网页设计基本要素

无论网站页面是何种类型、何种风格,设计精美还是平庸,其主要构成要素基本上是一致的。对于网页而言,其信息内容的有效传达是通过各种构成要素的设计编排来实现的。网页的构成要素主要包括文本、图像、超链接、导航栏、动画、表格、表单等,如图10.23所示。

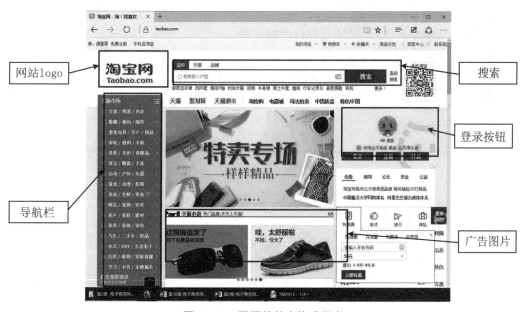

图10.23 网页的基本构成元素

(1) 文本

文本是网页中最主要的部分。对于文本的设计,应注意两点:一是简洁、明了,能够让用户读得下去;二是掌握文字数量,文字太少,会显得单调,文字多了,网页就会显得很乏味。同时要注意文本的字体、字号、颜色等的设置。

常用的有关于文本方面的HTML标记有:

文字样式标签:<font>。

文字加粗标签：<b>和<strong>。

文字倾斜标签：<i>和<em>。

文字下划线标签：<u>。

为了满足不同的需求，HTML还有其他用来修饰文字的标签，比较常用的有上标格式标签<sup>、下标格式标签<sub>和删除线标签<strike>等，这些标记的使用方法如图10.24所示。

```
<!doctype html>
<html>
<head>
<meta charset="utf-8">
<title>文本字体设置</title>
</head>
<body>
<font face="华文行楷" size="20px">字型的设置</font><p>
<b>设置字体加粗效果</b><p>
<strong>这个也有加粗作用</strong><p>
<i>设置字体倾斜</i><p>
<em>这个也有倾斜作用</em><p>
这个是设置<sub>下标</sub><p>
这个是设置<sup>上标</sup><p>
</body>
</html>
```

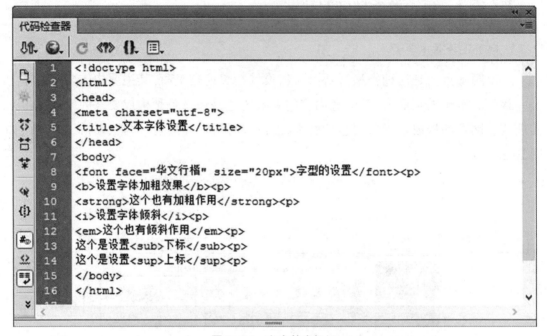

图10.24　文本基本标记

代码的文本标记效果如图10.25所示。

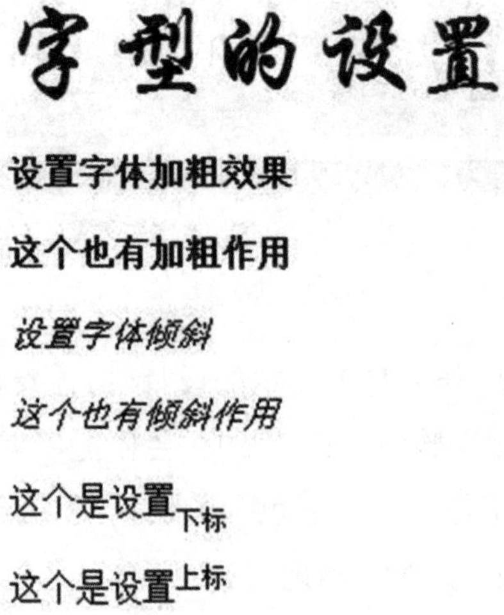

图10.25　文本标记效果图

（2）图像

图像在网页中可以起到提供信息、展示作品、美化网页及体现风格等作用。图像比文字更能吸引人的眼球，所以在网页设计中要善用图像。在某些突出的位置，可以放置一些比较出彩的图像，这样既能达到美观的效果，又能让浏览者对网页印象深刻。图像可以制作成标题、网站标志、网页背景、链接按钮、导航等。

最常用的引用图像的标记是<img>，比如代码<img src="images/logo.jpg" width="200" height="120" alt="这个是网站logo"/>的意思是：调用网站目录images文件夹中的"logo.jpg"图片，并设置图片的宽为200像素，高度为120像素，如果该图片不能正常调用，将显示文字"这个是网站logo"。

（3）超级链接

超级链接是指从一个网页指向另一个目的端的链接。这个"目的端"通常是另一个网页，也可以是同一网页上的不同位置、一个下载的文件、一幅图片、一个E-mail地址等。超级链接可以是文本、按钮或图片，鼠标指针指向超级链接时，会变成小手形状。

最简单的设置超级链接标记是<a>，比如设置一个打开淘宝网站的链接代码如下：

<ahref="https://www.taobao.com/" >打开淘宝网站</a>

（4）导航栏

导航是网站中重要的基础元素，它对网站的信息进行了大致的分类，通过网站导航可以使浏览者查询到相应的信息。导航应该设计得引人注目一些，这样浏览者进入网站后，可以直观地了解网站的内容及信息的分类方式，从而判断这个网站上是否有自己感兴趣的内容。导航包含菜单按钮、移动图像和链接等各种各样的对象。网站包含的内容和信息越复杂多样，它的导航要素的构成和形态是否成体系、位置是否合适，就越重要。一般在网页的上端或左侧设置主导航菜单是比较普遍的。

比如淘宝网的主导航栏就是设置在网页的上端，如图10.26所示。

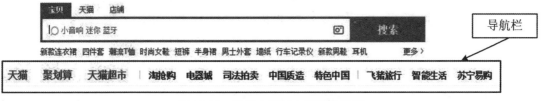

图10.26　设置在网页上端的导航栏

而淘宝网的主题市场就设置了左侧导航，如图10.27所示。

图10.27　设置在网页左侧的导航栏

(5) 动画

随着互联网的迅速发展和网络速度的快速提升,在网页中出现了越来越多的多媒体元素,包括动画、音频和视频等。大多数浏览器都可以显示或播放这些多媒体元素,无需任何外部程序或模块支持。另外,浏览器可以使用插件来播放更多格式的多媒体文件。

在网页中应用的动画主要有GIF和Flash两种形式,GIF动画的效果单一,已经不能适应人们对网页视觉效果的要求。随着Flash动画技术的不断发展,Flash动画的应用已经越来越广泛,已经成为最主要的网页动画形式,在很多网站上都可以看到Flash动画。Flash动画因为其特殊的表现形式受到人们的欢迎,特别是在突出表现某些信息内容的时候,Flash动画表现得更加突出、更加精确。但是物极必反,如果网页动画太多,就会使人眼花缭乱,进而产生视觉疲劳。

(6) 表格

表格是HTML语言中的一种元素,主要用于网页元素的布局,通过表格可以精确地控制各网页元素在网页中的位置。

(7) 表单

表单是功能型网站中经常使用的元素,是网站交互中最重要的组成部分。在网页中,小到搜索框与搜索按钮,大到用户注册表单及用户控制面板,都需要使用表单及表单元素。

表单元素主要用来收集用户信息,帮助用户进行功能性控制。表单的交互设计与视觉设计是网站设计中相当重要的环节。从表单视觉设计上来说,需要摆脱HTML提供的默认的比较粗糙的视觉模式。在网页设计中,表单的应用非常广泛,主要应用在搜索、用户登录和用户注册等方面。

网页中除了上述这些最基本的构成元素外,还包括横幅广告、悬停按钮、音频、视频等其他元素。

2. 静态网页设计

(1) HTML语言

HTML(Hyper Text Markup Language),即超文本标记语言。静态网页包含文本、图像、声音、Flash动画、客户端脚本和ActiveX控件及Java小程序等。静态网页是相对于动态网页而言的,它没有后台数据库、程序和可交互的网页。静态网页更新起来相对比较麻烦,适用于一般更新较少的展示型网站。当然静态也不是完全静态,也可以出现各种动态的效果,如GIF图、Flash、滚动字幕等。

HTML语言使用标记的方法编写代码,分为单标记语句和双标记语句。

单标记语句:

<标记名 参数1 参数2 参数3 ……>内容

如<hr aling=certen width=90%> (<hr> 表示水平线)

双标记语句:

<标记名 参数1 参数2 参数3 …… >内容</标记名>

如<h3 align = center> 标题 </h3> (标题置中)

标记范围以<标记>表示开始,以</标记>表示结束。

HTML网页文件可用任何文本编辑器或网页专用编辑器编辑,完成后(以".htm"或".html"为文件后缀保存)将HTML网页文件由浏览器打开显示,若测试没有问题则可以放到服务器上,对外发布。

下面是一个简单的HTML文件基本架构,如图10.28所示。

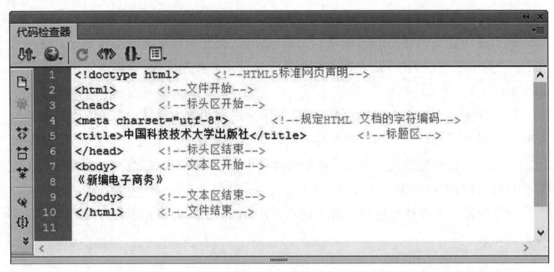

图 10.28　HTML 文件基本结构

代码的 HTML 文件基本结构效果如图 10.29 所示。

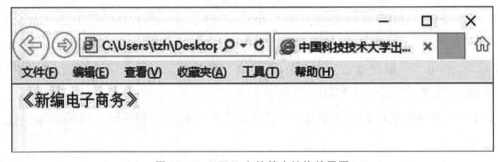

图 10.29　HTML 文件基本结构效果图

一个网站的首页名称主要设置为"index.htm"或"index.html",只要打开网站域名,浏览器便会自动地找出首页文件。

(2) 静态网页开发工具

如果将制作网页的设计者比作一个画家,那么制作网页的工具就相当于画家手中的画笔和颜料。这些工具能为设计者编写、调试、运行代码提供一个方便的环境。HTML 语言作为一种语义派生出来的语言,最常见的有三种开发工具,分别是记事本、Dreamweaver 和 FrontPage。

记事本是 Windows 系统自带的文本编辑软件,用它可以编写网页。不过对于稍大型的网站需要编辑大量代码时,用记事本就不太适合了,但对于初学者来说,记事本是较好的练习工具。

Dreamweaver 是集网页制作和网站管理于一体的网页编辑器,是一款专业的可视化网页开发工具,用它可以制作出跨平台和跨浏览器限制的充满动感的网页(见图 10.30)。

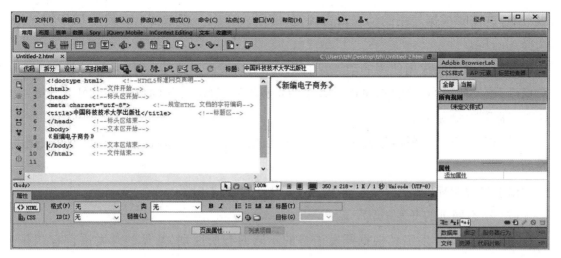

图 10.30　Dreamweaver CS6 基本界面

　　Dreamweaver 最大的特点是所见即所得。可以快速制作出网站雏形，设计、更新和重组网页方便。此外，Dreamweaver 可以自动生成源代码，大大提高了网页开发人员的工作效率。但是 Dreamweaver 也有其自身的缺点，对于在一些复杂的网页，它难以精确达到与浏览器完全一致的显示效果，同时其产生代码的效率比较低。Dreamweaver 不仅支持静态网页的编写，而且还支持 PHP、ASP、JSP 等动态网页的编写与调试。对于网页设计初学者来说，Dreamweaver 是一款比较好的入门软件，即使对 HTML 不太熟悉，也能做出漂亮的网页。

　　FrontPage 是微软公司的一款入门级网页制作工具，是微软 Office 办公软件的一部分。相对于 Dreamweaver，FrontPage 的直观性和效率是无法比拟的，而且在功能拓展方面也少于 Dreamweaver。2006 年，FrontPage 停止了发售。

　　3. 动态网页技术

　　动态网页是相对于静态网页而言的，之所以叫动态网页，是因为它能与后台数据库进行交互和数据传递，从而实现数据的实时更新，这是静态网页做不到的。动态网页一般以数据库技术为基础，网页之所以有静动之分，主要是看数据能否实时更新。动态网页使用动态语言实现和数据库的交互，从而达到数据及时更新的目的，同时也大大降低了网站维护的工作量。

　　(1) 动态网页的环境搭配

　　动态网页需要服务器支持，对于以".html"结尾的网页，文件即使没有服务器也不会对页面显示造成影响，但是动态网页不同，其需要服务器支持，而且服务器还必须支持这种动态语言。

　　对于服务器，可以使用 Windows 自带的 IIS 服务器，也可以使用比较流行的 Apache

服务器,这需要根据使用的动态语言决定,使用ASP时一般选择IIS,使用PHP时一般选择Apache。

数据库也需要根据使用的动态语言来选择,如果使用的是ASP,可以选择MySQL数据库,如果使用的是PHP,可以选择Oracle数据库,当然其他的数据库也可以选择,具体要根据开发情况决定。

对动态语言和服务器数据库的结合,不同的语言与数据库组合,其结合的方式是不同的。

以上过程叫环境搭配,是实现动态网页设计的必须步骤。

(2) 动态网页的开发工具

动态网页的开发工具根据开发语言的不同而有所区别,常见的开发语言有PHP、ASP和JSP。

PHP即Hypertext Preprocessor(超文本预处理器),它是当今因特网上最为火热的脚本语言,其语法借鉴了C语言、Java、Perl等语言,只需要很少的编程知识就能使用PHP建立一个交互的Web站点。它与HTML语言具有非常好的兼容性,使用者可以直接在脚本代码中加入HTML标签,或者在HTML标签中加入脚本代码从而更好地实现页面控制。PHP提供了标准的数据库接口,数据库连接方便、兼容性强、扩展性强,可以进行面向对象的编程。

ASP即Active Server Pages,由微软开发,它类似于HTML、Script与CGI的结合体,它没有自己专门的编程语言,但允许用户使用许多已有的脚本语言编写ASP应用程序。ASP程序编写比HTML更方便且更具灵活性。它在Web服务器端运行,运行后再将运行结果以HTML格式传送至客户端的浏览器,因此与一般的脚本语言相比,ASP要安全得多。

ASP的最大优势是可以包含HTML标签,也可以直接存取数据及使用无限扩充的ActiveX控件,因此在程序编写上要比HTML方便且更富灵活性。通过ASP的组件和对象技术,用户可以直接使用ActiveX控件,调用对象方法和属性,实现强大的交互功能。但ASP技术也并非完美无缺,由于它局限于微软的操作系统平台,主要工作环境是微软的IIS应用程序结构,又因ActiveX对象具有平台特性,所以ASP技术很难实现在跨平台Web服务器上工作。

下面看一个具体的例子,其ASP代码如图10.31所示,其代码效果图如图10.32所示。

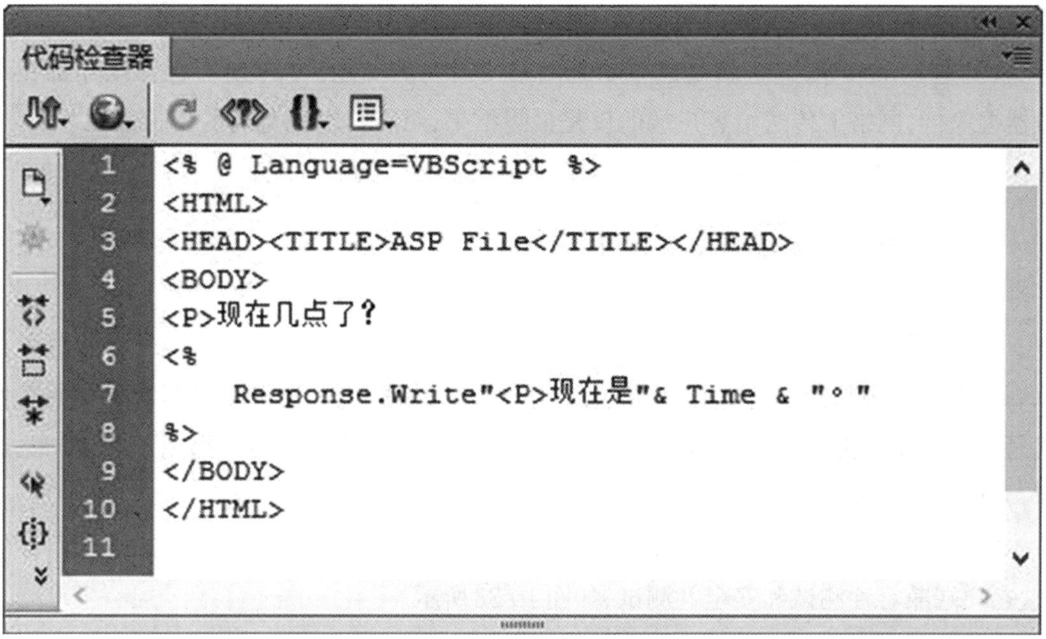

图10.31　ASP代码

图10.32　ASP代码效果图

JSP(Java Server Pages)是由Sun Microsystems公司于1999推出的技术,它是基于Java Servlet以及整个Java体系的Web开发技术。利用这一技术,可以建立先进、安全和跨平台的动态网站。

在传统的网页文件(.htm,.html)中加入Java程序片段(Scriptlet)和JSP标记,就构成了JSP网页(.jsp)。Web服务器在收到访问JSP网页的请求时,首先执行其中的程序片段,然后将执行结果以HTML格式返回给客户。程序片段可以操作数据库、重新定向网页、发送E-mail等,这些就是建立动态网站所需要的功能。JSP所有程序操作都在服务器端执行,网络上传送给客户端的仅是最终结果,对客户端浏览器的要求最低。

10.2.2 电子商务网站的测试与维护

1. 网站的测试

在所有网页都制作完成之后,在正式对外发布网站之前,还有一步非常重要的工作就是网站测试。网站测试的目的是保证在网站发布之后所有的用户都能正常地浏览网页,并能正常地使用所提供的服务。

网站测试所要进行的工作,通常包括五个方面,即功能测试、性能测试、可用性测试、客户端兼容性测试和安全性测试,如图10.33所示。

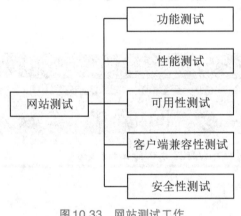

图10.33 网站测试工作

(1) 功能测试

功能测试的任务是测试网站能否正常运行,其测试的对象包括超链接、表单、Cookies、网页编程语言及数据库。

(2) 性能测试

性能测试是为了让用户能更好地访问网站,它通常分为连接速度测试、稳定性测试、负载测试和压力测试四个方面。

(3) 可用性测试

可用性测试也被称为易用性测试,也就是从用户的角度来测试网站是否便于访问、操作起来是否方便、网上的内容与文字是否正确、视觉感觉是否舒适等。可用性测试通常分为导航测试、内容测试和界面测试三个方面。

(4) 客户端兼容性测试

因为客户可能具有不同的客户端配置,比如不同的浏览器、不同的屏幕分辨率、不同的操作系统等。而不同的客户端配置对网页的支持程度不同,所以客户端兼容性测试就是测试网站在各种不同版本的客户端下能否被正常访问。

(5) 安全性测试

网络安全问题越来越多,针对电子商务网站的攻击也越来越频繁,为了防止各种攻击对电子商务网站造成危害,必须要求严格地进行安全性测试。

2. 网站的管理与维护

网站的管理和维护是一项非常繁重的工作,从网站建立开始一直到网站停止运行,网站管理和维护都在进行。网站建设得是否合理对网站的管理和维护有非常大的影响,如果网站建设得好,那么管理和维护起来就非常简单;反之,如果网站建设得不好,那么管理和维护起来就比较麻烦且浪费时间。

网站管理与维护的内容主要分为三个方面:安全管理、性能管理和内容管理。

图10.34很好地描述了这三个方面管理之间的关系,从图中可以看出,安全管理是基础也是关键,它贯穿整个网站,从硬件到网页,每一个环节都离不开安全管理。性能管理是内容管理的前提,只有在整个网站系统稳定高效的前提下,才能更好地对内容进行管理和维护。

图10.34 网站管理与维护的内容

(1) 安全管理

安全一直是困扰网络发展的重要问题,即使是普通的用户也避免不了恶作剧的网络攻击,更何况是向所有用户开放的网站。如果网站受到攻击,数据遭到破坏,就很可能造成难以估计的损失。安全问题存在于从硬件到软件的各个环节,所以它的管理非常困难。

这里简单介绍其中的六个方面:操作系统的安全管理、WWW服务器软件的安全管理、脚本语言的安全管理、网络信息传输的安全管理、数据库的安全管理和人员的安全管理。

首先是操作系统的安全管理。任何操作系统都不是十全十美的,总是存在很多安全漏洞，并随着用户的使用不断暴露出来。比如种类繁多的蠕虫病毒，它在不知不觉之中就会潜入用户计算机或者服务器当中，这些病毒会在特定的时刻破坏操作系统，造成用户数据的破坏或者服务器的瘫痪。解决操作系统安全问题的最重要的手段就是定期扫描操作系统可能存在的安全漏洞，并及时安装相应的操作系统补丁程序。

WWW服务器软件是用来响应HTTP请求进行网页传输的。虽然WWW服务器软件本身并没有内在的高风险性，但其主要设计目标是更好地支持WWW服务和满足其他方面的需求，所以除了基本的WWW服务功能之外，它还具有很多其他的功能，比如支持不同权限级别的访问等。但是也需注意，软件越复杂，所具备的功能越多，包含错误代码的概率就越高，安全漏洞出现的概率也就越高。对于WWW服务器软件的安全管理，主要工作在于分析软件可能引发的安全问题，需要谨慎使用软件所提供的其他功能。

脚本语言技术(JavaScript、VBScript、JScript)在给网页注入无限生机的同时也带来了一系列的安全问题，因为有些用户会通过网页上的表单恶意输入具有破坏性的脚本代码。解决这种安全问题的方法主要有三种，分别为对动态生成的页面字符进行编码、过滤，限制所有输入的数据以及对所输入的数据进行HTML或URL编码。

设立网站最初的目的是传输信息，而没有过多地考虑安全问题，所以信息在因特网上传输是非常不安全的，它很可能会在传输的过程中被窃取、篡改和删除，这对于需要在网页上输入银行账号和密码的需求来说显然是不合适的。目前解决这种安全问题的方法主要是采用安全套接层协议SSL和安全超文本传输协议S-HTTP。

动态服务器网页技术使大部分网站数据都存储在数据库中，如用户名和密码，所以数据库的安全问题也不容忽视。数据库的安全问题主要是由不合理地使用数据库访问权限而引起的，所以解决这个问题的关键就是做好数据库访问权限的设置。

除了从技术角度考虑网站的安全问题之外，还有一个很重要的安全因素就是人。统计资料显示，有相当大的一部分信息泄漏和服务器损坏是由直接接触服务器的人造成的。而人又是特别难以控制的一个因素，因此需要加强人员的管理。

虽然有关安全的探讨和解决方案层出不穷，但正是因为安全问题无处不在，所以不可避免地会有新的安全问题不断出现，因此安全对所有的网站来说都是一个难题。

(2) 性能管理

性能管理的主要任务是保证操作系统和WWW服务器的正常运行，然后在正常运行的基础上最大限度地优化系统的性能。当系统的负荷满足不了日益增长的用户访问需求时，则必须制定合理的方案来及时升级系统的配置。

性能管理也需要考虑很多方面,如网络、操作系统、WWW服务器、动态网页服务器和数据库服务器的管理等。网络管理主要是指因特网的接入带宽是否满足多个用户并行访问的需求。比如一个用户最少需要10M的带宽要求,那么100M的接入带宽就几乎不能满足20个甚至更多用户的并行访问。

(3) 内容管理

内容管理的主要任务是确保网页内容、数据和超链接的正确,以及数据的及时更新。比如超级链接很容易因为网页文件的移动、删除或重命名,以及网页编辑软件的修改和人员的疏忽而发生错误,从而导致用户打不开网页。所以网站管理者必须经常检查网页之间的超链接以确保用户能正常访问。

【微思考】
1. 电子商务网站主要有哪些分类?
2. 电子商务网站的规划步骤是什么?
3. 网站测试内容主要包括哪些?

小习题

一、判断题

1. 电子商务平台即一个为企业或个人提供网上交易洽谈的平台。(   )

2. HTML本身也是一个元素。HTML元素既有开始标记,又有结束标记。(   )

3. 现如今国内外最常用的三种动态网页语言是PHP(Personal Home Page)、ASP(Active Server Page)和JSP(Java Server Page)。(   )

二、单选题

1. 企业在设计电子商务平台时需考虑六个方面,其中不包括(   )。
   A. 负载均衡   B. 事务管理   C. 网站管理   D. 服务器管理

2. 电子商务平台常用的交易模式有B2B、B2C、B2G、C2G、C2C。其中B2C是指(   )。
   A. 企业对企业   B. 企业对消费者   C. 企业对政府   D. 消费者对消费者

3. 电子商务平台建设的最终目的是(   )和应用建立一个业务发展框架系统,规范网上业务的开展,提供完善的网络资源、安全保障、安全的网上支付和有效的管理机制,有效地实现资源共享,实现真正的电子商务。
   A. 网上交易   B. 发展业务   C. 网上论坛   D. 信息搜索

4. 插入图像的标签是<IMG>,其格式为<IMG SRC=(　　).>。

  A. 图像文件地址   B. 音频文件地址

  C. 视频文件地址   D. 文本文件地址

5. (　　)在整个系统的顶层,面向电子商务系统的最终用户。

  A. 电子商务基础平台   B. 电子商务应用表达平台

  C. 电子商务应用系统   D. 安全保障环境

6. 为了标识一个HTML文件应该使用的HTML标记是(　　)。

  A. <p></p>   B. <body></body>

  C. <html></html>   D. <table></table>

7. 电子商务平台是建立在(　　)进行商务活动的虚拟网络空间和保障商务顺利运营的管理环境。

  A. Internet B. Intranet C. VAN D. LAN

中科院与北工大携手打造神达元宇宙电商平台

  2022年2月17日,北京工业大学携手中科院等科研院所及高校的技术团队共同打造的神达元宇宙电商平台完成研发并启动第三轮内测,此轮内测将邀请业内知名收藏家参与,计划正式版本于3月初上线。神达元宇宙平台致力于打造全球领先的虚拟艺术品生态,为中国艺术家提供健康的生长土壤,为民族文化参与全球文化交流和互动贡献力量。

  数字经济是以数字化的知识和信息作为关键生产要素,以数字技术为核心驱动力量,通过数据生成、数据确权、数据定价、数据交易、数据存证、数据保护等技术,与实体经济深度融合,是未来社会新的发展方向。区块链、元宇宙已经成为数字经济的重要基础设施和关键组成部分。

  目前,神达元宇宙已与人民美术出版社、中国连环画出版社、中国书刊发行协会、中南卡通、时尚集团、时尚芭莎、非遗传承人、东莞博物馆、潜山博物馆等建立了长期的战略合作伙伴关系。神达元宇宙电商平台具备了成为全球领先的文化交易平台的得天独厚的资源条件。

  在平台运营机制方面,神达元宇宙平台将打造人人都能参与的虚拟艺术品生态,建立完善的创作者发掘、孵化机制,为用户提供优质的数字资产和一站式交易基础设施,同时兼与知名IP、知名艺术家和公众人物联合发布,确保艺术品的品质及价值,将成为具备创作者、收藏家、交易平台三位一体的完整生态的电商平台。

未来,神达元宇宙电商平台将广泛签约一流内容合作者,基于区块链技术,遵循ERC721标准,艺术品的整个历史和起源都可以在分布式账本上追踪,任何人都无法作弊造假。通过市场和合作伙伴网络,将艺术家和艺术爱好者、收藏家联结起来,通过此交易平台,艺术家们将能够更好地捕捉虚拟艺术品的全部潜在价值。

据悉,神达元宇宙将在上线后同时启动与中国连环画出版社的IP合作。

(资料来源:崔兴毅.中科院与北工大携手打造神达元宇宙电商平台[EB/OL].(2022-02-17). https://new.qq.com/omn/20220217/20220217A0CIX600.html.)

问题:

1. 元宇宙的世界里,电子商务行业会有哪些变化?

小实训

使用HTML5编写基本网页。

一、实训目的

了解HTML5语言的基本结构、语法和常用标记语言。

二、实训内容

在Dreamweaver CS6的代码窗口中,输入如下HTML5语句:

```
<! doctype html>
<metacharset="utf-8">
<html>
<head>
<title>HTML注册表单的使用</title>
</head>
<style type="text/css">    <!——设置网页主体样式——>
body{
background-image:url(img/bg.jpg);    <!——设置网页图片背景——>
font-family:楷体;
color:#30F;
font-size:20px;
```

```
padding:40px;
}
</style>
</head>
<body>
<p align="center"><font color="#0000FF" face="华文行楷" size="20">会员注册信息</font></p>
<form id="form1" name="form1" method="post" action="">
<table width="600" border="1" align="center"cellpadding="0" cellspacing="0" bordercolor="#336633">
<tr>
<td>用户名:</td>
<td><label for="textfield"></label>
<input type="text" name="textfield" id="textfield" /></td>
</tr>
<tr>
<td>密码:</td>
<td><label for="textfield2"></label>
<input type="password" name="textfield2" id="textfield2" /></td>
</tr>
<tr>
<td>确认密码:</td>
<td><label for="textfield3"></label>
<input type="password" name="textfield3" id="textfield3" /></td>
</tr>
<tr>
<td>性别:</td>
<td>
<label>
<input type="radio" name="RadioGroup1" value="单选" id
="RadioGroup1_0" />
男</label>
```

```html
<label>
<input type="radio" name="RadioGroup1" value="单选" id="RadioGroup1_1" />
女</label>
<br />
</td>
</tr>
<tr>
<td>E-mail：</td>
<td><input type="email" name="umail" id="umail" placeholder="请输入E-mail地址" class="input01"></td>
</tr>
<tr>
<td>Phone：</td>
<td>  <input type="tel" name="utel" id="utel" placeholder="请输入您的电话" class="input01">
</td>
</tr>
<tr>
<td>出生日期：</td>
<td><input type="date" name="udate" id="udate" class="input01"></td>
</tr>
<tr>
<td>专业：</td>
<td><select name="select" id="select">
<option>计算机</option>
<option>电子商务</option>
<option>酒店管理</option>
<option>国际贸易</option>
<option>茶艺</option>
</select>
</td>
</tr>
```

```
<tr>
<td>最喜欢的颜色:</td>
<td><input type="color" name="color" id="color">
</td>
</tr>
<tr>
<td>英语等级:</td>
<td><input type="number" name="score" id="score" min="0" max="8" step="1">
级
</td>
</tr>
<tr>
<td>所在地:</td>
<td><label for="select2"></label>
<select name="select2" size="1" id="select2">
<option>合肥</option>
<option>上海</option>
<option>北京</option>
</select></td>
</tr>
<tr>
<td>其他信息:</td>
<td><label for="textarea"></label>
<textarea name="textarea" id="textarea" cols="45" rows="5"></textarea></td>
</tr>
<tr>
<td height="75">上传照片:</td>
<td><input type="file" name="photo" id="photo">
</td>
</tr>
```

\<tr\>

\<tdcolspan="2" align="center"\>\<input type="reset" name="but-ton" id="button" value="重置" /\>

\<input type="submit" name="button2" id="button2" value="提交" /\>\</td\>

\</tr\>

\</table\>

\</form\>

\</body\>

\</html\>

将文件另存为"index.htm"，填入用户注册信息，运行效果如图10.35所示。

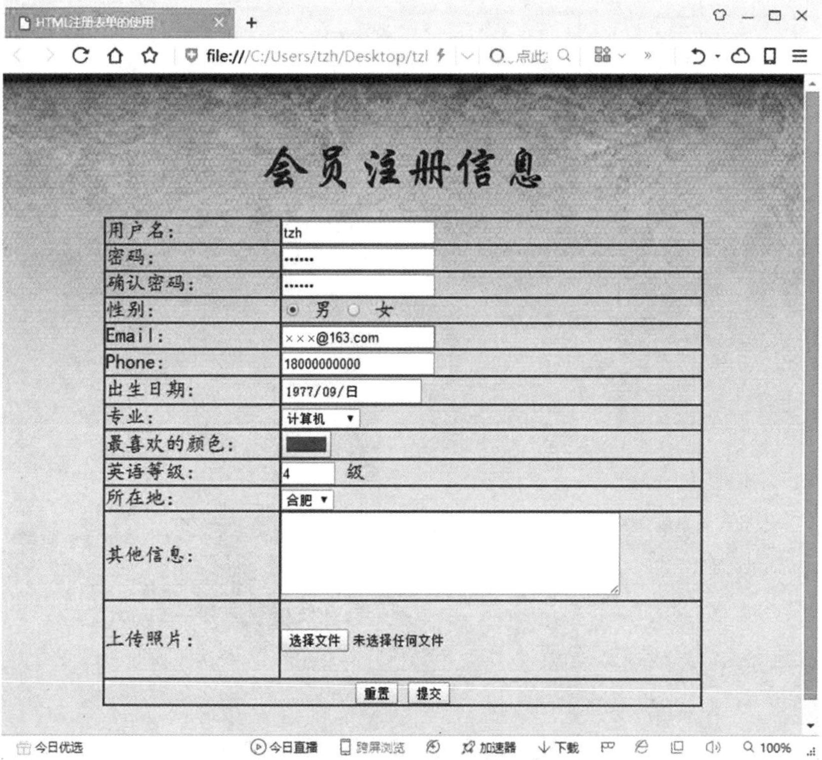

图10.35 实训效果图

三、实训要求

请把实训源代码和网页文件提交给老师。

任务总结

本章简单介绍了电子商务网站的类型和特征,重点介绍了电子商务网站的规划与设计流程,针对静态网页设计和动态网页设计的开发技术和开发过程做了描述。同时,详细地介绍了电子商务网站的测试与维护技术,提出了电子商务网站在管理过程中的注意事项。